Bernd-Peter Arnold

Nachrichten

Schlüssel zu aller Information

 Nomos

Die Deutsche Nationalbibliothek verzeichnet diese Publikation in
der Deutschen Nationalbibliografie; detaillierte bibliografische
Daten sind im Internet über http://dnb.d-nb.de abrufbar.

ISBN 978-3-8487-2162-7 (Print)
ISBN 978-3-8452-6262-8 (ePDF)

1. Auflage 2016
© Nomos Verlagsgesellschaft, Baden-Baden 2016. Printed in Germany. Alle Rechte, auch
die des Nachdrucks von Auszügen, der fotomechanischen Wiedergabe und der Übersetzung, vorbehalten. Gedruckt auf alterungsbeständigem Papier.

Inhaltsverzeichnis

News

Put it before them briefly – so they will read it.
Put it before them clearly – so they will appreciate it.
Put it before them picturesquely – so they will remember it.

And above all:
Put it before them accurately – so they will be guided by its light.

Sinngemäß übersetzt:

Man präsentiere die Nachricht kurz – dann wird sie gelesen.
Man präsentiere die Nachricht klar – dann wird sie geschätzt.
Man präsentiere die Nachricht bildhaft – dann behalten die Leser sie in Erinnerung.

Und vor allem:
Man präsentiere die Nachricht korrekt – dann werden die Leser von ihrem Licht geleitet.

(Joseph Pulitzer)

Zu diesem Buch

Der Satz „Die heutige Gesellschaft ist eine Informationsgesellschaft" stößt in der Regel auf spontane Zustimmung – praktisch unabhängig davon, in welchem Kreis er ausgesprochen wird. Die Frage jedoch, ob wir uns auch in einer „informierten" Gesellschaft befinden, sollte Skepsis, zumindest aber intensives Nachdenken auslösen. Natürlich sind wir täglich einer gewaltigen Flut von Informationen ausgesetzt – ob wir diese nun bewusst wahrnehmen durch aktive Mediennutzung oder indirekt, weil sie „einfach da sind". Die Flut der Informationen zu kanalisieren, das Wesentliche auszuwählen und für den Adressaten verständlich aufzubereiten, ist die Aufgabe der traditionellen Nachrichtenmedien Zeitung, Radio und Fernsehen. Werden diese Medien ihrer Aufgaben in Zeiten neuer Medien noch gerecht? Haben sie ihre Funktion eingebüßt? Müssen sie sich neuen Herausforderungen stellen und wie sehen diese gegebenenfalls aus?

Sicher ist, dass zumindest die elektronischen Nachrichtenmedien Radio und Fernsehen heute höhere Nutzungswerte aufweisen als je zuvor in ihrer Geschichte. Zeitungen suchen und finden Wege, sich trotz wachsender Konkurrenz, nicht zuletzt durch neue Vermarktungsstrategien für ihre Onlineangebote, als wichtige Nachrichtenmedien zu behaupten.

Die ständige zuverlässige Information über das aktuelle Geschehen wird auch in Zukunft Aufgabe professioneller Nachrichtenjournalisten sein. Alles, was über persönliches Erleben, persönliche Befindlichkeit und eigene Meinung hinausgeht, erfährt der Interessierte aus Nachrichtenmedien, deren Inhalte von Journalisten gestaltet werden – unabhängig von den technischen Verbreitungswegen. Ob Radio und Fernsehen über die Antenne oder das Internet empfangen, ob die Zeitung in gedruckter Form oder als Online-Ausgabe gelesen wird, ist dabei letztlich nachrangig.

Deshalb ein Buch mit dem Titel „Nachrichten". Der Untertitel „Schlüssel zu aller Information" soll Hinweis darauf sein, dass ohne die aktuelle Nachricht alle anderen Formen der Informationsvermittlung keinen Sinn machen. Ob Hintergrundbericht, Reportage, Interview oder Kommentar – ohne vorangehende Nachricht könnte es diese Komplementärformen gar nicht geben.

Die Grundidee des Buches besteht darin, sowohl Medienmacher als auch professionelle Mediennutzer anzusprechen. Es soll eine Art „Lehrbuch" für „beide Seiten" sein, die in ihrer täglichen Arbeit mit Nachrichten zu tun haben.

Grund für diesen Ansatz ist, dass in einer modernen Industriegesellschaft die Entscheidungsträger auf allen Ebenen die Informationsstrukturen kennen müssen, um einerseits Informationen für sich zu nutzen, zum anderen aber auch, bei der Vermittlung von Informationen über den eigenen Wirkungsbereich nach außen Fehler zu vermeiden. Wer in der Gesellschaft Verantwortung trägt, soll die Chance erhalten, Arbeitsweise und Wirkung der Nachrichtenmedien kennenzulernen – die erste wichtige Zielgruppe.

Mediennutzer aus Politik und Wirtschaft sollen die „Spielregeln" des „Nachrichtengeschäfts" kennenlernen, um sowohl passiv als auch aktiv besser mit Informationen umgehen zu können – eine weitere Zielgruppe.

Zugleich sollen Angehörige von Kommunikationsberufen mehr über die Hintergründe und die Wirkung ihrer Arbeit erfahren. Medienmachern fehlt nicht selten der kommunikationswissenschaftliche Hintergrund ihrer Arbeit.

Adressaten des Buches sind also sowohl Medienmacher als auch Mediennutzer. Hinzu kommen die Öffentlichkeitsarbeiter in Wirtschaft, Politik, Verbänden und anderen Organisationen. Als Lehrbuch für die Praxis enthält es, neben den klassischen Handwerksregeln, auch zeitgemäße Vermittlungsformen zum besseren Verständnis von Information.

Insofern bietet dieses Buch „Handreichungen" für Nachrichtennutzer, insbesondere im professionellen Bereich. In erheblichem Umfang will es aber auch Anleitung für Studierende, Volontäre und Berufsanfänger sein – dies in einer Mischung aus Handwerksregeln mit zahlreichen Beispielen aus der Praxis und mit theoretischem Hintergrund.

Die Gliederung des Buches soll es ermöglichen, jedes Kapitel in beliebiger Reihenfolge auch einzeln zu lesen. Die dadurch entstehenden inhaltlichen Redundanzen sind also beabsichtigt. Zitate aus englischsprachigen Quellen wurden in den meisten Fällen ins Deutsche übersetzt, gelegentlich werden auch kurze Texte in englischem Original wiedergegeben, um die Prägnanz der Aussagen nicht durch Übersetzung zu verwässern.

Eine Bemerkung zum Schluss: Der Verfasser hat sich über viele Jahrzehnte in Leitungsfunktionen einer öffentlich-rechtlichen Rundfunkanstalt erfolgreich für die Chancengleichheit der Geschlechter eingesetzt. Er bittet dennoch Leserinnen und Leser um Nachsicht, dass er in dem vorliegenden Buch auf die Verwendung der männlichen und der weiblichen Form bei vielen Begriffen im Sinne einer Vereinfachung des Textes verzichtet.

Kapitel 1 Nachrichten heute

Die Aussage einer jungen Studentin aus Asien markiert ein zentrales Problem der Nachrichtengebung heute: „Ich lese keine Zeitung, höre nicht Radio und besitze kein Fernsehgerät. Ich brauche nur das Internet". Auf die Frage, was sie denn im Internet aufrufe, um sich über das Zeitgeschehen zu informieren, lautete die Antwort: „Spiegel-online, Tagesschau.de und FAZ.net". Um sich ein Bild vom aktuellen Geschehen zu machen, werden also journalistische Produkte genutzt, professionell ausgewählte, gewichtete und präsentierte Nachrichten. Das Internet dient als praktisches Transportmittel. Das Internet wird – dies zeigen zahlreiche Nutzeranalysen – genutzt, um Informationen zu finden, die einen persönlich betreffen, zur Kommunikation zwischen einzelnen Personen und Gruppen, als Marktplatz und dergleichen. Aktualität und Hintergrund liefern journalistische Medien. Die journalistisch aufbereitete Nachricht ist und bleibt der Schlüssel zu aller weiteren Information. Was Journalisten nicht auf die Agenda gesetzt haben, auf die Agenda von Zeitung (online oder gedruckt), von Radio und Fernsehen, findet für die Öffentlichkeit praktisch nicht statt. Die Ereignisse außerhalb des eigenen Erfahrungsbereichs, erfahren die Menschen durch professionelle Nachrichtenmedien. Blogger, Bürgerjournalisten usw. liefern punktuell Informationen auf der Basis persönlichen Erlebens. Sie können – soweit überprüfbar – in Einzelfällen als Quelle dienen – neben den professionellen journalistischen Quellen – als Ergänzung allenfalls oder als Bestätigung. Sie haben bestenfalls den Wert von Augenzeugenberichten. Über deren Qualität aber weiß jeder Richter in Verkehrsstrafsachen leidvoll zu berichten.

Nachrichten heute – dies bedeutet Chancen und Gefahren zugleich. Leistungsfähige Übermittlungstechniken ermöglichen die Information nahezu in Echtzeit. Sie verursachen aber zugleich eine Nachrichtenflut ungeheuren Ausmaßes, eine Flut von großenteils unwichtigen, oft auch gefährlichen Informationen und Pseudoinformationen. Dies bedeutet, dass eine professionelle Nachrichtengebung wichtiger ist als jemals zuvor. Die Chance ist, wichtige und nützliche Informationen rechtzeitig zu erfahren, Nachrichten zum „Danachrichten", „News you can use" – wie es in den angelsächsischen Ländern heißt – Nachrichten also mit Gebrauchswert. Eine Gefahr wiederum ist, dass sich Nachrichten, bedingt durch den immensen Zeitdruck, unter dem die Macher stehen, zwischen den Extremen „Schlagzeile" und „Kommentar" abspielen. Es fehlt oft an der Gründlichkeit der Recherche. Die Schlagzeile muss ausreichen. Eine Dimensionierung, eine Einordnung der Informationen findet nicht bzw. zu selten statt. Stattdessen wird kommentiert – Meinung statt Information. Dies ist einfacher und geht schneller. Viele Redaktionen retten sich in den Begriff „Einschätzung", d. h. journalistische Bewertungen oft ohne zusätzlichen Erkenntnisgewinn.

Die gewaltige Nachrichtenflut und das Tempo der Übermittlung führen auch zu einer Beschränkung auf Nachrichten des Augenblicks. Wie eine Stichflamme erscheint eine Information. So rasch, wie sie entsteht, erlischt sie auch wieder. Ob und wie sich ein Thema weiterentwickelt, wird meist nicht mehr beobachtet. Nur so ist erklärbar, dass die Public Relations aus der Politik so erfolgreich sind. Gegenüber Public Relations-Informationen aus der Wirtschaft sind Journalisten traditionell kritisch. Public Relations-Aktivitäten der Politik werden aber weitaus großzügiger behandelt. Nur so ist die Vielzahl von Politikeräußerungen zu erklären, die Platz in den gedruckten und gesendeten Nachrichten findet. Und dies, obwohl eine „Wiedervorlage" dieser Meldungen nach einer, zwei oder drei Wochen ergäbe, dass nichts daraus geworden ist, nicht einmal eine Diskussion.

Derart letztlich inhaltslose Meldungen sind auch deshalb problematisch, weil Nachrichten dem Publikum ein Bild von der Realität geben sollen und geben, von politischer und sozialer Realität. Ein amerikanischer Kollege sagte einmal in einer Diskussion: „Wenn bei den Menschen eines Tages die Schulzeit vorbei ist, sind die Nachrichtenmedien quasi unsere Lehrer. Sie sind es, die uns über das Geschehen außerhalb des eigenen Erfahrungsbereichs informieren. Eine professionelle Erziehung für die Nachrichtennutzung gibt es jedoch in der Regel nicht". Welche eine Verantwortung liegt also bei den Machern.

Nachrichten sind sicherlich die wichtigste Ressource unserer Zeit. Das Angebot ist gewaltig, unabhängig davon, wie wichtig oder unwichtig diese Informationen tatsächlich sind. Die Aufnahmefähigkeit des Menschen ist demgegenüber begrenzt. Insofern stellt sich die Frage, welche Informationen aufgenommen und welche abgewiesen werden. Hier sind nach Karl Steinbuch zwei qualitativ verschiedene Mechanismen wirksam:

1. Das professionelle Sieb: Informationen, die der Mensch für seinen Beruf braucht, werden bevorzugt aufgenommen. So entsteht das Spezialwissen, das den Fachmann ebenso auszeichnet wie die Blindheit gegenüber anderem Wissen. Sympathische Ausnahmen hiervon finden

sich beim Ausbrechen aus der professionellen Blindheit, z. B. durch ein Hobby.

2. Das ideologische Sieb: Informationen, welche eine ideologische Position bestätigen, werden bevorzugt aufgenommen, andere jedoch meist abgewiesen. Charakteristisch für ideologische Positionen ist nicht nur das, was sie zur Kenntnis nehmen, sondern auch das, was sie ignorieren."[1]

Verstärkt werden diese Phänomene dann, wenn im Internet punktuell nach Informationen gesucht wird, die einen betreffen und interessieren. Umso wichtiger also die professionell ausgewählte und gewichtete Nachricht.

Die Nachrichtengebung steht heutzutage vor drei Problemen, vor Problemen, auf die sich die Informationsmedien und die Gesellschaft einstellen müssen. Zum einen ist zu beobachten, dass mächtige gesellschaftliche Gruppen gelernt haben, die Nachrichten in ihrem Sinne zu „managen". Dazu gehören auch Regierungen, politische Parteien, Wirtschaftsunternehmen, Verbände usw. Diese Gruppen verfügen inzwischen über professionelle Medienberater, die die Journalisten zahlenmäßig am jeweiligen Spielort weit übertreffen. In den Kapiteln „Nachrichtenselektion" und „Außenbeeinflussung der Nachrichtengebung" wird davon noch ausführlich die Rede sein.

Bei dem zweiten Problem handelt es sich um die Tatsache, dass moderne technische Systeme zumindest einen Teil der Funktionen der klassischen Nachrichtenorganisationen übernommen haben. Dass dies zu Detailinformationen über Themen führt, die den Einzelnen betreffen, nicht aber zu einem Überblick über das Zeitgeschehen, wurde bereits dargelegt. Dieses Phänomen zeigt aber – wie gesagt – wie wichtig die professionelle Nachrichtenselektion, Gewichtung und Präsentation ist.

Und schließlich das dritte Problem: Nachrichten drohen immer mehr zu einem Teil der Unterhaltung zu werden. Nachrichten müssen für Viele als „leichte Kost" angeboten werden. Das „Interessante" hat Vorrang vor dem „Wichtigen". Auch dieser Trend wird später in dem Kapitel „Der Zwang zu Auflage und Quote – Infotainment und Boulevard" ausführlich dargestellt.

Die Verfügbarkeit von Nachrichtenmedien einerseits und der Bildungsstand der Medienkonsumenten auf der anderen Seite, führen im Hinblick auf den Informations- und Kenntnisstand zu einer Zweiklassengesellschaft. Auf der einen Seite stehen die von dem kanadischen Medienwissenschaftler Roger Bird als „Information-Rich" bezeichneten Menschen und ihnen gegenüber stehen die „Information-Poor".[2] Erstere sind diejenigen, die sich auf der Basis ihrer Bildung und ihrer materiellen Möglichkeiten alle Informationen besorgen können, die sie benötigen oder auch nur für interessant halten. Bei den „Information-Poor" handelt es sich um diejenigen, die qualifizierte Informationen für unwichtig halten oder gar nicht verstehen. Ihnen genügt die Information durch bloße Schlagzeilen, verknüpft mit Elementen der Unterhaltung. Wenn Medien dem Trend zu Schlagzeile und Unterhaltung folgen, ist klar, welche der beiden genannten Gruppen immer größer wird. Dass kommerzielle Medien so verfahren, ist dem Quoten- und Auflagendruck geschuldet. Öffentlich-rechtliche Medien folgen dem Trend nicht selten gegen ihren originären Programmauftrag.

„Nachrichten" – das bedeutet „Fakten" und „zitierte Äußerungen". Diese kürzeste Definition weist zugleich auf mehrere Probleme der Nachrichtengebung heute hin. Fakten, also die Schilderung von Geschehenem, das Nachrichtenredakteure für nachrichtenwert halten, sollten der wesentliche Bestandteil von Nachrichtenseiten und Nachrichtensendungen sein. Ihr Anteil hat sich jedoch in den zurückliegenden Jahren beträchtlich verringert. Der Anteil von zitierten Äußerungen ist demgegenüber erheblich gestiegen. Die Ausweitung und die Professionalisierung der Public Relations-Industrie ist ein wesentlicher Grund für die immer größer werdende Nachrichtenflut, die somit weitgehend aus Meinungsäußerungen, Ideen, Vorschlägen, Reaktionen und oftmals nur aus verbalen „Versuchsballons" besteht. Urheber ist vor allem die Politik, und zwar auf allen Ebenen. In Deutschland ist der Anteil der Zitate in den Nachrichten übrigens erheblich höher als z. B. in den angelsächsischen Ländern, in denen insbesondere Politikeräußerungen wesentlich kritischer betrachtet werden. Wo Redaktionen noch vor 20 oder 25 Jahren eher darunter litten, über zu wenig Material zu verfügen, stehen sie heute vor dem Problem, dass sie mit zu vielen Informationen buchstäblich zugeschüttet werden. Das Mehr an Informationen bedeutet aber nicht zugleich ein Mehr an brauchbaren Informationen. Eher ist das Gegenteil der Fall. Die Selektion wird demzufolge immer wichtiger, zugleich aber immer schwieriger. Im Kapitel über die Nachrichtenselektion wird diese Problematik ausführlich dargestellt. Statt Nachrichtenmangel also Nachrichtenüberfluss. Hier stellt sich die Frage, ob der Mediennutzer angesichts so vieler zusätzlicher Informationen informierter ist als früher oder ob möglicherweise sogar das Gegenteil der Fall ist.

Als Karl Steinbuch im Jahre 1968 seine Vision formulierte: „In Zukunft werden die Menschen nicht nur über mehr materielle Güter und mehr

Energie verfügen, sondern auch über sehr viel mehr Informationen"[3] sollte er Recht behalten. Er fuhr dann fort: „Die zukünftige Gesellschaft wird nicht nur eine Gesellschaft ohne Mangel an materiellen Gütern und Energie sein, die zukünftige Gesellschaft wird im Besonderen eine informierte Gesellschaft sein".[4] Hier sind sicherlich Zweifel angesagt. Diese Zweifel hat Winfried Schulz bereits weniger als 20 Jahre später artikuliert und begründet. Schulz formuliert – und dies bestätigt sich heute, fast drei Jahrzehnte später, nahezu täglich: „Was die informationstechnische Seite dieser Vorhersage betrifft, so kann man sagen, dass sie sich in weniger als 20 Jahren bewahrheitet hat... Es mehren sich jedoch die Anzeichen dafür, dass dies keineswegs die informierte Gesellschaft zur Folge hat oder noch haben wird, sondern eher das Gegenteil: Desinformation, Orientierungsprobleme, Wirklichkeitsverlust... Der tatsächliche Effekt ist immer der gleiche und überrascht in immer gleicher Weise wegen desselben fundamentalen Irrtums, der in der Annahme begründet ist, dass ein Mehr an Information grundsätzlich zu mehr Informiertheit führt, also zu mehr Wissen und Verstehen, mehr Orientierungs- und Entscheidungsfähigkeit... Es sind keine eindeutig positiv zu bewertenden Indizien dafür zu erkennen, dass der Wandel zur Mediengesellschaft eine politisch informierte Gesellschaft hervorgebracht hat. Tatsächlich ist mit dem Zuwachs an Informationsquantität eher ein Verlust an Informationsqualität einhergegangen."[5]

Schulz hat bereits 1978 in seiner Analyse auch die Medienentwicklung der folgenden 25 Jahre im Blick gehabt: „Die Expansion der Medien geht zwar mit einer erheblichen Steigerung des Informationsumsatzes in der öffentlichen Kommunikation einher, gleichzeitig entstehen aber erhebliche Kapazitätsprobleme. Diese werden teilweise durch Rückkopplungsvorgänge im Prozess der öffentlichen Kommunikation selbst geschaffen. So induziert die Aussicht auf Veröffentlichung die Herstellung von Nachrichten-Vorprodukten. Die Tätigkeiten von Pressestellen und Pressesprechern, der Abteilungen für Öffentlichkeitsarbeit und PR sind eine Folge der Medienexpansion und der Ausweitung öffentlicher Kommunikation, gleichzeitig verbreitern sie die Informationsflut und erzeugen Veröffentlichungsnotwendigkeiten, blockieren dann wiederum Kapazitäten und schaffen zusätzliche Knappheitsprobleme. Darüber hinaus geben viele der veröffentlichten Nachrichten Anlass zu Reaktionen, Kommentaren, Interpretationen, Bekräftigungen, Dementis, die ihrerseits den Anspruch auf Veröffentlichung erheben. Kommunikation ist ein sich selbst vervielfältigender Prozess: Nachrichten über Ereignisse werden ihrerseits zu Nachrichten und induzieren neue Ereignisse, die wiederum zu Nachrichten werden, und so fort. Die Kapazität der Medien bleibt daher langfristig knapp und zwingt zur Selektion."[6]

Führen mehr Informationen zu größerer Informiertheit? Diese Frage stellt sich im Zeitalter hochleistungsfähiger Übertragungssysteme natürlich immer stärker. Die Analysen und Prognosen von Steinbuch und Schulz lassen sich heute fortschreiben. Durch die weiter wachsende Flut an Informationen besteht zunehmend die Gefahr, dass viel Unwichtiges über die Nachrichtenkanäle geschickt wird. Diese werden möglicher Weise für Wichtiges verstopft und unpassierbar. Selbst wenn die Kapazität der Kanäle ständig erhöht wird, besteht die Gefahr, dass Wichtiges durch Unwichtiges verschüttet und überdeckt wird. Die Gatekeeper, die Schleusenwärter, die Entscheider über „Bringen" oder „Nicht-Bringen" von Nachrichten, werden immer wichtiger. Ihre Aufgabe wird aber zugleich immer schwerer. Sie müssen der Garant dafür sein, dass – so heißt es im Jargon anerkannter Medienexperten – unsere Gesellschaft nicht „overnewsed but underinformed" wird.

In den Nachrichten aller Medien zeichnet sich seit langer Zeit eine Abkehr vom Primat der Politik ab. Noch in den 1970er Jahren bedeutete „Nachrichten" Informationen aus der Politik. Kulturereignisse mussten schon den Rang eines Literaturnobelpreises haben, um Eingang in die allgemeinen Nachrichten zu finden. Um Themen aus der Wirtschaft machten Nachrichtenredakteure – nicht selten mangels Sachkenntnis – gern einen weiten Bogen. Die sogenannten „bunten" Themen, galten lange als verpönt. Heute werden die genannten Themenfelder zu Recht fast gleichrangig neben der Politik behandelt.

Die Kommunikationswissenschaft unterscheidet – und hier befindet sie sich nahe an der journalistischen Praxis – zwischen drei Informationsarten: Ereignisinformationen, Wissensinformationen und Serviceinformationen.

Ereignisinformationen – Nachrichten über Geschehenes und Gesagtes. Wissensinformationen – Hintergründe zum besseren Verständnis von Nachrichten. Serviceinformationen – ein Trend, der seit Jahren zu beobachten ist und vermutlich noch lange anhalten wird. Gedruckte ebenso wie elektronische Medien liefern Nachrichten mit Gebrauchswert im Sinne der angelsächsischen Definition „News you can use". Ihr Umfang wächst von Jahr zu Jahr. Wetter, Verkehr, Gesundheit, Verbraucherfragen, Reisen, Rechtsfragen usw. usw. sind die Themenfelder.

Der Bereich „Wissensinformationen" sollte in unserer komplexen Welt eigentlich eine immer größere Rolle spielen. Bedauerlicher Weise ist dies im Zeitalter von Schlagzeile und Infotainment nicht der Fall. Orientierungshilfe zum Verstehen von Nachrichten hat eher die Form von „Einschätzungen" und Kommentaren, aber weniger von Hintergrundinformationen. Der amerikanische Medienwissenschaftler Neil Postman hat dieses Problem in einer Präsentation im Jahr 1998 thematisiert.[7] Postman geht davon aus, dass wir einen Überfluss an Informationen haben, aber einen Mangel an Kenntnissen. Grund dafür sind die bereits erwähnten, oft inhaltslosen und nicht relevanten Zitate von Äußerungen. Er sagt, wenn man Informationen erhält, die einen die Welt verstehen lassen, erfährt man Kenntnis. Wenn Kenntnis dann mit anderer Kenntnis verknüpft wird, entsteht Klugheit – er nennt dies „Wisdom". Postman kritisiert, dass der Gewinn von Klugheit in den Medien durch Meinungen und Einschätzungen erzeugt werden soll. Sein Fazit: „Meinungsbeiträge sagen uns, was wir denken sollen. Es geht aber darum zu erfahren, wie wir denken sollen. Es geht nicht darum, dass die Medien die richtigen Antworten geben, sondern, dass sie die richtigen Fragen stellen."

Auch hier zeigt sich wieder die bereits erwähnte Zweiklassengesellschaft. Speziell Interessierte nutzen mit Hilfe ihrer privilegierten Möglichkeiten die Informationsquellen mit Spezialangeboten. Die Quellen für allgemein am Tagesgeschehen Interessierte werden immer allgemeiner und degenerieren oft zu Infotainment-Anbietern. Die Tatsache, dass sich inzwischen eine stattliche Zahl von Nachrichtenkanälen in Radio und Fernsehen etabliert hat, löst das Problem nur teilweise. Wenn diese sich weitgehend der aktuellen Kurznachricht bedienen, tragen sie eher dazu bei, dass die Informiertheit des Publikums geringer wird. Bieten sie neben aktuellen Nachrichten auch die entsprechenden Hintergrundinformationen im Sinne einer Nachrichtendimensionierung, dann können sie den Kenntnisstand der Adressaten erweitern – vielleicht sogar „Wisdom" im Sinne von Neil Postman erzeugen. Zum Glück gibt es auch in Deutschland Nachrichtenkanäle, die sich so verstehen.

Informationen, dargeboten in der Form von Nachrichten, sind eine wichtige Ressource unserer Zeit, vielleicht sogar die wichtigste. Eine besonders knappe Ressource ist indessen die Zeit des Einzelnen. Zwar hat der Durchschnittsdeutsche nach der ARD-Langzeitstudie im Jahr 2015 täglich mehr als 200 Minuten dem Fernsehen und annähernd 180 Minuten dem Radio gewidmet. Dennoch, oder vielleicht deshalb, spüren viele Menschen eine Informationsüberlastung. Der Medienwissenschaftler Norbert Bolz schrieb bereits im Jahr 1994: „Die alltägliche Informationsüberlastung äußert sich im Berufsleben in zwei Formen. Als Entscheidungsüberlastung: Man hat nie genug Zeit, um sich ausreichend zu informieren. Als Aufmerksamkeitsüberlastung: Es gibt eine Menge wichtiger Dinge, die man nur durch Ignoranz bewältigen kann. Die Datenflut macht Aufmerksamkeit zur knappen Ressource. Man hört beim Frühstück mit halbem Ohr auf die Nachrichten, überfliegt die Zeitung, beschränkt sich bei wissenschaftlichen Artikeln auf die Summarys und bei Büchern auf den Klappentext. Im Büro warten dann zwei Dutzend Faxe auf Antwort".[8]

Auch angesichts der Zeitknappheit ist es kaum möglich, sich über das Internet einen Überblick über das Zeitgeschehen zu verschaffen. Der Zugriff auf journalistisch aufbereitete Informationen ist die einzige Möglichkeit, den Faktor Zeit wenigstens einigermaßen in den Griff zu bekommen.

Es wird später noch ausführlich das Thema „Nachrichtenselektion" behandelt werden. Aber im Zusammenhang mit der Überflutung und damit Überforderung sowohl der Nachrichtenmacher als auch der Nachrichtenkonsumenten, soll auf einen wesentlichen Punkt bereits hier hingewiesen werden. Der Mainzer Medienforscher Hans Mathias Kepplinger geht davon aus, dass die weit verbreitete Vorstellung, die Massenmedien gäben die Realität unverzerrt wider, falsch ist. „Die Massenmedien" – so Kepplinger – „sind kein Fernglas, durch das die Bevölkerung eine ihr unzugängliche Welt maßstabgerecht verkleinert wahrnimmt. Sie sind vielmehr ein Prisma, das die Welt jenseits der eigenen Erfahrungswelt gebrochen widergibt. Daher kann man von der Berichterstattung nicht sicher auf die Realität schließen".[9]

Die professionelle Nachrichtengebung sieht sich heute vier Phänomenen gegenüber, die Gefahr und Chance zugleich sind:
1. Die immer gewaltiger werdende Informationsflut
2. Wachsende Probleme mit den traditionellen Nachrichtenquellen
3. Der steigende Bedarf an Faktendimensionierung
4. Der Trend zur Nahweltinformation.

Das Thema Nachrichtenflut wurde bereits erörtert. Der Zuwachs macht die Selektion immer schwieriger. Er führt aber auch zu Problemen mit den traditionellen Nachrichtenquellen, den Nachrichtenagenturen. Sie sehen sich als „Nachrichtengroßhändler" einer noch viel größeren Flut gegenüber als die „Einzelhändler", d. h. die Redaktionen von Zeitungen, Radio und Fernsehen. Bedingt durch die modernen Übermittlungstechniken und die immer professioneller arbeitende Public Relations-Industrie ersticken die Agenturen buchstäblich im Material, das ihnen übermittelt wird und aus dem sie den Dienst für ihre Abonnenten gestalten müssen. Die großen Agenturen – auf sie wird im Kapitel über die Nachrichtenquellen ausführlich eingegangen – leisten nach wie vor hervorragende Arbeit. Hochqualifizierte Nachrichtenredakteure liefern Dienste, ohne die die Redaktionen von Zeitungen, Radio und Fernsehen überhaupt kein Nachrichtenangebot machen könnten. Dennoch führt der Druck der Masse an zum Teil sicherlich unbrauchbaren Informationen zu wachsenden Problemen bei der Nachrichtenselektion. Das Vertrauen darauf, dass die Gatekeeper der „Einzelhändler" ihrerseits professionell auswählen, kann durchaus zu einer gewissen Großzügigkeit bei der Auswahlentscheidung führen.

Das dritte Phänomen, der wachsende Bedarf an Faktendimensionierung, wurde bereits dargestellt. Man kann dies auf die Formel bringen: „Kommentar und journalistische Einschätzung verbessern nicht unbedingt den Kenntnisstand".

Hervorzuheben ist das vierte Phänomen, der Trend zur Nahwelt-Information. Lokal- und Regionalnachrichten haben seit Jahrzehnten Konjunktur. Medien, die zu Beginn der Regionalisierungsdiskussion Ende der 1970er und Anfang der 1980er Jahre die damaligen Zeichen der Zeit erkannt haben, sind damit bis heute erfolgreich. Im Kapitel „Nähe braucht der Mensch – die wachsende Bedeutung von Lokal- und Regionalnachrichten" werden die Details erörtert.

Das Kapitel „Nachrichten heute" darf einen Problemkreis nicht unerwähnt lassen, mit dem die Medienmacher in Zukunft noch erhebliche Schwierigkeiten haben werden. Es geht um „Live um jeden Preis" und um „Dabeisein ist alles". „Access instead of information – Zugang zum Ereignis anstelle von Informationen" – so nennen die amerikanischen und kanadischen Medienfachleute dieses Phänomen.

Zunächst „Live um jeden Preis". Dass Radio und Fernsehen Parlamentsdebatten direkt übertragen, ist ein Stück Dokumentation, ausnahmsweise auch einmal die Abbildung von Realität. Aber wie steht es beispielsweise mit der Liveübertragung von Pressekonferenzen? Wird hier nicht die Entscheidung über die Publikation von Aussagen von Redaktionsverantwortlichen auf den Veranstalter einer Pressekonferenz übertragen? Anwesende Journalisten berichten aus einer Pressekonferenz normalerweise nach journalistischen Kriterien. Sie wählen aus, gewichten und formulieren. Bei einer Liveübertragung entscheidet der Veranstalter, was publiziert wird.

„Dabeisein ist alles" – „ Access instead of information". Der Verfasser kennt aus eigener langjähriger Erfahrung, mit welchem Aufwand die Berichterstattung von Großereignissen und aus Krisen- und Kriegsgebieten organisiert werden muss. Zugang zu den Ereignissen wird geschaffen,

Übermittlungstechnik wird aufwändig installiert. Und dann? Ja, da war doch noch etwas. Richtig: Wir wollen und sollen doch Informationen liefern. Alles ist bestens organisiert. Und wo bleiben die Inhalte? Für diese sorgen dann oft die Nachrichtenagenturen. In diesen Zusammenhang gehört auch der sogenannte „Echtzeitjournalismus" verbunden mit dem Wettlauf um den jeweils ersten Platz bei der Onlineveröffentlichung. Nicht selten kommt es vor, dass von einem Ereignis, einer Pressekonferenz oder einer Debatte erste Nachrichtenfetzen publiziert werden, ohne Rücksicht darauf, dass der weitere Verlauf der Veranstaltung die Nachricht möglicherweise gegenstandslos macht oder sogar in das Gegenteil verkehrt.

Nicht zu unterschätzen sind auch die Abhängigkeiten, in denen sich Nachrichtenorganisationen befinden. Auch dieser Punkt wird ausführlich behandelt werden in dem Kapitel über die Außenbeeinflussung der Nachrichtengebung. Hier geht es darum, dass Medienunternehmen oft zu Wirtschaftsunternehmen gehören, die ihrerseits Gegenstand der Berichterstattung sind oder zumindest sein könnten. In Deutschland sind bisher Zeitungen sowie private Radio- und Fernsehanbieter weitgehend in der Hand von Medienunternehmen. In anderen Teilen der Welt sind Eigentümer von Medien nicht selten Investoren oder Firmen, deren Geschäftszweck ein völlig anderer ist, die Medien entweder als Investment oder aber auch als Instrument für eigene Öffentlichkeitsarbeitsaktivitäten nutzen. Dass in den USA etwa die Radio- und Fernsehgesellschaft NBC zu General Electric, einem Mischkonzern mit großem Engagement in der Rüstung gehört, ist gewiss nicht weniger problematisch als ein Beispiel aus Kanada. Dort gehört eine bedeutende Zeitungsgruppe einem der größten Einzelhandelskonzerne Nordamerikas. Dass der Fernsehnachrichtensender CNN zum Unterhaltungskonzern Time-Warner gehört, ist sicherlich ein Teil der Erklärung für den Vormarsch des Infotainment in den Nachrichtenmedien.

Nachrichten hatten stets in der Mediengeschichte mit Unterhaltung zu kämpfen. In der Geschichte von Radio und Fernsehen war diese Konkurrenz immer vorhanden. Durch den Wettbewerb zwischen öffentlich-rechtlichen und privaten Anbietern ist sie aber schärfer geworden. Zu Zeiten des öffentlich-rechtlichen Rundfunkmonopols in Deutschland konnten Radio und Fernsehen weitgehend macherbestimmt sein. Journalisten haben allein nach ihren professionellen Grundsätzen entschieden, wie viele und welche Art von Nachrichten gesendet wurden. Dies hat sich mit dem Entstehen des dualen Rundfunksystems durch den Wettbewerb zwischen öffentlich-rechtlichen und privaten Anbietern geändert. Als die sogenannte „Yellow Press" und die Boulevardzeitungen aufkamen, hat sich das Erscheinungsbild der sogenannten „seriösen" Presse ebenfalls verändert. Dass diese Entwicklung zu der erwähnten Zweiklassengesellschaft in der Information beigetragen hat, liegt auf der Hand.

Ein weiteres Problem der Nachrichtengebung besteht heute darin, dass die unterschiedliche Gewichtung von Weltregionen eine große Rolle spielt und so letztlich ein verfälschtes Weltbild entsteht. Die sogenannten „Elite-Nationen" beherrschen die Nachrichtengebung auf zweierlei Weise. Zum einen sind sie überproportional häufig Gegenstand der Berichterstattung und außerdem wird in diesen Ländern weitgehend über die Nachrichtengebung und ihre Strukturen entschieden. Die „Elite-Nationen" gelten – dies wird im Kapitel über die Nachrichtenselektion ausführlich dargestellt – sogar als Nachrichtenwert-Faktor. Und dann? Nachrichten werden überwiegend durch die nordamerikanische-, nord- und westeuropäische Brille gesehen. Beleg dafür ist, dass die drei Weltnachrichtenagenturen, die ein internationales Oligopol bilden, Associated Press, Reuters und Agence France Presse den Nachrichtenmarkt weltweit bestimmen. Dies führt zwangsläufig dazu, dass die Nachrichtenmedien den Süden mit den Augen des Nordens und den Osten mit den Augen des Westens betrachten.

Das unterschiedliche Journalismus- und Nachrichtenverständnis in der Welt muss natürlich bei der Beschreibung der Probleme der heutigen Nachrichtengebung ebenfalls berücksichtigt werden. Da ist zunächst das Verständnis in nicht-demokratisch verfassten Staaten. Die Informationsmedien sind Sprachrohr der Regierenden und haben deren Interessen publizistisch zu vertreten. Anders das Nachrichtenverständnis in Entwicklungs- bzw. Schwellenländern. Hier verstehen sich Journalisten sehr oft als Public Relations-Leute ihres eigenen Landes. So positiv dies einerseits ist, so muss man aber auch sehen, dass Medien auf diese Weise jungen oder im Entstehen begriffenen Demokratien eher schaden als nutzen. In Gesprächen mit Journalisten aus diesen Ländern hört man oft Klagen darüber, dass die Medien in Nordamerika und Westeuropa die positiven Entwicklungen in ihren Ländern kaum wahrnehmen, dass über Negatives aber breit berichtet werde. Dann ist schwer zu vermitteln, dass die Selektionskriterien in gewachsenen Demokratien andere sind, dass – und hier sind wir beim dritten Journalismusverständnis – Journalisten hier berichten ohne Rücksicht darauf, wem die Berichterstattung gefällt oder nicht gefällt. Man muss natürlich in diesem Zusammenhang auch die Frage stellen, ob die Medien mit der erwähnten nordamerikanischen und westeuropäischen Sicht den Anforderungen der Globalisierung gewachsen sind und ob hier nicht Anpassungsprozesse erforderlich sind.

Um den Journalismus in unserer Zeit, die Nachrichtengebung heute, die Probleme, die Chancen und Perspektiven zu skizzieren, soll hier auf die Arbeit einer Expertengruppe hingewiesen werden, die sich 1997 im „Faculty Club" der Harvard University in Cambridge im US-Bundessaat Massachusetts zusammen gefunden hat und seitdem als „Committee of Concerned Journalists" im Dienst des Qualitätsjournalismus die Entwicklung beobachtet und Empfehlungen formuliert. Die Diskussionen und ihre Ergebnisse wurden und werden von den Journalisten und Medienwissenschaftlern Bill Kovach und Tom Rosenstiel publiziert. Sie formulieren Grundsätze für den Journalismus, für seine Aufgaben und Funktionen. Dabei stellen sie fest, dass die wichtigste Aufgabe des Journalisten ist: „To provide people with the information they need to be free and self-governing". Es geht also darum, die Bürger mit Informationen zu versorgen, die es ihnen ermöglichen, frei und selbstbestimmt zu leben. Um diese Aufgabe zu erfüllen, gelten unter anderem folgende Grundsätze:

– „Journalism's first obligation is to the truth."
– (Die erste Verpflichtung des Journalismus ist die zur Wahrheit.)
– „Its first loyalty is to citizens." (Die oberste Loyalität gilt den Bürgern.)
– „Its practitioners must maintain an independence from those they cover."
– (Journalisten müssen unabhängig sein von denen, über die sie berichten.)
– It must serve as an independent monitor of power."
– (Der Journalismus dient als unabhängiger Kontrolleur der Macht) [10]
Manche, vielleicht sogar Viele, werden sagen: „Alles theoretische Grundsätze, gut gemeint, aber …". Aber, so leicht sollte man es sich nicht machen. Zwar tun sich Journalisten schwer, ihre eigene Arbeit kritisch zu reflektieren. Aber zumindest der Grundsatz „Journalisten müssen unabhängig sein von denen, über die sie berichten", markiert ein zentrales Problem des Journalismus unserer Zeit. Er verlangt gerade in Deutschland selbstkritisches Nachdenken der Medienmacher.

Auch die Anhänger der These: „Es genügt doch das Internet" und des sogenannten Bürgerjournalismus müssen sich an dieser Stelle fragen, was zuverlässige Nachrichtengebung bedeutet.

Man muss sich klar machen, dass die Nachrichtenmedien trotz professioneller Informationsauswahl, Gewichtung und Präsentation dem Adressaten immer das Bild eines Anderen von der Welt vermitteln. Es ist stets die indirekte Sicht auf die Ereignisse, es sind die Auszüge aus Reden und anderen Äußerungen, die ein Anderer gemacht hat. Solange die „Anderen" professionelle Journalisten sind, arbeiten sie im Prinzip nach den oben skizzierten Grundsätzen. Sind die „Anderen" einfach „Irgendwer", die vielen „Jedermanns", die im Netz publizieren, dann handelt es sich um persönliche Meinungen, Befindlichkeiten und Erlebnisse bis hin zur Indoktrination, nicht kontrolliert und nicht überprüfbar. Korrektheit, Verlässlichkeit und Überprüfbarkeit sind hier nicht gefragt.

Welche Bedeutung zuverlässige Nachrichten für den Menschen haben, hat der amerikanische Senator John McCain, übrigens einer der Initiatoren des Committee of Concerned Journalists, in dem Bericht über seine 5 ½ Jahre als Kriegsgefangener in Nordvietnam anschaulich beschrieben. Er sagt, was er am meisten vermisst habe, seien nicht Komfort, Essen, Freiheit oder nicht einmal Familie und Freunde gewesen. Was er am meisten vermisst habe, seien Informationen gewesen. Freie, unzensierte, nicht verzerrte Nachrichten in ausreichender Menge.[11]

Menschen streben immer danach, zu erfahren, was jenseits ihres eigenen Erfahrungsbereichs, jenseits der eigenen direkten Wahrnehmung geschieht. Aber, sie wollen sich auf der Basis der übermittelten Nachrichten ein eigenes Bild machen. Der amerikanische Verband der Zeitungsherausgeber (American Society of Newspaper Editors) formuliert das in seinen Grundsätzen so: „Give light and the people will find their own way." (Machen Sie Licht und die Menschen werden ihren eigenen Weg finden.)[12] Nachrichten sollen Denkanstöße und Material für die Bildung eines eigenen Urteils liefern.

„Nachrichten heute" – Die Nachrichtengebung steht seit Jahren vor einem Problem, dessen Lösung eine Frage der künftigen Existenz ist. Im Zeitalter der „Rund um die Uhr"-Nachrichtenpublikation verwenden Journalisten mehr Zeit darauf, etwas Neues als Ergänzung der vorhandenen Nachrichten zu finden – meist handelt es sich um Reaktionen, Interpretationen und Einschätzungen – als darauf, die vorhandenen Nachrichten auf ihre Korrektheit, ihren Wahrheitsgehalt zu überprüfen. Behauptung und Bewertung versus Recherche und Verifikation. Natürlich sind es Sachzwänge, die die Verifizierung verhindern. Aber besteht nicht gerade hier die Chance für das Überleben des Qualitätsjournalismus?

David Yarnold, der geschäftsführende Herausgeber einer amerikanischen Regionalzeitung, der „San Jose Mercury News" hat im Jahr 2000 ein Experiment mit einer Checkliste zur Verifizierung von Nachrichten, einer „Accuracy-Checklist" gemacht. Er gab 30 seiner Reporter diese Liste, um sie bei ihrer Arbeit zu benutzen. In 80 % ihrer Recherchen konnten sie die Liste nutzen und: Sie hatten 20 % weniger Korrekturen vorzunehmen als ein anderes Team, das ohne diese Liste arbeitete.

Aus der „Accuracy-Checklist" einige Beispiele:

- Is the background-material required to understand the story complete?"
  (Ist das Hintergrundmaterial ausreichend, die Geschichte ganz zu verstehen?)
- „Are all the stakeholders in the story identified and have representatives from that side been contacted and given a chance to talk?"
  (Wurden alle Beteiligten an der Geschichte identifiziert und wurden Vertreter dieser Seiten kontaktiert und wurde ihnen Gelegenheit gegeben, sich zu äußern?)
- „Does the story pick sides or make subtle value judgements?"
  (Ergreift die Geschichte Partei oder enthält sie Bewertungen?)
- „Will some people like this story more than they should?"
  (Gefällt die Geschichte Manchen besser als sie dies sollte?)
- „Do you have multiple sources for controversial facts?"
  (Gibt es mehrere Quellen für widersprüchliche Informationen?)
- „Did you double-check the quotes to make sure they are accurate and in context?"
  (Wurden die Zitate doppelt überprüft, um sicher zu sein, dass sie korrekt sind und im richtigen Zusammenhang stehen?)[13]

Einige Beispiele nur, und viele werden sagen „Alles Selbstverständlichkeiten". Wohl kaum, in einer Zeit, in der „googlen" für viele Synonym ist für journalistische Recherche.

„Will some people like this story more than they should?" (gefällt die Geschichte Manchen besser als sie dies sollte?), eine klare Absage an den Gefälligkeitsjournalismus.

Nachrichtengebung – eine Dienstleistung. Eine Dienstleistung für wen? Der oberste Gerichtshof der USA, der Supreme Court, hat diese Frage im Jahr 1971 in einem spektakulären Fall knapp und eindrucksvoll beantwortet. Es ging um die so genannten „Pentagon Papers". Die New York Times hatte die geheimen sogenannten Pentagon Papers veröffentlicht. Darin ging es um die Vorgeschichte des Vietnamkrieges. Die US-Regierung klagte gegen die Zeitung und verlor. Die New York Times bekam Recht. In der Urteilsbegründung stehen u. a. zwei Sätze, die die Rolle der Nachrichtengebung deutlich machen: „The Founding Fathers gave the free press the protection it must have to fulfill its essential role in our democracy. The press was to serve the governed and not the governors." (Unsere Gründerväter haben der freien Presse den Schutz gegeben, den sie benötigt, um ihrer wichtigen Rolle in unserer Demokratie gerecht zu werden. Die Presse hat den Regierten zu dienen und nicht den Regierenden.)[14]

In unserer Zeit überhand nehmender Public Relations-Aktivitäten, insbesondere aus der Politik, ist es wichtiger denn je, dass sich die Nachrichtenmedien immer wieder ihre Aufgaben bewusst machen und sich darüber klar sind, wem sie zu dienen haben.

Anmerkungen:

1   Steinbuch, Karl (1978): Maßlos informiert. München/ Berlin, Herbig-Verlag, S. 180
2   Bird, Roger (1997): The End of News. Toronto, Irwin Publishing, S. 28
3   Steinbuch, Karl (1968): Die informierte Gesellschaft. Reinbek, Rowohlt-Verlag, S. 242
4   Steinbuch, Karl a.a.O, S. 242
5   Schulz, Winfried (1987): Politikvermittlung durch Massenmedien. In: Ulrich Sarcinelli (1987) (Hrsg.): Politikvermittlung. Stuttgart, Bonn Aktuell, S. 130
6   Schulz, Winfried a.a.O
7   Postman, Neil: Information, Knowledge, Wisdom. Vortrag beim „6th International Broadcast-News Workshop" Toronto 27.05.1998
8   Bolz, Norbert (1994): Das kontrollierte Chaos – Vom Humanismus zur Medienwirklichkeit. Düsseldorf, Econ-Verlag, S. 98
9   Kepplinger, Hans Mathias (1992): Ereignismanagement – Wirklichkeit und Massenmedien. Zürich, Edition Interfrom, S. 77
10 Kovach, Bill und Rosenstiel, Tom (2007): The Elements of Journalism. New York, Three River Press, S. 5 ff
11 Mc. Cain, John und Salter, Mark (1999): Faith of my Fathers. New York, Random House, S. 221
12 American Society of Newspaper Editors (Ethic Code)
13 San Jose Mercury News: Accuracy-Checklist.
14 Zitiert nach Kovach, Bill und Rosenstiel, Tom (2007): The Elements of Journalism. New York, Three River Press, S. 104
15 US-Supreme Court 1971 (439 U.S. 713)

Kapitel 2 Vom Ereignis zur Medienrealität – Wie Journalisten die Welt sehen

Die wichtigste und zugleich schwierigste Aufgabe für Journalisten ist die Selektion von Informationen, die Entscheidung über das „Bringen" oder „Nichtbringen" im jeweiligen Medium. Ausgewählt wird in jeder Phase journalistischer Arbeit. Der Berichterstatter am Ort eines Geschehens wählt aus, was von dem Geschehenen und Gehörten er berichtet. Der Redakteur, der die letzte Entscheidung für oder gegen eine Publikation zu treffen hat, wählt ebenfalls aus. Wenn die Publikation nicht auf der Basis eines eigenen Reporterberichts erfolgt, sondern z. B. nach einem Agenturbericht, dann erhöht sich die Zahl der Auswahlentscheidungen. Der Nachrichtenselektion ist deshalb ein eigenes Kapitel gewidmet. Diesem vorangestellt werden aber Überlegungen und Informationen zu den Themen Ereignistypen, Wirklichkeitsmodelle und Realitätsmodelle. Kurzum, es geht um Phänomene, die zu erkunden suchen, wie Journalisten die Welt sehen. Am Anfang steht die Abstufung von Ereignissen, über die in den Medien berichtet wird. Ereignisse ersten Grades sind tatsächliche Ereignisse. Beispiel: Der Bundestag ist zu einer Sitzung zusammengetreten. Es folgen Ereignisse zweiten Grades. Beispiel: Akteure, d. h. Parlamentsabgeordnete, teilen Fakten mit, etwa Ergebnisse eines Untersuchungsausschusses und dergleichen. Sie werden von Journalisten zitiert. Es folgen Ereignisse dritten Grades. Beispiel: Andere Akteure sagen zu dem Bericht ihre Meinung. Auch sie werden in den Medien zitiert.

Was macht nun ein Ereignis zur Nachricht? Die Kriterien der Nachrichtenselektion werden in dem Kapitel „Wichtigste und schwierigste journalistische Aufgabe – Die Nachrichtenselektion" ausführlich behandelt. So viel sei aber hier bereits gesagt: Nachrichten können kein Abbild der Realität sein, sie sind stets ein Konstrukt. Die Medien konstruieren eine Realität. Ganzen Journalistengenerationen ist die Regel beigebracht worden: „Hund beißt Mann" ist keine Nachricht. „Mann beißt Hund" wird zur Nachricht. Der amerikanische Medienkritiker Russell Baker[1] modifizierte in einem Zeitungsbeitrag diesen uralten Grundsatz und differenziert Ereignistypen:
– Das alltägliche Ereignis. „Hund beißt Mann."
– Das seltene Ereignis. „Mann beißt Hund."

- Das Nichtereignis. „Hund beißt Mann nicht."
- Das Medienereignis. Entschlossen, einer Sache Publizität zu verschaffen, die nach seiner Ansicht zu wenig beachtet wird, inszeniert Mann ein Medienereignis von der seltenen Art. Ärgert man sich z. B. über Hundekot auf Bürgersteigen, so teilt er Journalisten mit, dass er auf einer Hauptstraße Hunde beißen werde.
- Das doppelte Medienereignis: Die Journalisten werden des Mannes müde, der Hunde beißt, um gegen Hundekot zu demonstrieren. Also führt Mann die Journalisten in Versuchung, indem er anbietet, drei Hunde zu beißen. Die Journalisten verständigen den Tierschutzverein und eilen hin, um die Story von der Empörten Tierschützerin zu kriegen, die den Mann beißt, der versucht hat, Hunde zu beißen. Usw. usw.

Die Aufzählung von Beispielen vom „alljährlichen Ereignis" über das „potentielle Ereignis" bis zum „antizipierten Ereignis" geht weiter. Diese Beispiele zeigen, wie sich Ereignisse auf ganz unterschiedliche Weise zu nachrichtenwerten Ereignissen entwickeln, die von Journalisten wahrgenommen werden.

Hans Mathias Kepplinger beschreibt die unterschiedlichen Ereignistypen.[2] Es geht um das Verhältnis von Berichterstattung und Realität. Kepplinger geht für eine angemessene Modelldarstellung von drei Typen von Ereignissen aus: Von genuinen Ereignissen, inszenierten Ereignissen und mediatisierten Ereignissen. Genuine Ereignisse sind Vorfälle, die unabhängig von der Berichterstattung der Massenmedien geschehen, wie z. B. Erdbeben, Unfälle oder natürliche Todesfälle. Inszenierte Ereignisse sind Vorfälle, die eigens zum Zweck der Berichterstattung herbeigeführt werden (Pseudoereignisse). Beispiele liefern die verschiedenen Formen von Pressekonferenzen. Mediatisierte Ereignisse sind Vorfälle, die zwar (vermutlich) auch ohne die zu erwartende Berichterstattung geschehen wären, aufgrund der erwarteten Berichterstattung aber einen spezifischen, mediengerechten Charakter erhalten, wie Parteitage, Produktvorstellungen, Olympiaden, Buchmessen und so fort. Kepplinger geht davon aus, dass die Zahl der inszenierten und der mediatisierten Ereignisse seit dem zweiten Weltkrieg erheblich zugenommen hat. „Zugleich wird der Anteil der Berichte über derartige Ereignisse stark angestiegen sein. Sichtbarer Ausdruck dieser Entwicklung ist unter anderem das Engagement von Großunternehmen als Sponsoren von Sportveranstaltungen, Umweltschutzmaßnahmen oder Musikveranstaltungen (vom Rockkonzert bis zum Opernfestival). Bedeutender noch ist die wachsende Neigung zu symbolischer Politik, deren Ziel weniger die Lösungen von Problemen als die

Darstellung von Problemlösungskompetenz ist."[3] Dabei ist auch zu berücksichtigen – so Kepplinger weiter – dass die Realität, über die die Massenmedien berichten, zum Teil selbst schon eine Folge der vorausgegangenen Berichterstattung ist. Dieses Phänomen wird im Kapitel über die Nachrichtenselektion ausführlich dargestellt.

Kepplinger sieht drei Objekte der journalistischen Berichterstattung: Ereignisse, Stellungnahmen und Themen.[4] Als Ereignisse werden zeitlich und räumlich begrenzte Geschehnisse bezeichnet, die einen erkennbaren Anfang und ein erkennbares Ende haben. Beispiele sind Staatsbesuche, Konferenzen und Unfälle. Dabei spielen die Beobachter eine große Rolle. Kepplinger unterscheidet Beobachter erster, zweiter und dritter Ordnung. Bei Verkehrsunfällen sind Augenzeugen Beobachter erster Ordnung, Journalisten, die über ihre Beschreibungen berichten, sind Beobachter zweiter Ordnung. Publizistikwissenschaftler, die deren Berichte analysieren, sind dann Beobachter dritter Ordnung.

Stellungnahmen sind eine spezielle Art von Ereignissen. Zu den Ereignissen gehören sie, weil es sich ebenfalls um zeitlich abgegrenzte Geschehnisse handelt. Hier geht es beispielsweise um mündliche oder schriftliche Äußerungen bei Pressekonferenzen, im Bundestag, bei Gedenktagen usw. Obwohl Stellungnahmen Ereignisse sind, unterscheidet sie ein wesentliches Merkmal z. B. von Unfällen und Konferenzen. Charakteristisch für Stellungnahmen ist, dass sie intentional auf etwas anderes verweisen. Durch ihren Verweisungscharakter besitzen Stellungnahmen eine besondere kommunikative Funktion: Sie lenken die Aufmerksamkeit in eine bestimmte Richtung.[5] Ereignisse, Stellungnahme und Themen sind – wie gesagt – die Objekte der Berichterstattung. Als Themen – dieser Begriff soll auch noch knapp erläutert werden – werden Zustände bezeichnet, deren Anfang und Ende nicht absehbar sind, wie z. B. diplomatische Beziehungen, Abrüstung oder Verkehr. Die Medienwissenschaft hat vielfach untersucht und bestätigt gefunden, was Journalisten auf der Basis ihrer praktischen Erfahrungen ebenfalls bestätigen: Die Realität, die die Massenmedien berichten, ist zum Teil auch eine Folge der vorangegangenen Berichterstattung. Kepplinger[6] macht dies unter anderem an der Ölkrise des Jahres 1973 fest. Nach dem Jom-Kippur-Krieg im Jahre 1973 erweckten die deutschen Massenmedien den falschen Eindruck, es käme kurzfristig zu einer Versorgungslücke auf dem Rohölmarkt. Als Folge nahm die Nachfrage nach Ölprodukten sprunghaft zu. Dadurch entstanden aufgrund der beschränkten Kapazitäten der Raffinerien Versorgungslücken. Die Medien berichteten, und es kam an vier Sonntagen zu einem Fahrverbot. Eine ähnlich große Rolle wie das Phänomen „Berichterstattung als Folge vorangegangener Berichterstattung" spielen die sogenannten Schlüsselereignisse. Es gibt eine Reihe von Untersuchungen zu diesem Thema, dass nämlich bestimmte Ereignisse eine Berichterstattung über dieses oder ähnliche Themen nach sich ziehen. Kepplinger hat z. B. das Phänomen anhand von drei Schlüsselereignissen analysiert.[7] Es geht um das Tanklastzugunglück im hessischen Herborn am 07.07.1987, um das Erdbeben in San Francisco am 17.10.1989 und um die Bekanntgabe der Aids-Erkrankung des amerikanischen Schauspielers Rock Hudson am 07.07.1985. Erfasst wurde die Berichterstattung in sechs Tages- und vier Wochenzeitungen. Nur einige Ergebnisse in Stichworten: Die Berichterstattung über schwere Verkehrsunfälle wurde nach dem Schlüsselereignis intensiver, obwohl die Zahl der Verkehrstoten in dieser Zeit abnahm. Es wurde in größerem Umfang über ähnliche Ereignisse berichtet. Nur eine Schlussfolgerung: Nach Schlüsselereignissen vermittelt die Berichterstattung auch dann den Eindruck, dass sich eine ganze Serie ähnlicher Geschehnisse ereignet, wenn sich die Ereignisse nicht häufen. Die vermuteten Ereignisse haben in Wirklichkeit nicht stattgefunden. Zum Tanklastzugunglück von Herborn ein kleiner Nachtrag des Verfassers aus eigenem Erleben: Die Nachrichten über Unglücke mit Tanklastwagen häuften sich in der Tat nach der Katastrophe von Herborn. Die Schwelle der Gatekeeper, also der auswählenden Nachrichtenredakteure für die Bewertung eines Unfalls sank. Es wurde über kleinste Zwischenfälle nachrichtlich berichtet. Nachfragen bei den Behörden ergaben – erwartungsgemäß – dass sich nicht mehr Unfälle mit Tanklastwagen ereignet hatten als sonst, und jede kleine Karambolage wurde aber berichtet, natürlich nicht ohne Hinweis auf Herborn – nach dem Motto: „Erneut ist nach dem Unglück in Herborn ein Tanklastwagen…". Der Gipfel wurde erreicht, als Agenturen darüber berichteten, dass in einem kleinen Ort in der Eifel ein amerikanischer Tanklaster einen Gartenzaun beschädigt hatte. Hier kam „erschwerend" für manche hinzu, dass es sich um ein amerikanisches Militärfahrzeug handelte, dass also der damals noch mehr als heute verbreitete latente Antiamerikanismus bei der Selektionsentscheidung sicherlich eine zusätzliche Rolle gespielt hat.

Im Zusammenhang mit der Darstellung der Welt- und Realitätssicht der Journalisten sollen hier nun kurz die von Kepplinger entwickelten Realitätsmodelle beschrieben werden.[8] Die Modelle werden als Konstruktivismus, Expressionismus und Realismus beschrieben. Die Kernthesen des radikalen Konstruktivismus lauten: Es gibt keine objektive Realität, über die

Massenmedien berichten könnten. Die Berichterstattung spiegelt die Realität weder angemessen noch unangemessen. Sie stellt vielmehr ein Konstrukt dar, das nichts anderes reflektiert als die Arbeitsbedingungen von Journalisten. Da dieses Konstrukt nicht durch medienexterne Kriterien in Frage gestellt werden kann, besitzen die Journalisten ein Monopol für die Definition von Realität.

Die Kernthesen des Expressionismus lauten: Es gibt durchaus eine objektive Realität, über die die Massenmedien berichten. Auch kann man diese Realität erkennen und mit der Berichterstattung der Massenmedien vergleichen. Die Massenmedien besitzen eine expressive Funktion und berichten folglich nicht vorrangig über die Welt der Tatsachen, sondern sie konstituieren die soziale Bedeutung von Realität, indem sie die Tatsachen wertend interpretieren.

Die Kernthesen des Realismus lauten: Es gibt eine Realität, über die die Massenmedien berichten. Diese Realität kann man in Grenzen objektiv erkennen und mit der Berichterstattung der Massenmedien vergleichen. Dabei kann man auch feststellen, ob die Massenmedien diese Realität verzerrt oder unverzerrt wiedergeben.

Wenn es um die Frage von Realität und deren Abbildung oder Konstruktion durch die Medien geht, spielt auch das Thema Ereignishäufigkeit eine Rolle. Kepplinger[9] stellt die Frage, ob sich die berichtete Realität beschleunigt habe. Damit ist gemeint, ob heute innerhalb einer Zeiteinheit mehr berichtenswerte Ereignisse geschehen als früher. Hier spielt die bereits dargestellte Unterscheidung der drei Ereignistypen eine Rolle. Gemeine Ereignisse, die geschehen und verlaufen ohne Einwirkung der Medien, mediatisierte Ereignisse, die ebenfalls ohne Einwirkung der Medien geschehen, deren Art und Verlauf jedoch gezielt auf die Bedürfnisse der Medien ausgerichtet werden und die inszenierten Ereignisse, die eigens zum Zweck der Berichterstattung veranstaltet werden. Verdeutlicht wird die Frage der Häufigkeit am Deutschen Bundestag. Gemeine Ereignisse wie die Plenarsitzungen des Parlaments, haben sich über die Jahrzehnte bezüglich ihrer Häufigkeit nicht verändert. Bei den mediatisierten und inszenierten Ereignissen hat sich das Bild aber völlig verändert. Hier wurden aktuelle Stunden, öffentliche Anhörungen sowie schriftliche und mündliche Anfragen herangezogen. Die Zahl dieser drei parlamentarischen Instrumente ist über die Jahrzehnte geradezu dramatisch gestiegen. Insbesondere die mündlichen und schriftlichen Anfragen – so die Schlussfolgerung – haben inzwischen eine völlig andere Motivation als Hintergrund. Sie haben sich von einem Mittel zur Information der Parlamentarier zu einem Mittel der Öffentlichkeitsarbeit entwickelt.[10]

Im Einleitungskapitel wurde bereits die Frage erörtert, ob ein Mehr an Informationen zugleich eine größere Informiertheit zur Folge hat. Die Frage wurde verneint, die Antwort begründet. Bezogen auf das hier erörterte Thema „Medienrealität", spielt die Vergrößerung des Informationsangebotes ebenfalls eine Rolle. Das zunehmend erweiterte Angebot kommt denen, die bereits gut informiert sind, eher zugute als den schlecht Informierten, die es aber eigentlich nötig hätten. Die Folge ist, dass die Unterschiede zwischen den gut Informierten und den schlecht Informierten Bevölkerungsschichten weiter anwachsen, dass z. B. auch die in Bezug auf politisches Wissen unterprivilegierten kognitiv weiter verelenden.[11] Als Winfried Schulz dies vor fast drei Jahrzehnten formulierte, gab es weder das Internet noch die heutige „Schlagzeilenkultur". Das Problem hat sich erheblich verschärft. Der kanadische Medienwissenschaftler Roger Bird (siehe Kapitel „Nachrichten heute") nennt dies den Weg in die Informations-Zweiklassengesellschaft. Er beobachtet in der Gesellschaft die „Information-Rich" und die „Information-Poor". Dabei unterscheiden sich naturgemäß sowohl die Menge der Informationen als auch deren Qualität. Es steigt mit der Information durch die Massenmedien auch der Anteil der Sekundärerfahrungen. Menschen leben immer stärker „indirekt", d. h. eigenes Erleben, Primärerfahrungen, gibt es also nur noch ausnahmsweise und dies eher im Nahbereich. Alles, was über den Nahbereich hinausgeht, ist – von gelegentlichen Reisen einmal abgesehen – indirekte Beobachtung, vermittelt durch die Informationsmedien. Ein großer Teil der medialen Informationen bezieht sich auf verbale Berichte, Meinungen, Interpretationen, ist also Tertiärerfahrung oder eine noch höhere Stufe der Ableitung von den eigentlichen Ereignissen. Mit höheren Ableitungsstufen entfernt sich die Massenkommunikation von dem, was altmodisch „Tatsachen" heißt, und es entsteht eine verselbstständigte Medienrealität. Ulrich Greiner, der langjährige Nachrichtenchef des Bayerischen Rundfunks, hat dies in einem Beitrag für die Wochenzeitung „Die Zeit" so formuliert: „Das einst dienende Gewerbe ist zum alles beherrschenden Betrieb geworden, der von sich selbst lebt. Etwas hat überhaupt erst dann stattgefunden, wenn darüber berichtet wurde, selbst wenn es nichts war."[12]

Politik wird angesichts dieser besonderen Form von Medienrealität und von journalistischer Selbstkritik immer stärker zur symbolischen Politik. Man kann heute von Darstellungspolitik und Entscheidungspolitik sprechen. In den letzten Jahren überwiegt – für jedermann erkennbar – bei

weitem die Darstellungspolitik, möglicherweise ein Grund für Politikver-
drossenheit und zurückgehende Wahlbeteiligung. Symbolische Politik nur
zu kritisieren, greift natürlich zu kurz. Sie ist nicht nur für Journalisten geradezu lebenswichtig. Ohne sie gäbe es viel weniger Material, mit dem
Journalisten Zeitungsseiten und Sendeminuten füllen. Der Einsatz symbolischer Mittel hat auch für die Politik selbst wichtige Funktionen. Sarcinelli nennt vier:

1. Symbolische Politik hat Signalfunktion und dient damit als kommuni-
   katives Steuerungsmittel zur Initiierung von Aufmerksamkeit. Durch
   demonstrative Akte, durch die Verwendung bestimmter Begriffe, opti-
   scher Effekte oder spezifischer Gesten im politischen Handeln kann
   Nachrichtenwert erzeugt und können damit Informationsroutinen
   durchbrochen werden.
2. Symbolische Politik ist ein wichtiges Regulativ für die Bewältigung
   von Informationsmengen und
3. symbolische Politik zielt nicht nur auf das Benennen eines politischen
   Sachverhalts. Im Einsatz symbolischer Mittel geht es auch um die Be-
   nennungsmacht.
4. Symbolische Politik spricht nicht allein die Ratio an, sondern mobili-
   siert auch Emotionen.[13]

Diese Beschreibung trifft zweifelsfrei zu. Hinter symbolischer Politik ver-
bergen sich ganz sicher auch beste Absichten. Die eigene journalistische
Erfahrung und die Gespräche mit vielen erfahrenen Kolleginnen und Kollegen zeigen aber auch, dass die sogenannte symbolische Politik vor allem
darauf angelegt ist, Medienpräsenz zu erreichen. Es wäre ein Forschungs-
projekt wert, einmal zu untersuchen, aus wie vielen – vermutlich eher aus
wie wenigen – dieser Aktivitäten tatsächlich politisches Handeln oder gar
Ergebnisse resultieren.

Zur Divergenz von tatsächlicher Realität und Medienrealität gibt es
zahlreiche Studien. Beispielhaft sei hier eine sehr frühe skizziert, die aber
das Phänomen besonders anschaulich beschreibt und erklärt. Die beiden
amerikanischen Forscher Kurt Lang und Gladys E. Lang haben den sogenannten MacArthur Day, den 26.04.1951 in Chicago zum Gegenstand
ihrer Untersuchung gemacht.[14] Das beobachtete Ereignis war die Rück-
kehr des legendären Weltkrieg 2- und Koreakrieg-Generals Douglas
MacArthur nach Chicago. Der General war wegen Kontroversen mit dem
damaligen US-Präsidenten Harry S. Truman entlassen worden. Zu seinen
Ehren fand in Chicago eine große Parade statt. Die beiden Forscher ließen
von eigens geschulten Teams die Parade „original", d. h. in den Straßen

von Chicago und am Fernsehbildschirm beobachten. Die beiden Gruppen vermittelten einen völlig unterschiedlichen Eindruck. Die Beobachter in Chicago waren enttäuscht von der Kühle des Empfangs für MacArthur. Die Beobachter der Fernsehübertragung berichteten demgegenüber von einer begeisterten Menge, einem enthusiastischen Empfang und einem Ereignis von historischer Dimension. In den Ergebnissen der Studie heißt es, das Fernsehen habe versucht, die Erwartungen seiner Zuschauer, dass sie einem ganz besonderen Ereignis teilnähmen, auch zu erfüllen. Hinzu kamen Bildeinstellungen mit Massen begeisterter Menschen und entsprechendes Verhalten der Kommentatoren. Vermutet wird von den Forschern allerdings auch, dass die Fernsehkameras von den Besuchern wahrgenommen wurden und dass begeistertes Winken usw. nicht nur MacArthur, sondern teilweise auch den Fernsehzuschauern galt. Hier wurde bereits zu Beginn der 1950er Jahre bestätigt, dass die Anwesenheit von Medien ein Ereignis verändern kann.

Wenn es um Realität und ihre Abbildung bzw. Konstruktion in den Medien geht, darf ein Blick auf die sozialen Netzwerke nicht fehlen. Soziale Netzwerke wie Facebook und Twitter werden von immer mehr Menschen als Informationslieferanten genutzt – mit all den Problemen, die im Einleitungskapitel bereits aufgezeigt wurden. Es stellt sich die Frage, ob diese Netzwerke die Wirklichkeit auch nur annähernd abbilden können und wollen. Mehr noch als die klassischen journalistischen Medien geben sie ein verzerrtes Bild der Realität. In seiner bemerkenswerten Zusammenfassung der Probleme kommt der Journalist Adrian Lobe zu dem Fazit: „Facebook und Twitter geht es nicht darum, Informationen zu verbreiten und auch nicht darum, dass Publikum zu bespaßen. Die Internetkonzerne wollen, dass sich die Nutzer so lange wie möglich auf ihren Seiten aufhalten, um Werbeeinnahmen zu generieren. Dass ihnen eine Rolle als bedeutende Medienspieler zuwächst, ist für sie ein netter Mitnahmeeffekt, mehr nicht. Für die Nutzer hat das zur Folge, dass ihre Nachrichten nicht nach Relevanz, sondern nach ökonomischer Verwertbarkeit gefiltert werden. Der Nutzer sitzt im Silo sozialer Netzwerke und ist manipulierbar. Die Konsequenz ist, dass Facebook redaktionelle Entscheidungen mit erheblicher Tragweite für die Öffentlichkeit trifft."[15]

Zum Schluss dieses Kapitels Anmerkungen eines Praktikers über die Probleme, die Journalisten mit der Wirklichkeit haben. Wolf Schneider, in vielen herausragenden Positionen in Medien erfahren, lange Jahre Leiter einer renommierten Journalistenschule, Hochschullehrer und Autor zahlreicher Fachbücher, sieht sieben Wirklichkeiten, sieben Realitäten:

a) Die objektive Realität, genauer der Versuch, eine solche zu erforschen und zu definieren. Eine harte Nuss, die von den Physikern, Mathematikern und Philosophen bisher nicht geknackt worden ist.

b) Die Realität der jeweiligen biologischen Art. Als Beispiel werden u. a. die Geruchssensationen eines Hundes im Vergleich zum Menschen genannt.

c) Die subjektive Realität eines Kulturkreises. Man denke an einen Selbstmordattentäter in einem islamischen Land.

d) Die subjektive Realität einer sozialen Gruppe. Beispiele: Kinder, geschiedene Frauen, Arbeiter usw.

e) Die subjektive Realität des Individuums. Der Kellner erlebt einen Presseball anders als der Gast oder die Toilettenfrau.

f) Die vorgetäuschte Realität. Sie wird produziert von Politikern, Pressechefs, Memoirenschreibern, Werbeagenturen usw.

g) Die Medienrealität.[16]

Anmerkungen:

1   Baker, Russell (1982): News bites Reporter. In: International Herald Tribune 08.12.1982. (Zitiert nach Schneider, Wolf (1984): Unsere tägliche Desinformation. Hamburg, Stern Verlag, S 172).

2   Kepplinger, Hans Mathias (1992): Ereignismanagement. Zürich, Edition Interfrom, S. 51.

3   Kepplinger, Hans Mathias, a.a.O.

4   Kepplinger, Hans Mathias (2011): Realitätskonstruktionen. Wiesbaden, VS-Verlag, S. 69.

5   Kepplinger, Hans Mathias, a.a.O. S. 70.

6   Kepplinger, Hans Mathias, a.a.O. S. 59 und S. 155.

7   Kepplinger, Hans Mathias, a.a.O. S. 87 ff.

8   Kepplinger, Hans Mathias: Ereignismanagement. S. 54 ff.

9   Kepplinger, Hans Mathias: Realitätskonstruktionen. S. 141 ff.

10   Kepplinger, Hans Mathias, a.a.O.

11   Schulz, Winfried (1987): Politikvermittlung durch Massenmedien. In: Sarcinelli, Ulrich (Hrsg.) (1987): Politikvermittlung. Stuttgart, Bonn Aktuell, S. 135.

12   Greiner, Ulrich in: „Die Zeit" vom 06.07.1984

13   Sarcinelli, Ulrich (2011): Politische Kommunikation in Deutschland. Wiesbaden, VS-Verlag, S 145.

14   Lang, Kurt und Lang, Gladys E. (1953): The unique perspective of Television and its effect. A Pilot Study. In: American Sociological Review 18. S 3-12.

15   Lobe, Adrian in: Frankfurter Allgemeine Zeitung v. 14.03.2015

16   Schneider, Wolf (1984): Unsere tägliche Desinformation. Hamburg, Stern Verlag, S. 21.

Kapitel 3 Googeln genügt nicht – die Quellen der Nachrichten

Das zentrale Problem aller Nachrichtenmedien ist die Zuverlässigkeit und Nachprüfbarkeit der Informationsquellen. In Zeiten, in denen Jeder alles innerhalb von Sekunden weltweit verbreiten kann, kommt es immer mehr auf verlässliche Informationen an. Es wurde wiederholt darauf hingewiesen, dass die professionelle Nachrichtenauswahl, -gewichtung und -präsentation an Bedeutung zunimmt, dass der Wildwuchs an Informationen aus persönlicher Betroffenheit und individuellen Absichten die Öffentlichkeit immer stärker von den traditionellen Nachrichtenmedien – in welcher technischen Vermittlungsform auch immer – abhängig macht. Dies stellt an die Medien höchste Anforderungen, insbesondere an deren Quellen.

Zu unterscheiden sind Nachrichtenquellen innerhalb des Mediensystems und Quellen außerhalb des Mediensystems. Zur ersten Gruppe gehören die Nachrichtenagenturen, eigene Berichterstatter, die Recherche vom Redaktionsschreibtisch aus und Archive aller Art.

Quellen außerhalb des Mediensystems sind zum einen die offiziellen Quellen wie Polizei, Feuerwehr, Behörden. Dann die Public Relations-Industrie und schließlich auch unseriöse Quellen. Dazu gehören beispielsweise gekaufte Quellen, inszenierte Quellen und konstruierte Quellen.

1. Quellen innerhalb des Mediensystems

Hier müssen die Nachrichtenagenturen am Anfang stehen.[1] Ihre Bedeutung für die Nachrichtengebung aller Medien kann gar nicht überschätzt werden. Auch wenn viele Journalisten dies nicht zugeben wollen: Ohne die Dienste der großen Nachrichtenagenturen wäre nahezu allen Medien eine umfassende und zuverlässige Berichterstattung überhaupt nicht möglich. Die Nachrichtenagenturen sind Nachrichtengroßhändler. Sie sammeln und verarbeiten Informationsmaterial und verkaufen es in Form von Nachrichtenmeldungen als ständigen Dienst an die Nachrichteneinzelhändler, d.h. an die Redaktionen von Zeitungen, Radio und Fernsehen. Agenturen liefern entweder einen allgemeinen Nachrichtendienst, d. h. alle Themenfelder werden behandelt, oder sie bedienen spezielle Themenbereiche wie z. B. Wirtschaft oder Sport. Die Redaktionen abonnieren in der

Regel den Dienst einer Agentur gegen einen pauschalen Bezugspreis. Sie dürfen dann, entsprechend ihrem eigenen Bedarf, Meldungen auswählen und verwenden. Der Bezugspreis richtet sich in Deutschland bei den Zeitungen nach der Auflage, bei den öffentlich-rechtlichen Rundfunkanstalten nach der Zahl der Beitragszahler und bei den privaten Rundfunkanstalten nach der Einschaltquote.

Quellen der Agenturen sind eigene Korrespondenten und Vertragsagenturen. Hinzu kommen offizielle Quellen und natürlich auch die Produkte der Public Relations-Industrie. Die enorme Bedeutung der Nachrichtenagenturen wird besonders deutlich dadurch, dass es auf der Welt ein Oligopol der drei „Großen" gibt. Die amerikanische Associated Press (AP), die britische Agentur Reuters (RTR) und die französische Agence France Presse (AFP) beherrschen praktisch das internationale Nachrichtengeschäft. In Deutschland spielt eine herausragende Rolle die Deutsche Presse-Agentur (DPA), die auch in einigen Ländern außerhalb Deutschlands Bedeutung hat.

Die „großen Drei" in Stichworten:

Die Associated Press (AP) mit Sitz in New York gilt nach der Zahl der Kunden und der Korrespondentenbüros als die größte Nachrichtenagentur der Welt. Sie erreicht nach eigenen Angaben über die Medien, die sie beliefert, täglich etwa eine Milliarde Menschen. Die AP wurde im Jahre 1848 von sechs amerikanischen Zeitungsverlegern gegründet und ist bis heute als Genossenschaft organisiert, die den wichtigsten amerikanischen Medienhäusern gehört. Durch dieses Modell ist sichergestellt, dass nicht einzelne Medienunternehmen einen überproportional großen Einfluss auf die Agentur nehmen können. Die AP hat bis 2010 einen eigenen deutschsprachigen Dienst geliefert. Dieser wurde zunächst in einer Kooperation mit der inzwischen in Konkurs gegangenen Agentur DAPD weitergeführt. Inzwischen gibt es eine entsprechende Kooperation mit der Deutschen Presse-Agentur (DPA).

Die in London ansässige Agentur Reuters gehört inzwischen zum kanadischen Mischkonzern Thomson, wird aber als eigenständige Agentur weitergeführt. Gegründet wurde sie von dem Deutschen Julius Reuter im Jahre 1849. Reuter hatte zunächst von Aachen aus europaweit mit Börseninformationen gehandelt. Die Informationen von der Londoner Börse kamen übrigens mit Brieftauben auf den europäischen Kontinent. Als Reuter 1849 dann in London die Agentur gründete, die bis heute seinen Namen trägt, lag das Schwergewicht von Anfang an auf Wirtschaftsinformationen. Dies gilt nach wie vor. Die Agentur Reuters bietet neben ihrem allgemeinen Nachrichtendienst zahlreiche spezielle Wirtschaftsdienste, die für Wirtschaftsunternehmen aller Art eine nahezu unverzichtbare Informationsquelle sind. Reuters ist selbst ein Wirtschaftsunternehmen und macht den weitaus größten Teil seines Umsatzes mit eben diesen Wirtschaftsinformationen. Der wesentlich kleinere allgemeine Nachrichtendienst – er zeichnet sich durch hohe journalistische Qualität aus - generiert einen vergleichsweise kleinen Teil des Umsatzes, ist aber für das Image der Agentur von großer Bedeutung. Reuters liefert seit 1971 auch einen Dienst in deutscher Sprache, der in Frankfurt produziert wird.

Die Agence France Presse (AFP) gilt als die älteste Nachrichtenagentur der Welt. Sie wurde 1835 von Charles-Louis Havas gegründet – übrigens ein ehemaliger Lehrling von Julius Reuter, als dieser noch mit Börsennachrichten handelte. Die AFP ist seit 1957 eine öffentlich-rechtliche Körperschaft. Damit soll die Unabhängigkeit von kommerziellen Interessen einerseits und politischen Kräften andererseits garantiert sein. Die Agentur hat ihre journalistischen Stärken in Weltregionen, die früher einmal Einflussgebiete Frankreichs waren. Auch die AFP produziert einen Dienst in deutscher Sprache, der von vielen Medien in Deutschland, ähnlich wie der deutsche Dienst von Reuters, als wichtige Nachrichtenquelle neben der Deutschen Presse-Agentur genutzt wird.

Die Deutsche Presse-Agentur (DPA) ist für die deutschen Medien die mit Abstand wichtigste Nachrichtenquelle. Nahezu alle Zeitungen sowie Radio- und Fernsehanbieter haben die Dienste der DPA abonniert und bestreiten mit diesem Angebot wesentliche Teile ihrer Informationsgebung. Es kommt gelegentlich vor, dass ein Medienhaus glaubt, auf die Dienste der DPA verzichten zu können. In der Regel dauern derartige Experimente nicht sehr lange und die Redaktionen erkennen, dass in Deutschland ohne die DPA kaum etwas geht. Selbst das Bundespresseamt hat vor einiger Zeit diesen Versuch gewagt – ein Fehlversuch, wie viele Experten vorausgesagt haben.

Die DPA wurde im Jahre 1949 als Nachfolgerin der nach Ende des zweiten Weltkriegs von den Alliierten in den drei westlichen Besatzungszonen Deutschlands etablierten Nachrichtenagenturen gegründet. Sie hat die Gesellschaftsform einer Gesellschaft mit beschränkter Haftung (GmbH). Gesellschafter sind die deutschen Medienunternehmen. Der Gesellschaftsanteil ist auf 1,5 % begrenzt, sodass ein überproportionaler Einfluss einzelner Gesellschafter – ähnlich wie bei der Associated Press (AP) – nicht möglich ist. Die DPA liefert neben dem Basisdienst, der über alle Themen aus aller Welt berichtet, eine Reihe von sogenannten Landesdiensten, die die regionalen Medien in ganz Deutschland mit Nachrichten beliefern. Die Verankerung in allen Regionen in Deutschland macht die DPA auch für Medien mit regionaler Verbreitung praktisch unverzichtbar.

Die „großen Drei" AP, RTR und AFP dominieren weltweit die Nachrichtengebung. Alle anderen Agenturen – und es gibt in nahezu jedem Land eine nationale Agentur – spielen allenfalls regional eine Rolle. Viele dienen allerdings – wie gesagt – den großen, internationalen Agenturen als Zulieferer. Bedeutend sind natürlich auch die in nicht-demokratischen Ländern arbeitenden Staatsagenturen. Als Beispiele seien Itar-Tass in Russland und Xinhua (Neues China) in der Volksrepublik China genannt. Sie sind – meist auf dem Weg über die drei großen Weltagenturen – durchaus wichtige Informationsquellen. Sie sind aber – und dies sollte in der Berichterstattung auch stets deutlich gemacht werden – keine unabhängigen Quellen, sondern quasi Public Relations-Agenturen und Sprachrohre der jeweiligen Regierung bzw. der jeweiligen regierenden Partei.

Neben den erwähnten Agenturen, die allgemeine Nachrichtendienste verbreiten, gibt es Spezialagenturen, die sich mit der Berichterstattung über Einzelthemenfelder befassen. Die wichtigsten Anbieter auf dem deutschen Markt sollen hier kurz skizziert werden.

Da sind zunächst die Wirtschaftsagenturen „Vereinigte Wirtschaftsdienste" (VWD) und DPA-AFX. Hinzu kommt die Sportnachrichtenagentur „Sport-Informations-Dienst" (SID) – seit 1997 eine Tochtergesellschaft der Agence France Presse.

Besonders erwähnt werden müssen die beiden kirchlichen Nachrichtenagenturen der „Evangelische Pressedienst" (EPD) und die „Katholische Nachrichtenagentur" (KNA). Der Evangelische Pressedienst, der in Frankfurt produziert wird, hat sich in den letzten Jahren durchaus als zweite deutsche Nachrichtenagentur neben der DPA etabliert. Beide, der EPD und die KNA, deren Sitz in Bonn ist, liefern Nachrichten, die weit über die rein kirchlichen Themen hinausgehen. Politik, insbesondere Sozialpolitik und Kultur, sind weitere Felder, die bearbeitet werden.

Auch bei der Betrachtung der wichtigsten Nachrichtenquellen überhaupt, der Agenturen, wird deutlich, welche Rolle Nord- und Westeuropa sowie Nordamerika in der internationalen Berichterstattung spielen. Die Behauptung, zwei Drittel des gesamten Nachrichtenaufkommens kämen direkt oder indirekt aus diesen Regionen, erscheint angesichts der Bedeutung der großen Agenturen durchaus plausibel. Es wird auch geschätzt, dass zwei Drittel der Nachrichtenjournalisten weltweit Europäer und Nordamerikaner seien. Auch dies scheint plausibel. Dass angeblich die

Agenturen aus den USA, Großbritannien und Frankreich etwa 75 % des Nachrichtenmarktes beherrschten, ist zwar in Zahlen nicht dokumentiert, erscheint aber angesichts ihrer weltweiten Verbreitung durchaus logisch.

Zu den Quellen innerhalb des Mediensystems gehören selbstverständlich die eigenen Mitarbeiter der Redaktionen von Zeitungen, Radio und Fernsehen, die Reporter, Korrespondenten und Autoren. Eigentlich sollten sie die wichtigste Quelle für die Medien sein. Sie sind es heute – von wenigen Ausnahmen, nämlich der ganz großen Publikationsorganen abgesehen – nur noch im lokalen oder regionalen Bereich. Große überregionale Tageszeitungen, Nachrichtenmagazine, Wochenzeitungen und gelegentlich Radio- und Fernsehmagazine liefern Nachrichten auf der Basis eigener Recherche. Ähnliches gilt für die Auslandsberichterstattung durch eigene Korrespondenten. Auch hier sind es eher die Printmedien, deren Korrespondenten eigenrecherchierte Beiträge zu den Nachrichten liefern. Radio- und Fernsehkorrespondenten bieten demgegenüber eher Hintergrundberichte und die sogenannten „Einschätzungen". Die Größe der Berichterstattungsgebiete und der permanente Zeitdruck lassen mehr bedauerlicher Weise nicht zu. Wenn – um ein Beispiel zu nennen – ein ARD-Hörfunkkorrespondent in Washington ein Gebiet von Alaska bis zum Rio Grande zu bearbeiten hat, noch dazu permanent von vielen Heimatredaktionen um Beiträge gebeten wird, ist die Lieferung von Nachrichten nicht möglich. Man verlässt sich darauf, dass die Agenturen das jeweilige Gebiet nachrichtlich abdecken und der Korrespondent dann – wie gesagt – Hintergründe und Einschätzungen liefert.

2. Quellen außerhalb des Nachrichtensystems:

Am Anfang sollen die offiziellen Quellen stehen, ohne die die Nachrichtengebung kaum noch möglich wäre. Die beiden amerikanischen Journalisten und Medienkritiker Martin E. Lee und Norman Solomon haben in ihrem Buch „Unreliable Sources"[2] (Unzuverlässige Quellen) bereits zu Beginn der 1990er Jahre auf die dramatische Abhängigkeit der Nachrichtenmedien von offiziellen Quellen aufmerksam gemacht. Sie sagen, das erste, was beim amerikanischen Journalismus auffalle, sei die Tatsache, dass die überwältigende Mehrheit der Geschichten auf offiziellen Quellen beruhten, d. h. auf Informationen, die von Kongressabgeordneten, Beratern des Präsidenten und anderen Politikern verbreitet werden. Lee und Solomon zitieren Studien, nach denen von 2850 untersuchten Artikeln in der New York Times und der Washington Post 78 % im Wesentlichen auf Aussagen von Offiziellen beruhten. Dies beschreibt eine Situation vor 25 Jahren. Angesichts der immer stärker und auch professioneller werdenden Public Relations-Aktivitäten, vor allem in der Politik, muss man heute gewiss von einem noch höheren Anteil ausgehen. Beobachtet man die Nachrichten aus dem Politikbetrieb in Berlin und in den deutschen Landeshauptstädten, dann drängt sich die Vermutung auf, dass die Situation in Deutschland ähnlich, wenn nicht noch problematischer ist.

Die klassische Politikberichterstattung lief nach folgendem Schema: Absicht – Handlung – Wirkung – Medien. Ein Politiker hatte also eine Absicht, eine Idee. Diese wurde in Handlung umgesetzt, etwa, indem eine Gesetzesinitiative auf den Weg gebracht wurde. Dies hatte Wirkung und schließlich berichteten die Medien darüber.

Heute heißt das Schema: Absicht – Medien – Wirkung – Handlung. Ein Politiker hat eine Idee. Diese wird den Medien mitgeteilt. Hat die Berichterstattung die gewünschte Wirkung, dann erfolgt eine Handlung. Ist die Wirkung der Medienberichterstattung nicht die gewünschte, dann geschieht nichts weiter.

Es ist natürlich klar, dass dieses Schema sehr oft für den Start sogenannter Versuchsballons genutzt wird. Ein weiteres Motiv ist, auf diesem Weg regelmäßiger in die Medien zu kommen. Die Kritik muss hier allerdings weniger den Politikern, sondern vielmehr den Journalisten gelten. Wären sie kritischer und würden gelegentlich weiter verfolgen, was da aus den erwähnten „Absichten" geworden oder nicht geworden ist und auch darüber berichten, dann würden diese Public Relations-Aktivitäten weniger – ohne, dass dem Publikum irgendetwas fehlte. So „verkommt" Politik oft zu rein symbolischer Politik – ermöglicht durch unkritische oder auch allzu gefällige Journalisten.

Lee und Solomon machen im Zusammenhang mit offiziellen Quellen noch auf ein weiteres Problem aufmerksam: Sie zitieren den Medienkritiker Walter Karp mit einem Beitrag für die Zeitschrift „Harper's Magazine" aus dem Juli 1989. Karp sagt, es sei eine besondere Form von Ironie, dass die besonders hoch geschätzten Journalisten zugleich die servilsten gegenüber Politikern seien: Wenn sie für die Mächtigen nützlich seien, hätten sie auch Zugang zu den besten Quellen. Exklusivität – so heißt es weiter – sei weniger ein Zeichen von Unternehmensgeist als von passivem Dienst für die Mächtigen. Beobachtungen in Deutschland bestätigen dies. In diesem Zusammenhang sind auch manche Karrieren im öffentlich-rechtlichen Rundfunk zu sehen.

In den Kapiteln „Die Sage vom unabhängigen Journalisten – Außenbeeinflussung der Nachrichtengebung" und „Zwischen Bewunderung und Verachtung – die Nachrichtenmacher" wird dieses Thema nochmals aufgegriffen.

Doch „offizielle Quellen" bedeutet natürlich nicht nur „Politik". Wichtige Quellen für alle Medien – insbesondere im lokalen und regionalen Bereich – sind Polizei und Feuerwehr. Viele Zeitungsseiten und Sendeminuten könnten ohne den Polizeibericht und ohne die Informationen von der Feuerwehr wohl kaum gefüllt werden. In der Regel machen Redaktionen hier gute Erfahrungen. So berichten viele Journalisten über eine exzellente Zusammenarbeit mit Polizei und Feuerwehr. Man stellt immer wieder fest, dass die Sprecherinnen und Sprecher genau wissen, worauf es den Journalisten ankommt und sich professionell darauf einstellen.

Die Public Relations-Industrie als Quelle:

Journalisten tun sich traditionell schwer, die Public Relations als Nachrichtenquelle zu akzeptieren. Vorbehalte sind weit verbreitet. Dabei ist immer wieder zu beobachten, dass hier mit zweierlei Maß gemessen wird. Die PR-Aktivitäten von Wirtschaftsunternehmen werden mit größerer Skepsis betrachtet als die PR aus der Politik. Die oben geschilderten Abläufe sind nämlich nur möglich, weil die Öffentlichkeitsarbeit von Politikern und politischen Institutionen sehr großzügig – oft viel zu großzügig – behandelt wird. Die Nachrichtenauswahl bei Themen aus der Politik verläuft weniger kritisch als bei solchen aus der Wirtschaft. Wirtschafts-PR wird rasch als Produktwerbung angesehen. Dabei wird vergessen, dass PR aus der Politik kaum andere Hintergründe hat – nur die „Produkte" sind eben andere.

Als Beispiel für den unkritischen Umgang mit der Öffentlichkeitsarbeit aus der Politik sei das Thema Politikerinterviews angeführt. Die Pressestellen von politischen Institutionen und politischen Akteuren treiben sehr viel Aufwand mit der Platzierung von Exklusivinterviews. Dabei geht es nicht in erster Linie darum, die Leser einer Zeitung oder die Hörer eines Radioprogramms zu erreichen. Es geht in erster Linie um die Weiterverbreitung von Interview-Zitaten in nachrichtlicher Form über die Nachrichtenagenturen, um so praktisch alle Medien des Landes zu erreichen. Selbst Zeitungen mit vergleichsweise niedriger Auflage und Radioprogramme mit nicht allzu hoher Einschaltquote sind in diesem Zusammenhang wichtig. Zum einen sind dies sogenannte Leitmedien. Man denke etwa an die Frankfurter Allgemeine Zeitung oder den Deutschlandfunk. Aber es werden auch gezielt regionale Medien mit Exklusivinterviews „bedacht". Hier werden die regionalen Verbindungen des Politikers, etwa der Wahlkreis, mit in das Kalkül einbezogen. Und auf diese Weise kommen auch kleinere, regional verbreitete Medien mit in das Spiel der großen Politik. Entscheidend ist aber in alle Fällen die nachrichtliche Weiterverbreitung durch die Agenturen.

Die Öffentlichkeitsarbeiter von Wirtschaftsunternehmen bedienen sich inzwischen natürlich auch des Interviews und der daraus resultierenden Nachrichtenmeldung zur Verbreitung ihrer Botschaften. Personalknappheit in den Redaktionen führt zu einem strukturellen Ungleichgewicht zwischen der Informationsflut einerseits und der kleiner werdenden Recherchekapazität auf der anderen Seite.

In der Wissenschaft wird die Wirkung der PR auf Journalisten unterschiedlich gesehen. Wolfgang Donsbach bemerkt dazu: „Ergebnisse einer Inhaltsanalyse von Berichten über Pressekonferenzen aus verschiedenen Anlässen sprechen (aber) dafür, dass der Nachrichtenwert des Ereignisses sowie die grundsätzliche Einstellung der Journalisten zu den Veranstaltern wichtige intervenierende Variablen darstellen, die den publizistischen Erfolg politischer oder wirtschaftlicher Public Relations moderieren".[3] In Krisensituationen, d. h. bei hohem Nachrichtenwert und bei negativer Grundeinstellung der Journalisten zu den PR-Quellen ist der PR-Einfluss sehr gering. Wo PR sich in Pressekonferenzen darstellt – dies ergibt auch die eigene journalistische Erfahrung des Verfassers – trifft dies zweifellos zu. PR-Aktivitäten bestehen aber nur ausnahmsweise in Pressekonferenzen. In der Regel finden sie in Form von Medienaussendungen und Interviews statt. Da insbesondere die versandten Mitteilungen inzwischen meist sehr professionell gestaltet sind, ist die Wahrscheinlichkeit, dass sie Eingang in die Medien finden, sehr hoch. Die Personalknappheit in vielen Redaktionen verstärkt diesen Effekt.

Das Verhältnis von Journalisten zu Pressesprechern wird oft als problematisch, wenn nicht gar als angespannt beschrieben. Natürlich birgt dieses Verhältnis Probleme. Mit der gewachsenen Professionalität auf beiden Seiten und dem Akzeptieren der wechselseitigen Abhängigkeit hat sich in der Praxis in vielen Fällen ein sinnvolles Arbeitsverhältnis entwickelt. Ausnahmen gibt es. Die Ursachen dafür finden sich sowohl bei den Pressesprechern als auch bei den Journalisten. Die Untersuchung von Claudia Riesmeyer belegt, dass die lange Zeit zu beobachtende Diskrepanz zwischen Journalisten mit einem öffentlichen Auftrag und Pressesprechern nicht mehr besteht, dass vielmehr hier Rollenverständnis und ihre Berufsmotivation in weiten Teilen übereinstimmen.[4]

Von den sogenannten Leitmedien war bereits die Rede. Jenseits der Exklusivinterviews und den daraus resultierenden Nachrichten, spielen diese Medien eine wichtige Rolle als Quellen für andere Medien. Im Printbereich sind dies in Deutschland zunächst die drei überregional verbreiteten Qualitätszeitungen Frankfurter Allgemeine Zeitung, Süddeutsche Zeitung und Welt. Hinzu kommen als Nachrichtenmagazin der „Spiegel" und als Boulevardzeitung „Bild". In früheren Jahren spielten Fernsehmagazine wie Panorama und Report in diesem Zusammenhang regelmäßig eine Rolle, heute mehr ausnahmsweise. Im Hörfunk ist es vor allem der Deutschlandfunk, der oft von anderen Medien als Nachrichtenquelle genutzt wird. Solange es sich um die Übernahme exklusiver Informationen von allgemeinem Interesse handelt, spricht nichts dagegen, die Leitmedien als Quellen zu nutzen. Anders verhält es sich, wenn die Leitmedien Meinungsbeiträge publizieren, deren Position von anderen Medien als Zitat übernommen wird. Dabei können durchaus Probleme entstehen. Unmittelbar nach der deutschen Wiedervereinigung kritisierte der damalige Herausgeber des Spiegel, Rudolf Augstein, den damaligen Bundeskanzler Helmut Kohl in gewohnt scharfer Form. Kohl – so hieß es – sei den Anforderungen an eine deutsche Wiedervereinigung nicht gewachsen. Diese Position wurde von vielen übernommen und zitiert. Wenige Monate später änderte Rudolf Augstein seine Haltung total und lobte Kohl wegen seiner Leistungen im Zusammenhang mit der Wiedervereinigung. Kein Problem für den Spiegel, sehr wohl aber für die Medien, die ihm gefolgt waren. Falsche Informationen kann man korrigieren, Meinungen auch, wenn es sich um die eigene handelt. Hat man sich aber eine andere Position – sicherlich gerne – zu eigen gemacht, ist ein Meinungswandel wohl nicht so leicht zu begründen, ohne die eigene Glaubwürdigkeit zu gefährden.

Nicht unproblematisch können die sogenannten „konstruierten Quellen" sein. Hier reicht die Bandbreite von harmlos bis strafwürdig. In den Bereich der Public Relations gehören die harmlosen konstruierten Quellen. Gemeint ist die immer größer werdende Zahl der Nicht-Ereignisse, die aber gleichwohl ein großes Medienecho haben, die gesetzten Tage, wie z. B. der Tag des Baums, der Tag der Frau, der Tag des Internets usw. Die Zahl wächst, der Fantasie sind keine Grenzen gesetzt. Gewiss haben manche dieser „Tage" einen Sinn, Diskussionen zu wichtigen Themen können angeregt werden. Vielfach geht es aber um reine PR-Interessen. Das Phänomen ist an und für sich unproblematisch, denn Redaktionen sind frei in ihrer Entscheidung, darüber zu berichten oder nicht. Ein Problem entsteht auf diese Weise aber doch: Die ohnehin schwer zu bewältigende Nachrichtenflut wird auch so nochmals vergrößert.

Höchst problematisch sind andere konstruierte Quellen, wenn nämlich Ereignisse dadurch inszeniert werden, dass Medienmitarbeiter Andere zu Straftaten anstiften, um dann darüber zu berichten.

Fragwürdig sind auch Recherchen unter falscher Identität. Zwar hat Günter Wallraff viel Bewunderung dafür erfahren, dass er sich unter falscher Identität in eine Redaktion der Bild-Zeitung einschlich, um über die Zustände dort zu berichten. Dieser Fall ist nicht der einzige seiner Art. Es sind aber Zweifel anzumelden, ob strafbare Handlungen unter Hinweis auf ein öffentliches Interesse als Rechercheinstrumente zu rechtfertigen sind. Man denke diese Fälle einmal weiter. Der Grundsatz der Berichterstattungsfreiheit darf einfach nicht Straftaten wie Drohung, Verleumdung, Diebstahl von Dokumenten und dergleichen rechtfertigen.

„Nachrichten kreieren weitere Nachrichten" ist ein weiteres Problem, vor dem insbesondere die Gatekeeper, die Entscheider über „Bringen" oder „Nicht-Bringen" stehen. Im Einleitungskapitel wurde bereits auf den Rückkopplungseffekt hingewiesen. Die Aussicht auf Veröffentlichung animiert die Akteure in Politik und Wirtschaft dazu, Nachrichten-Halbfertigprodukte herzustellen und zu verbreiten. Die Informationsflut wird größer, und sie wird nochmals dadurch verstärkt, dass es zu Reaktionen, Interpretationen und Bekräftigungen kommt. Also ein sich selbst vervielfältigender Prozess.

Hier greift natürlich die Tatsache, dass die Medienberater in Politik und Wirtschaft die Selektionskriterien der Journalisten genau kennen und somit ihre Nachrichtenvorprodukte „maßgeschneidert" für den Bedarf des jeweiligen Mediums anbieten können.

Zunehmend an Bedeutung gewinnen demoskopische Umfragen als Nachrichtenquellen. Viele Politiker sehen in Umfrageergebnisse die wesentlichen Gründe für ihre Entscheidungen – wobei es ja oft bei öffentlichen Äußerungen bleibt und nachfolgendes politisches Handeln nicht selten die Ausnahme bildet. Umfrageergebnisse werden regelmäßig von den Nachrichtenmedien verbreitet. Die journalistische Wiedergabe von Ergebnissen demoskopischer Umfragen steckt aber voller Probleme.

Zunächst zur Bedeutung von Umfragen für die Meinungsbildung. Elisabeth Noelle-Neumann hat die Vorstellung, die Veröffentlichung von Umfrageergebnissen könne Wahlen beeinflussen, stark relativiert. „Die weit verbreitete Vorstellung, dass veröffentlichte demoskopische Zahlen die öffentliche Meinung beeinflussen oder formen, lässt sich empirisch nicht bestätigen. Interessant ist der eine Fall, in dem demoskopische Ergebnisse tatsächlich die öffentliche Meinung beeinflussen: Das geschieht, wenn Pluralistic Ignorance vorliegt, ein in der amerikanischen Soziologie der 1920er Jahre geprägter Begriff, den man übersetzen kann: „Die Mehrheit täuscht sich über die Mehrheit". Wenn eine bestimmte Einstellung in einer moralisch geladenen Streitfrage fälschlich für eine Minderheiteneinstellung gehalten wird, mit der man sich isoliert, und demoskopische Ergebnisse zeigen, dass es tatsächlich eine weit verbreitete Einstellung (oder Verhaltensweise) ist, dann hat das Einfluss, die Bereitschaft zum öffentlichen Bekenntnis wächst und damit kommt eine Anstoßwirkung in Gang."[5] Warnung also vor einer Überschätzung von Umfrageergebnissen. Sie richtet sich vornehmlich an die Politiker. Journalisten überschätzen offensichtlich auch diese Ergebnisse, denn ihre Veröffentlichung hat Konjunktur. Handelt es sich um Umfragen zum durchschnittlichen Bierkonsum der Deutschen oder dergleichen, dann haben die Veröffentlichungen vielleicht einen gewissen Unterhaltungswert. Geht es um Politik, dann ist Vorsicht geboten.

Bei der Nutzung von Umfrageergebnissen als Nachrichtenquelle kommt es auf größte Genauigkeit an. So haben beispielsweise logisch äquivalente Begriffe in der Frageformulierung einen erheblichen Einfluss auf das Antwortverhalten. Bei einer Umfrage über die Krankmeldungsquote bei Arbeitnehmern führt beispielsweise zu sehr unterschiedlichen Ergebnissen, wenn es in der Fragestellung heißt: „Jeder Dritte" oder „ein Drittel" oder „Einer von Drei" oder „etwa 33 %".[6] Ein Beispiel, wie sehr es bei der nachrichtlichen Wiedergabe von Umfrageergebnissen – oft ungewollt – zu Fehlern kommen kann. Wichtig ist, dass bei der Publikation von Umfragedaten einige Bedingungen erfüllt sind. Dies sind beispielsweise Hinweise auf Auftraggeber der Studie, das Umfrageinstitut, Repräsentativität, Stichprobe, Fragestellungen, Feldzeit usw. Gleiches gilt für Hinweise, ob es sich um eine Telefon-, Online- oder Face-to-Face-Befragung handelt. Nachrichten über demoskopische Umfragen erfordern also Raum, d. h. Zeitungsspalten oder Sendeminuten. Für Schlagzeilenberichterstattung eigenen sich Umfrageergebnisse nicht.

Beliebter Gegenstand der aktuellen Berichterstattung sind Straßenbefragungen, d. h. Journalisten gehen auf der Straße auf x-beliebige Menschen zu und fragen diese nach ihrer Meinung zu aktuellen Themen. Oft werden diese Aktionen als „Umfragen" bezeichnet, ein fataler Fehler. Es handelt sich nämlich nicht um Umfragen auf der Basis demoskopischer Methoden.

Sie haben auch keinen Nachrichten-, sondern bestenfalls Unterhaltungswert. Als Informationsquellen sind sie demzufolge untauglich.

Viele Journalisten benutzen Augenzeugen als Quellen für ihre Berichterstattung. Ihre Aussagen sollen Authentizität vermitteln, Detailinformationen, die anders nicht zu beschaffen sind. Aber die Aussagen von Augenzeugen sollten als Nachrichtenquelle mit äußerster Vorsicht behandelt werden. Gespräche mit Richtern bestätigen, wie schwer es ist, den Wahrheitsgehalt von Zeugenaussagen zu bestimmen. Dabei ist die Situation vor Gericht noch günstiger, weil in Ruhe und mit Sorgfalt Fragen – oft auf der Basis validen Aktenmaterials – gestellt werden. Wenn Journalisten nach einem Ereignis Zeugen befragen, geschieht dies üblicherweise unter Zeitdruck. Die äußeren Umstände sind oft schwierig. In einer solchen Situation sagen Augenzeugen oft das, was sie gesehen haben wollen und nicht, was sie gesehen haben. Und: Von einem Journalistengespräch zum anderen, das lehrt die eigene Reportererfahrung, haben die Zeugen immer mehr gesehen. Freilich gibt es Augenzeugen, die über Kompetenz verfügen und deren Aussagen dann äußerst wertvoll sind. Es ist aber ein Unterschied, ob der Zeuge eines Flugzeugunglücks ein Pilot ist oder ein Passant, der den Unfall zufällig beobachtet hat und plötzlich im Mittelpunkt der Medienberichterstattung steht. Im Unterschied zu ihm kann der Pilot beurteilen, ob eine Rauchentwicklung in einem Triebwerk vor dem Absturz einen Hinweis auf die Unglücksursache geben kann, oder ob es sich dabei um etwas völlig Normales handelt. Augenzeugenberichte bringen zweifellos Farbe in die Berichterstattung. In Reportagen und Features haben sie deshalb auch ihren Platz. In der Nachrichtenberichterstattung ist indes größte Vorsicht geboten.

Im Rahmen der Darstellung der Nachrichtenquellen und ihrer Probleme sollen nun einige Phänomene beschrieben werden, die ebenfalls direkt oder zumindest indirekt mit den Quellen zu tun haben.

Zunächst zum Thema „Sperrfristen": Nachrichten werden mit Sperrfristen versehen, d. h. ihre Veröffentlichung ist bis zur Freigabe gesperrt. Dabei kann es sich um Nachrichtenmeldungen von Nachrichtenagenturen handeln, die mit dem Sperrvermerk versehen werden, weil die Agentur gute Gründe dafür hat. Zum Beispiel berichtet die Agentur von einer Veranstaltung, auf der eine Rede gehalten wird. Das Manuskript liegt der Agentur vor. Sie schickt den Inhalt der Rede. Diese Meldung wird gesperrt, bis die Rede tatsächlich gehalten ist. Die Freigabe kommt dann von der Agentur. Vorteil: Die Redaktionen gewinnen Zeit, sie können ihren Artikel, in dem die Rede vorkommen soll, bereits vorbereiten. Grund für die

Sperrung kann sein, dass z. B. der Redner auf dem Weg zur Veranstaltung verunglückt und die Rede überhaupt nicht gehalten wird. Oder: Der Redner weicht von dem zuvor verbreiteten Manuskript ab. Es kommt auch vor, dass Veranstalter ihrerseits Manuskripte vorab an Journalisten geben, dann ebenfalls mit einem Sperrvermerk. Dabei kommt es dann gelegentlich zu kuriosen Situationen, wenn etwa eine Pressestelle nicht nur ein Redemanuskript vorab verteilt, sondern auch eine Nachrichtenmeldung, in der es dann beispielsweise heißt, dass die Rede wiederholt von Beifall unterbrochen worden sei.

Diese Gründe für Sperrfristen sind zu akzeptieren. Sie dienen allen Beteiligten. Es gibt allerdings auch unseriöse Sperrfristen. Diese werden recht oft am Rande politischer Verhandlungen benutzt. Man will durch die Verhängung einer Sperrfrist Zeit gewinnen, nachdem bereits Inhalte zu den Journalisten durchgedrungen sind. Sperrfristen werden auch verhängt, um über die Redaktionsschlüsse bestimmter wichtiger Medien hinwegzukommen. Kommt eine für einen Veranstalter möglicherweise unangenehme Meldung für eine Zeitung zu spät, dann hofft man darauf, dass einen Tag später die Berichte weniger umfangreich und an weniger prominenter Stelle erfolgen. Im Zeitalter der Online-Ausgaben der Zeitungen spielt diese Form der Manipulation nicht mehr eine so große Rolle wie früher. In der Wirtschaftsberichterstattung kommt es immer wieder vor, dass Meldungen mit wichtigen Informationen beispielsweise bis zum Börsenschluss gesperrt werden. Klar ist, dass man sich als Journalist in den seriös begründeten Fällen an die Sperrfristen hält und diese in den nicht-seriösen Fällen ignoriert.

Es gibt Grenzfälle, die oft für verantwortliche Redakteure schwer zu entscheiden sind. Ein auf tatsächlichem Geschehen basierender Fall soll beispielhaft hier geschildert werden: Auf einer großen amerikanischen Luftwaffenbasis fand vor Jahren ein Flugtag statt. Mehr als 250.000 Besucher waren anwesend. Alles verlief reibungslos. Einige Demonstrationen gegen das amerikanische Militär verliefen friedlich. Unmittelbar nach dem Ende der Veranstaltung lief eine Nachrichtenmeldung über die Agenturen, dass bei einer kleineren Flugshow, etwa 40 km von der Großveranstaltung entfernt, ein Unglück mit einem britischen Militärflugzeug mehrere Todesopfer gefordert habe. Die Polizei bat die Redaktionen, mit der Veröffentlichung zwei Stunden zu warten, um zu verhindern, dass zumindest ein Teil der Besucher der Großveranstaltung zum Unglücksort fahren und dort demonstrieren würde. Begründung: Die Polizei könne dort Probleme bekommen. Die Redaktionen haben richtiger Weise nicht mit der Veröffentlichung gewartet. Anders wäre die Situation in dem folgenden – nun fiktiven – Fall gewesen: In der Einflugschneise eines Großflughafens stürzt ein Verkehrsflugzeug ab. Die Nachricht verbreitet sich blitzschnell. Die Polizei bittet die Redaktionen, die Nachricht eine gewisse Zeit zurückzuhalten, weil befürchtet werden muss, dass durch die zum Unglücksort eilenden Neugierigen ein Verkehrschaos entsteht und die Einsatzkräfte nicht mehr durchkommen. Hier wird jeder verantwortungsbewusste Redakteur die Polizei unterstützen.

Ein weiteres Problem hängt unmittelbar mit dem Komplex „Sperrfristen" zusammen: Die sogenannten „kalt" geschriebenen Meldungen. Dies sind die Fälle, in denen Journalisten davon ausgehen, ein Ereignis würde wie geplant stattfinden, eine Entwicklung würde wie erwartet eintreten, Auftritte würden wie üblich erfolgen. Die Nachrichtenmeldung wird vorab „kalt" geschrieben und – normalerweise – wartet man auf Bestätigungen, bevor diese Meldung von der Agentur beispielsweise verbreitet, von der Zeitung gedruckt oder von Radio und Fernsehen gesendet wird. Normalerweise – aber es kommt immer wieder zu Pannen. Eine solche Panne hat durchaus Mediengeschichte geschrieben. Sie ist am 18.09.1961 der sonst als höchst professionell und zuverlässig bekannten Associated Press (AP) passiert. Der damalige Generalsekretär der vereinten Nationen, der Schwede Dag Hammerskjöld befand sich auf einer Friedensmission in Afrika. Mit seinem Flugzeug war er auf dem Weg nach Ndola zu Gesprächen mit dem damaligen Präsidenten von Katanga Tschombé. Die Associated Press berichtete weltweit über die Ankunft Hammerskjölds in Ndola über seine Rede und über seine Gespräche. In Wirklichkeit ist er nie dort angekommen. Die Maschine, mit der er unterwegs war, war an der Grenze zwischen der Republik Kongo und dem heutigen Sambia unter mysteriösen Umständen abgestürzt. Der UN-Generalsekretär wurde getötet. „Kalt" geschriebene Meldungen erfordern – auch wenn sie weniger spektakuläre Fälle betreffen – ganz besondere Sorgfalt.

„Vertrauliche Quellen" – ein weiteres, oft unterschätztes Problem. Journalisten haben – übrigens entgegen weit verbreiteter anderslautender Ansicht – nur ein einziges Privileg, das Zeugnisverweigerungsrecht. Dass ein Journalist auch vor Gericht eine Quelle nicht preisgeben muss, schützt beide, den Berichterstatter und seine Redaktion einerseits und die Quelle, den Informanten, auf der anderen Seite. Nur so können oft wichtige Quellen genutzt und geschützt werden. Man kann einem Gesprächspartner Vertraulichkeit zusichern, ohne diesen oder sich selbst in Schwierigkeiten zu bringen. Presserecht und Strafrecht sehen hier eindeutige Normen vor.

Dennoch kann es, ungeachtet eindeutiger Rechtslage, zu Problemen kommen, dann nämlich, wenn eine Quelle, d. h. ein Gesprächspartner, dem Vertraulichkeit zugesagt wurde, plötzlich aber unerwartet Dinge sagt, angesichts deren man als Journalist in rechtliche oder ethische Probleme kommt und sich an die Absprache nicht mehr gebunden fühlen kann. Vertrauliche Gespräche können auch zu Abhängigkeiten führen. Selbstverständlich erhält man in solchen Gesprächen unter Umständen wichtige Hintergrundinformationen. Diese können bei entsprechender anderer Gelegenheit von großem Nutzen sein, bedeuten sie doch dann einen Informationsvorsprung. Man muss sich allerdings auch darüber klar sein, dass es nichts „gratis" gibt, dass eines Tages also Gegenleistungen eingefordert werden und man instrumentalisiert wird – eine oftmals schwierige Abwägung. Ähnlich ist es, wenn Journalisten in der Bundeshauptstadt und in den Landeshauptstädten bestimmten Zirkeln angehören, die sich um bestimmte Politiker gruppieren.

Lee und Solomon bringen das Thema „vertrauliche Quellen", wenn auch in amerikanischem Kontext, auf den Punkt.[7] Man sollte, so heißt es, besonders wachsam sein, wenn es um nicht genannte offizielle Quellen geht. Handelt es sich bei der Quelle um einen „Whistleblower", der korrekt und ehrenwert über seinen Bereich spricht, dann betrachtet man dies als ein „Leck" und die Veröffentlichung ist ggf. im öffentlichen Interesse. Gibt es indes keinen Grund, die Quelle nicht zu nennen, dann dient der Reporter nicht dem öffentlichen Interesse, sondern der Behörde. Soweit – sinngemäß zitiert – Lee und Solomon. Entscheidend bleibt, wenn es zur Vereinbarung von Vertraulichkeit einer Quelle gegenüber kommt, stets mit zu bedenken, welche Absicht die Quelle mit einer vertraulich gegebenen Information verfolgt und wo die Gefahr liegt, instrumentalisiert zu werden. Der Begriff „Off the Record" sollte nicht nur dazu führen, dass man sich als ins Vertrauen gezogener Journalist geschmeichelt fühlt, sondern sollte zugleich ein Alarmsignal sein.

Oft heißt es, die beste und zuverlässigste Nachrichtenquelle sei immer noch der eigene Berichterstatter am Ort des Geschehens. Natürlich ist es für ein Publikationsorgan gut, eigene Mitarbeiter bei wichtigen Ereignissen zu haben, deren Kompetenz und Zuverlässigkeit man kennt und die ihrerseits mit den Anforderungen der Heimatredaktion vertraut sind. Dies darf aber nicht darüber hinweg täuschen, dass so stets ein kleiner Ausschnitt des Geschehens vermittelt wird. Die Berichterstattung ist naturgemäß punktuell, basiert zwangsläufig zum Teil auf Informationen der zweiten und dritten Hand. Es gibt nur wenige Redaktionen, die gleich ganze

Teams entsenden können. Auch gibt es die Gefahr, am Ereignisort dortigen Interessenlagen zu erliegen. An Katastrophenorten z. B. kann man persönliche Betroffenheit nicht einfach „abschalten". Ebenso wird man etwa bei großen politischen Veranstaltungen besondere Kontakte zu bestimmten Akteuren nutzen. Dass dies dann auch zu einer einseitigen Sicht der Dinge führen kann, ist nur allzu menschlich. Ein zutreffendes und zuverlässiges Bild eines Geschehens wird eine Nachrichtenredaktion deshalb immer aus einer Vielzahl von Quellen zusammenfügen. Im Zeitalter der sogenannten „Social Media" ist besondere Vorsicht geboten. In den großen Konflikten, in denen zuverlässige journalistische Berichterstattung oftmals gar nicht möglich oder strenger Zensur unterworfen ist, werden Nachrichten, die über Social Media kommen, gerne für die eigene Berichterstattung genutzt. Unabhängig sind diese Informationen nicht, überprüfbar schon gar nicht. Alle Konfliktparteien nutzen diese Systeme, ob unter eigener oder falscher Flagge. Groß ist die Gefahr, die Mitteilungen für authentisch zu halten, die einem am sympathischsten sind.

Lee und Solomon[8] beklagen – sicherlich zu Recht – dass es eine Konformität im Nachrichtenjournalismus gebe. Anfänger im Journalismus imitierten etablierte Kollegen. Journalisten beziehen sich auf frühere Geschichten und diese wiederum auf noch frühere. Allzu oft – so sagen die beiden Autoren auf der Basis langjähriger eigener Erfahrung – wird der Medienkreislauf überhaupt nicht unterbrochen. Fakten kommen zügig in den Kreislauf der Nachrichten. Gleiches geschieht aber auch mit Unkorrektheiten, Verzerrungen, unausgewogenen Quellen und absoluten Lügen. Ist dies alles erst einmal kommuniziert, so ist die ständige Wiederholung wahrscheinlicher als eine Korrektur.

Der Trend zur Nutzung von Quellen der zweiten oder gar der dritten Hand ist unübersehbar, aber sicherlich auch nicht auflösbar. Die eigenständige Recherche durch Mitarbeiter, die einer Redaktion zuarbeiten, ist bedauerlicher Weise beschränkt auf wenige Leitmedien, die in der Lage sind, den erforderlichen personellen und materiellen Aufwand zu treiben – und natürlich auch viele lokale und regionale Medien.

Deshalb zum Schluss des Kapitels über die Quellen der Nachrichten zum „Handwerk Recherche" mit einem Minimum an wissenschaftlichem Hintergrund: Wie wichtig Recherchearbeit ist, mögen zwei Stichworte zeigen, die im Kapitel „Nachrichten heute" bereits angesprochen wurden.

Einmal leben wir in einer Zeit des immer größer werdenden Bedarfs an Faktendimensionierung, d. h. der Erläuterung von Hintergründen und Zusammenhängen. Und zum anderen gibt es immer mehr Anlass zu einer kritischen Distanz gegenüber den traditionellen Informationsquellen. Diese beiden Tatsachen müssen Anlass für eine besonders intensive Recherchearbeit sein. Die beiden Argumente geben zugleich einen Hinweis auf die beiden Grundformen der Recherche. Die journalistische Recherche lässt sich in zwei Grundformen einteilen: Die Basisrecherche und die Nachrecherche. Die Basisrecherche – sie kann am Ereignisort, aber auch vom Redaktionsschreibtisch aus stattfinden – dient der Realisierung eines eigenen Beitrags des Journalisten, einer Nachrichtenmeldung, eines Zeitungsartikels oder eines Radio- bzw. Fernsehberichts. Es werden Fakten und Meinungen eingeholt, um ein eigenes journalistisches Produkt herzustellen. Demgegenüber steht die Nachrecherche: Sie findet in der Regel vom Redaktionsschreibtisch aus statt und dient der Überprüfung und Ergänzung bereits vorhandener Informationen. Sie kommt demzufolge vor allem im ganz aktuellen Betrieb, d. h. in erster Linie in den Nachrichtenredaktionen vor.

Die Recherche muss im wahrsten Sinne des Wortes fundamental sein. Nur so ist es möglich, Fehler in der Berichterstattung zu vermeiden sowie Schaden von Betroffenen und vom Medium selbst fernzuhalten. Gründliche Recherche macht es auch leicht, den gern von Medienkritikern seit Jahrzehnten zitierten Satz von Karl Steinbuch zu widerlegen: „Ein ebenso verbreitetes wie unbegründetes Vorurteil unserer Massenmedien ist die Vermutung, aus sprachlicher Virtuosität könne auf politischen Verstand geschlossen werden"[9]

Journalistische Recherche sollte im Idealfall eine gewisse Nähe zur wissenschaftlichen Recherche haben. Im Idealfall und vom Grundsatz her. Selbstverständlich kann eine journalistische Recherche nicht den Aufwand einer wissenschaftlichen Untersuchung treiben. Auch der Zeitaufwand ist ein anderer. Aber Ähnlichkeiten gibt es dennoch. Zum einen kommt es darauf an, auch bei der journalistischen Recherche sowohl zu verifizieren als auch zu falsifizieren, d. h. sowohl Pro- als auch Contra-Argumente gleichgewichtig zu würdigen. Die Qualität einer journalistischen Recherche bemisst sich auch danach, wie weit der Journalist im Stande und gewillt ist, seine Hypothesen einem umfassenden Realitätstest zu unterziehen. Dies birgt zugleich das Risiko der Widerlegung, d. h. auf diese Weise kann ein Thema leicht zu einem „Nicht-mehr-Thema" werden. Der Satz: „Ich werde mir doch meine Geschichte nicht kaputt recherchieren" gilt wirklich nicht. Verifizieren und falsifizieren, also nicht nur nach einer Bestätigung eigener Vorstellungen und Vorurteile suchen – dies ist professionelle journalistische Recherche.

Den qualifizierten Journalisten zeichnet überdies aus, dass er aus einem, in seinem Sinne negativ verlaufenden Realitätstest, die entsprechenden Konsequenzen zieht. Er muss das Thema entweder fallen lassen oder aber seinem Publikum dieses Ergebnis mitteilen. Eine mangelnde Qualität der publizistischen Schlussfolgerung aufgrund schlechter oder falscher Recherche lässt sich nicht einfach – was jedoch nicht selten geschieht – mit Presse- und Meinungsfreiheit begründen. Erforderlich ist bei der Recherche die lückenlose Würdigung des gesamten Belegmaterials. Dies gilt also nicht nur für die Wissenschaft und in Gerichtsverfahren. Für einen Wissenschaftler sowie für einen Richter oder Staatsanwalt bedeutet die Verletzung dieser Regeln einen totalen Geltungsverlust. Journalisten kommen – man mag dies bedauern – in der Regel „billiger" davon.

Abzugrenzen ist die journalistische Recherche von der Recherche im Dienste von Werbung und Public Relations. Werbung und Public Relations sind dadurch gekennzeichnet, dass sie ein Maximum an positiven Informationen über ihren Gegenstand verbreiten und etwaige Gegeninformationen lediglich zu widerlegen suchen. Was ihnen an Recherche über den Gegenstand zugrunde liegt, ist somit – ihrem Zweck gemäß – einseitig.

Insbesondere für den kritischen Journalisten ist die gründliche Recherche von großer Bedeutung, ja manchmal geradezu lebenswichtig. Lobende Berichterstattung empfindet jeder Betroffene als positiv. Sie muss nicht eigens belegt werden. Kritik provoziert demgegenüber nicht selten Beschwerden oder gar Klagen vor Gericht. Da können Recherchefehler beträchtliche Folgen haben.

Gute Recherche ist eine Frage des Aufwands. Ein Medienhaus, das viel Geld einsetzt, um zahlreiche Journalisten über längere Zeit ein Thema recherchieren zu lassen, wird zu wichtigen und interessanten Ergebnissen kommen. Zum Modebegriff ist der sogenannte „investigative Journalismus" geworden. Das klingt ein wenig nach Super-Journalismus und journalistischem Heldentum. Ohne diesen abwerten zu wollen: Es geht um die gründliche, professionelle Recherche auf der Basis günstiger Voraussetzungen. Nicht mehr aber auch nicht weniger.

Die journalistische Recherche erfolgt in zwei Phasen. In einer explorativen Phase wird „ungerichtet" recherchiert, d. h. es werden zu einem Thema alle Informationen zusammen getragen, die verfügbar sind. Dieser Phase folgt eine Phase „gerichteter" Recherche, d. h. einzelne, besonders wichtige Quellen werden speziell genutzt – wobei, wie bereits gesagt – sowohl verifiziert als auch falsifiziert werden muss. Dies bedeutet, dass bei der Auswahl der Recherche-Gesprächspartner auch die jeweilige „Gegenposition" zu berücksichtigen ist. Es geht hier nicht um eine künstliche Ausgewogenheit, es geht vielmehr darum, dass alle relevanten Meinungen und ggf. auch Außenseiterpositionen gehört werden. Zum Handwerk der Recherche gehört eine lückenlose Dokumentation, insbesondere der Rahmendaten wie Namen, Funktionen, Zeit usw., vor allem aber der wörtlichen Zitate.

Der rasche und unkomplizierte Zugriff auf Datenbanken, Literatur und Dokumente mit Hilfe des Internets hat in den letzten Jahren die Recherchearbeit wesentlich erleichtert. Die Versuchungen sind allerdings auch größer geworden. Aber: „Googeln genügt nicht". Recherchefehler führen rascher vor die Schranken von Gerichten, als sich mancher vorstellen mag.

Auch, wenn eine Äußerung als Zitat immer wieder in Medien auftaucht, kann sie falsch oder ungenau sein. Ein Beispiel: Der gerne zitierte Satz: „Stell dir vor, es ist Krieg und keiner geht hin" wird fast immer Bertolt Brecht zugeschrieben. Vielen gefällt er offenbar – auch aus politischen Gründen. Der Satz stammt aber nicht von Brecht. Er stammt vielmehr von dem amerikanischen Dichter Carl Sandburg und wurde – aus welchen politischen Motiven auch immer – Brechts „Koloman Wallisch-Kantate" vorangestellt. Diese aber – und dies wiederum ist typisch Brecht – besagt eher das Gegenteil. Die Stelle lautet nämlich: „Wer zuhause bleibt, wenn der Kampf beginnt. Und lässt andere kämpfen für seine Sache, der muss sich vorsehen: Denn wer den Kampf nicht geteilt hat, der wird teilen die Niederlage…".[10]

Motto jeder Recherche sollte der Satz bleiben, den der amerikanische Zeitungsverleger Joseph Pulitzer Anfang des 20. Jahrhunderts formulierte und der zum Credo für alle Redakteure seiner erfolgreichen Zeitungen wurde: „Eine Nachricht ist erst dann eine Nachricht, wenn der zweite Blick den ersten Blick bestätigt".

Anmerkungen:

1   Wilke, Jürgen (2007): Das Nachrichtenangebot der Nachrichtenagenturen im Vergleich. In: Publizistik. Springer VS. Springer Fachmedien, Wiesbaden. (Als weiterführende Literatur empfohlen.)

2   Lee, Martin A. und Solomon, Norman (1990): Unreliable Sources – A Guide to detecting Bias in News Media. New York, Carol Publishing Group, S 16 ff.

3   Donsbach, Wolfgang (2009): Journalist. In: Noelle-Neumann, Elisabeth; Schulz, Winfried; Wilke, Jürgen (Hrsg.): Fischer Lexikon Publizistik Kommunikationswissenschaft. Frankfurt, S. 115.

4   Riesmeyer, Claudia (2014): Von Macht und Ohnmacht. Das Verhältnis zwischen Journalisten und Pressesprechern aus akteurstheoretischer Perspektive. In: Birgit Stark, Oliver Quiring, Nikolaus Jackob (Hrsg.): Von der Gutenberg-Galaxis zur Google-Galaxis. Konstanz und München, UVK, S. 289 ff.

5   Noelle-Neumann, Elisabeth (2009): Öffentliche Meinung. In: Noelle-Neumann, Elisabeth; Schulz, Winfried; Wilke, Jürgen (Hrsg.): Fischer Lexikon Publizistik Kommunikationswissenschaft. Frankfurt, S. 442.

6   Lamp, Erich (2001): Der Einfluss numerischer Äquivalente auf die Wahrnehmung und Bewertung identischer Sachverhalte. In: ZA-Information 49/ November 2001, S. 49 ff.

7   Lee, Martin E. und Solomon, Norman, a.a.O., S. 42 ff.

8   Lee, Martin E. und Solomon, Norman, a.a.O., S. 15.

9   Steinbuch, Karl (1978): Maßlos informiert. München, Herbig-Verlag, S. 104.

10   Brecht, Bertolt (1968): Gesammelte Werke. Band 9, Suhrkamp-Verlag, Frankfurt, S. 503.

Kapitel 4 Wichtigste und schwierigste journalistische Aufgabe – die Nachrichtenselektion

Die bereits beschrieben und ständig wachsende Nachrichtenflut bedeutet für die Journalisten täglich, ja oftmals stündlich neue Herausforderungen. Die Frage, was für die Adressaten des jeweiligen Mediums wichtig und interessant ist, ist ständig neu zu stellen. Jack Fuller, langjähriger Präsident der „Tribune Publishing Company" in Chicago, Pulitzer-Preisträger und Universitätslehrer schreibt: „People want knowledge, not just facts or data... They want the whole picture, not just a part of it". Er fährt dann fort: "(News) must be helping people master their world through knowledge".[1] Das Publikum braucht Erkenntnisse, Wissen und nicht nur Fakten und Daten. Es geht um das Gesamtbild und nicht um Teile davon. Die Menschen benötigen Nachrichten, die ihnen helfen, sich mit Hilfe von gewonnenen Kenntnissen in der Welt zurechtzufinden.

In diesen wenigen Sätzen wird deutlich, dass reine Faktenvermittlung nur bedingt tauglich ist, die Welt zu verstehen. Es geht um Hintergründe und Zusammenhänge. Wenn von der Auswahl der Themen in Wissenschaft und Praxis die Rede ist, wenn es darum geht, welche Themen auf die Agenda der Gesellschaft gesetzt werden, dann darf nicht aus dem Auge verloren werden, welche Informationen innerhalb eines Themenkomplexes ausgewählt und dem Publikum präsentiert werden. Geht es um die Themen allein, dann sehen Online-Veröffentlichungen und Boulevardmedien gar nicht so schlecht aus. Die Meldungen, die oft nur ein Schlagwort oder bestenfalls einen Satz bieten, benennen die wichtigsten Themen. Beim Adressaten wird so der Eindruck vermittelt, er sei über alles Wichtige informiert. Schlagzeigen und Schlagworte statt Hintergrund und Einordnung. Bei der Betrachtung der Nachrichtenauswahl ist es deshalb von großer Bedeutung, nicht nur die Themenauswahl im Blick zu haben, sondern wie viele Informationen zum jeweiligen Thema geboten werden.

Das Interesse und die Bedürfnisse der Menschen an derartigen Informationen haben sich über die Jahrtausende nicht grundsätzlich geändert. Der amerikanische Medienhistoriker Mitchell Stephens[2] beschreibt, dass die Menschen schon immer einen ständigen Bedarf hatten, zu erfahren, was sich jenseits ihrer eigenen Erfahrungswelt ereignet, und zwar mit Hilfe von ausreichenden Informationen, um das Ganze auch zu verstehen. Die Nachrichtenwerte haben sich demzufolge im Grundsatz kaum verändert.

Nachrichtenauswahl ist und bleibt immer eine Frage von Zuverlässigkeit, Korrektheit, Verantwortlichkeit und vor allem Unabhängigkeit. Nachrichten, die irgendwer irgendwo veröffentlicht, deren Urheber, Vermittler und deren Interessen nicht bekannt und überprüfbar sind, werden Probleme für unsere Gesellschaft auf, deren Folgen noch gar nicht abzusehen sind. Wahrheit, Korrektheit und Zuverlässigkeit waren in Demokratien stets die Basis der Nachrichtengebung. Was geschieht, wenn diese Grundsätze nicht mehr gelten, hat die Welt leidvoll erfahren und erfährt es täglich aufs Neue. Aus der Nazizeit, der DDR, China und Russland sollte man die Lehre ziehen, dass Demokratien von einer zuverlässigen, professionellen Nachrichtenauswahl leben. Wenn sich immer mehr Menschen zu ihrer Information nur noch aus den Medien versorgen, in die jeder alles hineingeben, aber niemand die Korrektheit und den Wahrheitsgehalt überprüfen kann, dann droht hier ernste Gefahr für die Demokratien. In den Konflikten im mittleren Osten läuft die Informationsvermittlung fast ausschließlich über soziale Netzwerke oder offizielle Quellen. Alle sind interessengesteuert und nicht überprüfbar.

Nachrichten sind eine verderbliche Ware. Es gibt Fachleute, die sagen, Nachrichten seien so etwas wie der Sekundentakt der Weltgeschichte. Der langjährige Nachrichtenchef des amerikanischen Radiosystems „Columbia Broadcasting System" (CBS), Emerson Stone, bezeichnete die Nachrichten im Radio einmal als einen „ersten groben Entwurf der Geschichtsschreibung" („first rough draft of history"). Nachrichten sind Stichflammen, sie sind Momentaufnahmen der tatsächlichen oder auch der vermeintlichen Wirklichkeit. Sie werden immer stärker nachfrageorientiert, denn sie werden mehr und mehr mit Blick auf das vermutete Publikumsinteresse gestaltet. Ein Problem ist, dass Nachrichten, insbesondere politische Nachrichten, weder nach der Genesis noch nach den möglichen Folgen fragen.

Die Mehrzahl der Ereignisse wird nicht registriert, weil sie Journalisten gar nicht zur Kenntnis gelangen. Die Mehrzahl der von Journalisten registrierten Ereignisse erreicht nicht das Publikum, weil sie der journalistischen Selektion zum Opfer fallen. Hinzu kommt: Viele Nachrichten unterrichten (im Gegensatz zur Definition) eben nicht über die Realität, sondern über das Extraordinäre. Nicht die Normalität ist spannend, sondern die Krise. Nicht Frieden produziert Nachrichten, sondern Krieg. Die Wissbegier der Menschen richtet sich nicht auf das Vertraute, Alltägliche, sondern auf die Regelwidrigkeit. Der Normenbruch droht unter Umständen im Bewusstsein der Adressaten von Nachrichten zur Norm zu werden. Deshalb ist es so wichtig, bei der Berichterstattung über Regelverstöße darauf hinzuweisen, dass es sich um solche handelt. Dazu gehört auch folgender Problemkreis: Das sogenannte Spotlight-Verfahren. Ein Thema entsteht, und alle Medien konzentrieren sich mit allen Mitteln darauf. Aber dies nur für kurze Zeit. Und in dieser Zeit treten fast alle Ereignisse anderer Art, noch dazu falsch gewichtet, in den Hintergrund. Nachrichtenkontinuität ist also sehr oft nicht gewährleistet. Es fehlen häufig Hintergründe und Verläufe. Nachrichten – vor allem in den elektronischen Medien – vermitteln nur selten das Prozesshafte, das aber zu den meisten Informationen gehört.

Es gibt – und dies führt wieder zum Thema Nachrichtenauswahl – im Prinzip vier Arten von Nachrichten:

1. Nachrichten, die erwartet, vermutet, geplant entstehen, beispielsweise Sportereignisse, Gedenktage, Gipfelkonferenzen oder Kulturereignisse.
2. Nachrichten, die unterwartet, unvermutet, ungeplant entstehen, beispielsweise Verbrechen, Unglücke, Katastrophen, Rücktritte usw.
3. Nachrichten, die durch journalistische Recherche entstehen. Leider sind diese viel zu selten.
4. Nachrichten, die durch die Public Relations-Industrie produziert werden.

Nachrichten – so wird oft verlangt – müssten drei Kriterien erfüllen: „aktuell", „umfassend" und „objektiv". Alle drei Begriffe bedürften der Erläuterung und der Relativierung.

„Aktualität" bedeutet, dass eine Information, die eine Redaktion beispielsweise von einer Nachrichtenagentur erhält, nach sorgfältiger Prüfung und Formulierung unverzüglich an den Adressaten, den Hörer, den Leser, den Fernsehzuschauer weitergegeben wird. Dies heißt aber nicht, dass über das betreffende Ereignis aktuell berichtet worden wäre. Oft kommt es vor, dass zwischen dem Ereignis und dem Zeitpunkt, zu dem es den Medien zur Kenntnis gelangt, eine erhebliche Zeitspanne liegt. Man denke zum Beispiel an eine Naturkatastrophe in den Anden. Möglicherweise ist eine Ortschaft, die von einem Erdbeben betroffen wurde, zunächst tagelang von der Außenwelt abgeschnitten und keine Information dringt nach draußen. Man weiß allenfalls, dass die Nachrichtenverbindungen unterbrochen sind. Wenn dann die Katastrophe der Welt bekannt wird, kann von aktueller Berichterstattung in eigentlichem Sinne nicht mehr gesprochen werden.

Ähnlich ist es mit der Forderung, Nachrichten sollten „umfassend" sein. Eine Information kann nur so umfassend sein, wie Journalisten in der Lage sind, ungehindert zu recherchieren. „Umfassend" ist weniger eine Frage von Raum in einem gedruckten Medium oder von Sendezeit in einem elektronischen Medium als vielmehr eine Frage des freien Zugangs zu Informationen. Länder. in denen strenge Zensurbestimmungen gelten, verhindern eine umfassende Nachrichtengebung. Ein Redakteur kann also nur so umfassend berichten, wie Material vorhanden ist. Auch muss es sich um überprüfbares Material handeln, im Zeitalter von oftmals dubiosen Internetquellen ist hier besondere Vorsicht geboten.

Schließlich sollen Nachrichten – wie es heißt – objektiv sein. Objektivität ist einer der missverständlichsten und am häufigsten missbrauchten Begriffe im Journalismus, besonders wenn es um Nachrichten geht. Man muss ganz einfach bedenken, dass jede Art von Nachrichtenweitergabe eine Kette von subjektiven Entscheidungen, d. h. Auswahlentscheidungen erfordert. Informationsauswahl, Gewichtung und Formulierung von Informationen werden niemals objektiv sein können. Objektivität kann deshalb allenfalls eine Zielvorstellung sein. Man sollte deshalb besser statt von Objektivität von Professionalität, Fairness und journalistischer Redlichkeit sprechen.

Vorbild für die Nachrichtengebung – insbesondere in den elektronischen Medien – ist nach wie vor die „British Broadcasting Corporation" (BBC). Das gute Image der BBC-Nachrichten im Radio, Fernsehen und online hat auch durch die Skandale, von denen die BBC in den letzten Jahren erschüttert wurde, nicht gelitten. Bereits in den 1980er Jahren hat sich die BBC selbst Regeln für die Nachrichtenberichterstattung gegeben. Diese gelten – in aktualisierter Form – bis heute, und sie sind Vorbild gewesen für ähnliche Regelwerke in Europa und in Nordamerika. Der BBC-News-Guide[3] enthielt in seiner ursprünglichen Form sogenannte „News Standards", nach denen sich die Nachrichtenredakteure der BBC bis heute richten. Wegen ihrer grundsätzlichen Bedeutung – vor allem für die Nachrichtenselektion – sollen sie hier kurz skizziert werden, und zwar mit den wichtigsten zugehörigen Erläuterungen in sinngemäßer Übersetzung:

1. Responsibility (Verantwortlichkeit). In der Erläuterung heißt es, die BBC müsse dem Publikum nicht nur geben, was es hören wolle, sondern vor allem, was es hören sollte.
2. Fairness (einige Stichworte aus der Erläuterung: „Die BBC bricht nicht zu Kreuzzügen auf. Wir suchen keine Opfer und jagen sie. Wir haben keine Favoriten").

3. Impartiality (Unparteilichkeit). Aus der Erläuterung: Die BBC hat keine eigene publizistische Meinung. Sie ist verpflichtet, nicht Partei zu ergreifen. Sie ist verpflichtet, alle wesentlichen Positionen zu einem Thema wiederzugeben.
4. Independence (Unabhängigkeit). Die BBC – so wird erläutert – hatte viele Herausforderungen zu bestehen, die ihre Unabhängigkeit bedrohten. Wir haben ihnen bisher widerstanden.
5. Accuracy (Korrektheit). Die Erläuterung: „Unser Ziel ist absolute Korrektheit. Wir müssen alles in unserer Macht stehende tun, um Korrektheit zu erreichen. Wir veröffentlichen nichts auf der Basis bloßen Vertrauens. Wir prüfen und prüfen nochmals (we check and double-check). Wir berichten nicht auf der Grundlange von Annahmen.
6. Sobriety (Nüchternheit). Aus der Erläuterung: „Wir prahlen nicht und schneiden nicht auf, wir überreden niemanden, wir drohen nicht, wir ermahnen nicht und wir sensationalisieren nicht. Wir erlauben den Fakten, für sich zu sprechen".
7. Good taste (guter Geschmack): Die Erläuterung: „Wir haben großen Respekt gegenüber unseren Hörern. Wir können und sollten sie gleichwohl nicht abschirmen vor den Realitäten des Lebens. Aber wir tun unser Bestes, um unseren Hörern unnötige Angst, Schock oder Unwohlsein zu ersparen und allen Eltern und Kindern Verlegenheit und Kränkungen. Es gibt Zeiten, wenn das Diktat der Nachrichtenlage und die Regeln des guten Geschmacks möglicherweise kollidieren. Gute Radioredakteure wägen dann ernsthaft die mögliche Wirkung auf die Hörer ab und treffen dann ihre Entscheidungen".

Die Auswahlentscheidungen der Gatekeeper, also der verantwortlichen Redakteure, bedeuten für diese eine hohe Verantwortung. Sie bestimmen die Agenda. Der Satz „Was Nachrichtenredakteure nicht auf die Agenda gesetzt haben, findet für die Öffentlichkeit nicht statt" ist sicherlich übertrieben. Aber unterschätzen sollte man diese Überlegung dennoch nicht. Winfried Schulz weist noch auf ein weiteres Problem im Zusammenhang mit der Nachrichtenauswahl hin: „Bei der Fülle der Auswahlmöglichkeiten bekommen die tatsächlich publizierten Nachrichten ein enormes Gewicht, noch dazu, wenn sie als Hauptaufmacher groß herausgestellt werden. Denn nach den Gesetzen der mathematischen Informationstheorie erhöht sich der Informationsgehalt einer Nachricht mit der Zahl der möglichen Alternativen und mit den Variationsmöglichkeiten ihrer Darbietung".[4]

Bevor die Befassung der Wissenschaft mit dem Thema „Nachrichtenselektion" dargestellt wird, soll noch auf einen Umstand hingewiesen werden, den sich Nachrichtenmacher, aber auch die Rezipienten immer wieder vor Augen führen sollten. Traditionell ist die Sicht der auswählenden Redakteure auf die jeweilige Nachrichtenlage eine etwas andere als die der Leser, Hörer und Zuschauer – vor allem, wenn es um die Themenpräferenzen geht. So wird das Thema Politik von Journalisten meist höher bewertet als von den Rezipienten.

Generell muss man sehen, dass jede Nachrichtenauswahl dem Adressaten den Blick eines Anderen, eines Fremden, auf das gibt, was in der Welt wichtig ist. Die unterschiedliche Sicht der Dinge bringt natürlich große Vorteile für den Rezipienten. Der kanadische Medienwissenschaftler Roger Bird kommt zu dem Schluss: „Seit Jahren wussten Redakteure, dass sie mehr internationale Nachrichten auswählen als ihre Leser – Umfragen belegen dies – wirklich wollen. Sie taten es trotzdem weiterhin, sie boten ein breites Spektrum von Nachrichten in öffentlichem Interesse, d. h. im Interesse einer offenen demokratischen Gesellschaft. Das Ergebnis: Die Menschen bekamen Informationen über Orte und Ereignisse auf der ganzen Welt und im eigenen Land, von denen sie niemals etwas erfahren hätte, hätte man die Informationsauswahl ihrer eigenen Wahl überlassen".[5]

Diese Feststellung trifft sicherlich zu. Sie muss nachdenklich stimmen, vor allem, wenn die Zahl derer, die im Internet ständig nach Nachrichten suchen, die sie ausschließlich persönlich betreffen und auf die Nutzung professionell ausgewählter und gestalteter Nachrichten völlig verzichten, ständig zunimmt. Die Nachrichtenselektionsforschung ist vielfältiger als viele andere Felder der Kommunikationswissenschaft. Deshalb können im Rahmen dieses Buches und seiner Themenstellung nur die wesentlichen Grundzüge dargestellt werden. Es wird jedoch im jeweiligen Zusammenhang auf spezielle Studien und auf weiterführende Literatur verwiesen. Sowohl bei den Studien als auch bei der genannten weiterführenden Literatur werden sowohl die sogenannten „Klassiker" als auch aktuelle Publikationen herangezogen.

Auch hier sei die Feststellung von Hans Mathias Kepplinger erwähnt, die deutlich macht, worum es bei der Nachrichtenauswahl geht. „Die Massenmedien sind kein Fernglas, durch das die Bevölkerung eine ihr unzugängliche Welt maßstabgerecht verkleinert wahrnimmt. Sie sind vielmehr ein Prisma, das die Welt jenseits der eigenen Erfahrungsgrenzen gebrochen widergibt. Daher kann man von der Berichterstattung nicht sicher auf die Realität schließen."[6]

Modelle der Nachrichtenauswahl:

Kepplinger sieht drei Modelle der Nachrichtenauswahl. Das Selektionsmodell, das Inszenierungsmodell und das Aktualisierungsmodell. Im Selektionsmodell wird die Nachrichtenauswahl als Wirkungszusammenhang zwischen Ereignissen und publizierten Beiträgen gesehen. Dies entspreche dem Selbstbild der meisten Journalisten, die die Relevanz eines Ereignisses als hinreichenden Grund für die Berichterstattung sähen. Er erachtet dieses Modell jedoch als nicht realitätsgerecht. Ein Grund: Die implizierte Annahme, die Relevanz eines Ereignisses sei objektiv erkennbar. Als weiterer Grund, weshalb dieses Modell nicht realitätsgerecht sei, wird genannt, dass es Konventionen gebe, durch die die Auswahl geprägt sei. Hinzu kämen als Gründe, dass die Anwesenheit von Journalisten ein Ereignis verändere und dass zunehmend Ereignisse eigens für die Medien inszeniert würden.[7] Beides trifft zweifelsfrei zu. Kritik wird in diesem Zusammenhang zu Recht an der sogenannten Chronistenpflicht geübt. Diese wird gerne als Grund für eine Berichterstattung genannt. Der Begriff wird auch durch Wiederholung seitens aller Medienredaktionen und quer durch alle Journalistengenerationen nicht richtig. Er geht fälschlicherweise davon aus, es werde stets über alles Wichtige berichtet – so als fände eine Auswahl überhaupt nicht statt.

Das Inszenierungsmodell betrachtet die Nachrichtenauswahl als einen von außen gesteuerten Prozess. Dabei machen sich die gesellschaftlichen Akteure die Kenntnis journalistischer Entscheidungskriterien zunutze, um die Nachrichtengebung in ihrem Sinne zu beeinflussen. Kepplinger spricht hier von einem gezielten Ereignismanagement. Pseudoereignisse wie Pressekonferenzen, Tagungen usw. werden inszeniert. Jetzt – so heißt es – beginnt erst der Ursache-Wirkung-Zusammenhang des reinen Selektionsmodells. Es geht darum, festzuhalten, dass die Berichterstattung der Massenmedien heutzutage in erheblichem Maße auf Aktivitäten derer beruht, über die berichtet wird.

Wenn das Inszenierungsmodell das Selektionsmodell um die Dimension „Absichten der Akteure" erweitert, dann fügt das Aktualisierungsmodell die „Absichten der Journalisten" hinzu. Bei diesen Absichten der Journalisten gibt es zwei Intentionen, solche, die auf die Berichterstattung selbst gerichtet sind und solche, die auf Zwecke jenseits der Berichterstattung zielen. Zur ersten Gruppe gehören etwa Strukturvorgaben des Mediums (äußere Struktur, Zielgruppen usw.). Als Intention jenseits der Berichterstattung kann man etwa persönliche Einstellungen von Journalisten oder die redaktionelle Linie eines Mediums betrachten. Während bei der Inszenierung die Ereignisse zum Zwecke der Berichterstattung geschaffen werden, werden bei der Aktualisierung vorhandene Ereignisse hoch- oder heruntergespielt.[8]

Die wichtigsten Nachrichtenselektionstheorien:

1. Der Gatekeeper-Ansatz:

Hier liegt der Fokus auf den Akteuren der Nachrichtenselektion. Der Begriff Gatekeeper (Schleusenwärter) stammt von dem amerikanischen Sozialwissenschaftler Kurt Lewin, zumindest hat er ihn als wissenschaftlichen Begriff eingeführt. Aus eher journalistischer Perspektive hat ihn Walter Lippmann geprägt.

Der Forscher David Manning White[9] übertrug den Gatekeeper-Begriff auf die Nachrichtengebung. Er untersuchte – wie gesagt – die Personen, die Akteure, d. h. die Nachrichten auswählenden Journalisten. Seine These lautete: Es ist zu vermuten, dass die persönlichen Vorlieben und Abneigungen, Interessen und Einstellungen der Journalisten sich – bewusst oder unbewusst – in der Nachrichtenauswahl niederschlagen.

David Manning White untersuchte seine Hypothese anhand eines Redakteurs, der die Entscheidung zu treffen hatte, welche Meldungen der Nachrichtenagenturen in die Zeitung aufgenommen werden oder nicht. Er nannte diesen Redakteur „Mr. Gates". Dieser wählte für sein Blatt, eine amerikanische Regionalzeitung, die Meldungen aus. Beobachtet wurde eine Woche im Februar des Jahres 1949. In drei Schritten wurde das Selektionsverhalten von Mr. Gates untersucht.

1. In einer Input-Output-Analyse, also der Vergleich von eingehendem und verwendetem Material.
2. In einem „Copy-Test", d. h. der Redakteur notierte auf der Rückseite der nicht verwendeten Meldungen den Grund für das Nichtpublizieren.
3. In einer Befragung, d. h. dem Redakteur wurden vier Fragen zu seinem Berufsverständnis gestellt:
    1. Beeinflusst die spezielle Thematik von Nachrichten Ihre Auswahlentscheidung?
    2. Haben Sie das Gefühl, dass persönliche Vorurteile Ihre Auswahl von Nachrichten beeinflussen?

3. Welches ist Ihre Vorstellung von Ihrem Publikum, für das Sie auswählen und wen betrachten Sie als Ihren Durchschnittsleser ?
4. Verfügen Sie über zuverlässige Untersuchungen bezüglich Auswahl und Nachrichtenformulierung, die Ihnen bei der Bewertung von Nachrichten helfen?

Als Ergebnis stellte sich heraus, dass 10 % der Agenturmeldungen tatsächlich verwendet wurden. Dies entspricht übrigens dem Wert bei der Hörfunk-Nachrichtenauswahl in einer größeren öffentlich-rechtlichen Rundfunkanstalt in Deutschland.

Mr. Gates sortierte am häufigsten Meldungen wegen Platznot aus. Auch thematische Doppelungen nannte er als Ablehnungsgrund. Zwei Drittel seiner Nein-Entscheidungen erfolgten jedoch auf der Basis seiner subjektiven Bewertung der jeweiligen Meldung oder des Ereignisses, über das sie berichtete. Sogenannte „Human Interest-Themen" wurden von ihm häufiger ausgewählt als politische Themen. Dies stand im Gegensatz zu den Meldungen der Agenturen, die der Redakteur bearbeitete. David Manning White zieht aus seinen Beobachtungen den Schluss, dass bei Zeitungsredakteuren deren Vorlieben und Einstellungen eine aktive Rolle spielen, wenn sie als Gatekeeper tätig sind.

White schreibt in der genannten Studie, Journalisten gingen bei der Nachrichtenauswahl hochgradig subjektiv vor und ließen sich – wie andere Menschen auch – von ihren Erfahrungen, Einstellungen und Erwartungen leiten.

Spätere Studien – zum Teil auf wesentlich breiterer Basis – haben die Grunderkenntnisse durchaus bestätigt. Es gibt auch viel Kritik am „Gatekeeper-Ansatz". Ein Vorwurf besteht darin, dass die Forscher nur die Ergebnisse der Arbeit der Gatekeeper untersucht hätten, den Selektionsprozess selbst jedoch nicht. Zu wenig Beachtung fänden auch die redaktionspolitischen Vorgaben des jeweiligen Medienunternehmens.

2. Der Bias-Ansatz:

Die News-Bias-Forschung versucht, die Ursachen von Einseitigkeiten und politischen Tendenzen in der Nachrichtenberichterstattung zu ermitteln. Die amerikanischen Medienforscher Malcolm W. Klein und Nathan Maccoby haben erstmals im Jahre 1952 unter diesem Aspekt acht Tageszeitungen über einen Monat untersucht. Ziel war, herauszufinden, ob im damaligen amerikanischen Präsidentschaftswahlkampf einseitig oder ausgewogen berichtet wurde. Kandidaten waren für die demokratische Partei Adlai Ewing Stevenson und für die Republikaner Dwight D. Eisenhower, der spätere Sieger. Bei der Untersuchung der acht Zeitungen stellte sich heraus, dass vier davon im Wesentlichen pro Stevenson berichtet hatten, die anderen vier Blätter pro Eisenhower. Die Studie basierte auf folgenden Kriterien: Größe und Platzierung der Schlagzeilen, Umfang der Artikel, Anzahl einseitiger oder kommentierender Aussagen, Anzahl und Größe der Bilder. Es wurde ein signifikanter Zusammenhang zwischen der politischen Linie der jeweiligen Zeitung und der Berichterstattung ermittelt. Dabei ist sicherlich zu berücksichtigen, dass die amerikanischen Zeitungen stets klar Position beziehen, diese vehement publizistisch vertreten – bis hin zu direkten Wahlempfehlungen.

Spätere Bias-Studien haben die Thematik erweitert. Man unterscheidet zum Beispiel zwischen unpolitischem News-Bias und politischem News-Bias. Zum Bereich des unpolitischen News-Bias werden beispielsweise Themen wie Accuracy Bias (Sorgfalt), Sexist Bias (Verzerrung des Geschlechtsverhältnisses in der Nachrichtengebung), Racial Bias (subjektive Darstellung von Rassenproblemen) oder Crime Bias (Verharmlosung oder Übertreibung bei der Berichterstattung über Kriminalität).

Der Blickwinkel der Bias-Forschung ist enger als der bei der Gatekeeper-Forschung.[10]

Das Thema „Vermischung von Nachricht und Meinung" spielt auch in den Bias-Komplex herein. „Trennung von Nachricht und Meinung" wird in einem späteren Kapitel ausführlich behandelt. Doch bereits hier soll erwähnt werden, dass es bei dem Trennungsgebot nicht nur um die formale Unterscheidung verschiedener journalistischer Darstellungsformen gehen kann. Klaus Schönbach hat herausgearbeitet, wie wichtig diese Trennung insbesondere innerhalb der Nachrichtengebung ist und wie durch Auswahl, Gewichtung und Formulierung in Nachrichtenmeldungen Meinung transportiert werden kann und wird. Er hat dafür ein eigenes Messsystem entwickelt. Dabei stellt sich heraus, dass die Nachrichtengebung vieler Medien durchaus Bias-belastet ist.[11] Die Studie stammt aus dem Jahr 1977. Angesichts der häufiger gewordenen PR-Aktivitäten der Politik kann man davon ausgehen, dass das Problem heute noch größer ist als damals.

Joachim Friedrich Staab macht deutlich, dass bei der Bias-Forschung zwei sehr unterschiedliche Ansätze existieren. Zum einen geht es um experimentelle Studien, in denen der entsprechende Vorgang simuliert wird. Zum anderen geht es um Befragungen.[12] Ziel ist es – wie gesagt – in allen

Fällen, Unausgewogenheiten, Einseitigkeiten und politische Tendenzen in der Nachrichtengebung zu messen sowie Aufschluss über deren Ursachen zu erhalten. Auf der Basis der Beobachtung der journalistischen Praxis lässt sich indes feststellen, dass die Methode der Inhaltsanalyse, kombiniert mit Journalistenbefragungen, der Realität in den Medien näher kommt.

3. Der Nachrichtenwert-Ansatz:

Der Begriff „News Value" – „Nachrichtenwert" wurde von dem amerikanischen Journalisten und Medienkritiker Walter Lippmann geprägt. Lippmann war ein Beobachter der amerikanischen Politik. Seine Kolumnen wurden in zahlreichen Zeitungen regelmäßig abgedruckt. Er war auch als Kommunikationsberater tätig, u. a. für den US-Präsidenten Woodrow Wilson. Lippmann gilt als einer der Mitautoren von Wilsons legendärem 14-Punkte-Plan, der Basis für die Gründung des Völkerbundes. In der Medienwissenschaft wurde er bekannt durch sein Buch „Public Opinion"[13], das 1922 erstmals erschien. Darin beschreibt er den Einfluss der Medien – d. h. damals der Zeitungsberichterstattung – auf den Bürger. Er beschreibt auch die Arbeitsweise von Journalisten, wie sie Themen auswählen und darstellen. Er stellt dies anhand von tatsächlichen und fiktiven Beispielen dar. Dabei beobachtet er, wie Ereignisse miteinander verglichen werden, wie die Redakteure versuchen, das öffentliche Interesse am jeweiligen Thema einzuschätzen und wie sie schließlich über „Bringen" oder „Nicht-Bringen" entscheiden. Er beobachtet dabei nicht nur die Themenauswahl, sondern auch die Gewichtung, d. h. den Umfang und die Platzierung, die ein Thema erfährt. Lippmann führt hier den Begriff des „Stereotyps" ein. Sein Satz:" Ohne Standardisierung, ohne Stereotypen, ohne Routineurteile, ohne eine ziemlich rücksichtslose Vernachlässigung der Feinheiten stürbe der Redakteur bald an Aufregungen"[14] ist wie nur wenige in die Geschichte des Journalismus und der Medien eingegangen.

Lippmann stellt dennoch die Frage nach den Kriterien, die ein Ereignis erfüllen muss, um nachrichtlich wahrgenommen zu werden. Hier führt er den Begriff „News Value" („Nachrichtenwert") ein.[15] Anhand von Beispielen beschreibt er erstmals Nachrichtenwert-Faktoren wie „Oddity" (Ungewöhnlichkeit), „Surprise" (Überraschung), „Sensationalism" (Sensationalismus), „Continuity" (Dauer), „Relevance" (Relevanz), „Damage" (Schaden), „Big Names" (Prominenz), „Proximity" (Nähe) usw.

In den USA gab es seit den 1950er Jahren eine ganze Reihe von Studien, die sich mit dem Rollenverständnis von Journalisten und den bereits von Lippmann beschriebenen Routinen und Standards bei der Nachrichtenauswahl befassen. Dabei spielen auch die persönlichen Einstellungen und Wertevorstellungen der auswählenden Redakteure eine Rolle. Die Wissenschaft nennt sie deshalb „akteursbezogene Ansätze". Dem steht die Nachrichtenwert-Theorie gegenüber. Sie geht von den Eigenschaften aus, die ein Ereignis haben muss, um vom Journalisten als „nachrichtenwert" erachtet zu werden. Es handelt sich also um einen ereignis- und nicht um einen akteursbezogenen Ansatz.

Die europäische Forschung auf diesem Gebiet begann erst in den 1960ern Jahren. Die norwegischen Friedensforscher Einar Östgaard sowie Johan Galtung und Mari Holmboe Ruge bezogen sich auf den Ansatz von Walter Lippmann und seinen Begriff „Nachrichtenwert". Als Friedensforscher haben sie vor allem untersucht, wie die Medien über Kriege und Krisen in der Welt berichten. Sie unterteilen die Welt in einflussreiche „Top-Dog-Nations" und weniger einflussreiche Staaten – „Underdog-Nations". Eine ihrer Thesen ist, dass die Medien stärker aus der Perspektive der „Top-Dogs" berichten.

Einar Östgaard ist von Hause aus Journalist. Vor allem in dieser Funktion arbeitete er auch an dem 1959 von Johan Galtung gegründeten Friedensforschungsinstitut PRIO. Dort kümmerte er sich im Wesentlichen um die Herausgabe des „Journal of Peace Research", bis er 1967 das Institut verließ.

Östgaard entwickelte vier Nachrichtenfaktoren:

1. Vereinfachung, d. h. Journalisten bevorzugen leicht verständliche und auch leicht vermittelbare Ereignisse.
2. Identifikation. Hier geht es um Ereignisse und damit verbundene Personen, mit denen sich die Adressaten der Nachrichten identifizieren können. Dabei wird auch die Nähe zum Ereignis betrachtet, und zwar sowohl die geographische, aber auch die kulturelle Nähe. Die Prominenz der Akteure spielt ebenfalls eine Rolle.
3. Sensationalismus. Große Aufmerksamkeit widmen Journalisten dramatischen Ereignissen, Konflikten, Katastrophen, Unfällen usw.
4. Schwellenfaktor. Die Nachricht über ein Ereignis muss die Aufmerksamkeitsschwelle beim Adressaten erfüllen. Der auswählende Redakteur achtet folglich darauf, dass möglichst viele der ersten drei Faktoren zutreffen. Dann entsteht in der Regel noch der Effekt „Einmal Nachricht, immer Nachricht". Hat ein Ereignis erst einmal die Auf-

merksamkeitsschwelle überwunden, dann bleibt dieses längere Zeit auf der Nachrichtenagenda und ähnliche Ereignisse haben eine größere Chance, die Schwelle zu überwinden.[16]

Galtung und Ruge erweitern den Katalog der Nachrichtenwert-Faktoren deutlich. Sie entwickeln eine Liste von Nachrichtenwert-Faktoren auf der Basis einer Studie, in der die Berichterstattungen über drei Krisen, die Kongokrise, die Zypernkrise und die Kubakrise in vier norwegischen Zeitungen untersucht werden. Dabei wird auch der Nachrichteninput der Zeitungsredaktionen durch die Nachrichtenagenturen Associated Press (AP), United Press International (UPI), Reuters (RTR), Agence France Presse (AFP), Norsk Telegram Byra (NTB) und Tass berücksichtigt. Die Forscher kommen als Ergebnis zu insgesamt zwölf Nachrichtenwert-Faktoren.[17] Davon sind acht sogenannte kulturunabhängige und vier sogenannte kulturabhängige Faktoren.

Die Liste der zwölf Faktoren (übersetzt und erläutert vom Verfasser):
a) Kulturunabhängige Nachrichtenfaktoren:
  1. Frequency (Frequenz). Je mehr der zeitliche Ablauf eines Ereignisses mit dem Erscheinungsrhythmus eines Mediums entspricht, desto wahrscheinlicher ist es, dass es zur Nachricht wird).
  2. Threshold (Schwellenfaktor). Ein Ereignis muss Eigenschaften besitzen, die geeignet sind, die Aufmerksamkeitsschwelle sowohl beim auswählenden Journalisten als auch beim Adressaten zu überwinden.
  3. Unambiguousness (Eindeutigkeit). Je eindeutiger und überschaubarer ein Ereignis ist, desto eher wird es zur Nachricht.
  4. Meaningfulness (Bedeutsamkeit). Je größer die Tragweite eines Ereignisses, je mehr es persönliche Betroffenheit auslöst, desto eher wird es nachrichtlich wahrgenommen.
  5. Consonance (Konsonanz). Je mehr ein Ereignis mit vorhandenen Vorstellungen und Erwartungen übereinstimmt, desto eher wird es zur Nachricht. Auch die Wünsche der Rezipienten spielen dabei eine Rolle.
  6. Surprise (Überraschung). Seltene, unerwartete Ereignisse haben eine große Chance, nachrichtlich wahrgenommen zu werden. Überraschung ist aus journalistischer Sicht einer der stärksten Nachrichtenfaktoren.
  7. Continuity (Kontinuität). Ein Ereignis, das bereits in den Nachrichten aufgetaucht ist, hat große Chancen, weiterhin auf der Agenda der Medien zu bleiben.

8. Composition/ Variation (Variation). Der Schwellenwert beim auswählenden Redakteur ist niedriger, wenn ein Ereignis geeignet ist,
   das gesamte Nachrichtenbild zu variieren, auszubalancieren und
   zu vervollständigen.

b) Kulturabhängige Nachrichtenfaktoren:

1. Reference to Elite-Nations (Bezug zu Elite-Nationen). Ereignisse,
   die sogenannte Elite-Nationen betreffen, haben einen überproportional hohen Nachrichtenwert.

2. Reference to Elite-Persons (Bezug zu Elite-Personen). Ereignisse,
   die sogenannte Elite-Personen betreffen, haben einen überproportional hohen Nachrichtenwert. Journalisten sprechen hier gerne
   vom „Promi-Faktor".

3. Reference to persons (Personalisierung). Je besser sich ein Ereignis an Personen darstellen lässt, desto höher ist der Nachrichtenwert.

4. Reference to something Negative (Negativismus). Je starker ein
   Ereignis auf Konflikt, Kontroverse, Zerstörung usw. bezogen ist,
   desto eher wird es bei der Nachrichtenauswahl von Journalisten
   beachtet.

Galtung und Ruge vertreten die Ansicht, die Nachrichten-Faktoren seien
additiv zu sehen, d. h. je mehr Nachrichten-Faktoren auf ein Ereignis zutreffen, desto eher wird es publiziert. Außerdem – so heißt es – seien die
Faktoren komplementär, d. h. das Fehlen eines Nachrichtenfaktors könne
durch einen anderen quasi kompensiert werden.

Zwar entsprechen die Nachrichtenfaktoren von Galtung und Ruge in
vielen Punkten der Nachrichtenauswahl der journalistischen Praxis. Es
gibt aber durchaus auch begründete Kritik. So kritisiert Staab, dass die in
der Studie vorgenommene Inhaltsanalyse der Berichterstattung über die
drei Krisen nur drei Nachrichtenfaktoren, nämlich Bedeutsamkeit, Bezug
zu Elite-Nationen und Bezug zu Elite-Personen umfasst.[18]

Eine weitere Überlegung von Staab soll noch angefügt werden: „Die
verschiedenen Versionen der Nachrichtenwert-Theorie beruhen auf einem
Kausalmodell der Nachrichtenauswahl, das die Nachrichten-Faktoren von
Ereignissen bzw. Meldungen als Ursachen und journalistische Entscheidungen als Wirkungen betrachtet... Das Finalmodell, in dem die Nachrichten-Faktoren als Legitimationselemente für Publikumsentscheidungen
fungieren, ist folglich als Ergänzung des Kausalmodells zu betrachten.
Journalisten besitzen die Möglichkeit, Nachrichten-Faktoren zu instru-

mentalisieren, um bestimmte Ereignisse oder Themenaspekte hervorzuheben".[19]

4. Der konstruktivistische Ansatz:

Eine Neuorientierung in der Nachrichtenwert-Forschung kam durch die Studie von Winfried Schulz im Jahre 1976. Die Neuorientierung bestand darin, dass Schulz die Nachrichten-Faktoren nicht als Merkmale von Ereignissen sah, sondern als „journalistische Hypothesen von Realität". Dies bedeutet, dass nicht die Merkmale von Ereignissen darüber entscheiden, was die Medien publizieren, sondern dass der auswählende Redakteur einem Ereignis bestimmte publikumsrelevante Eigenschaften zuschreibt. Schulz kritisiert, dass Untersuchungen über die Darstellung von Realität bislang stets als eine Art Falsifikationsversuch aufgefasst wurden. Man wolle nachweisen, dass die von Medien vermittelte Realität nicht mit der faktischen Realität übereinstimme.[20]

Entscheidend ist die folgende Passage: „Auf dieser Grundlage muss man konsequenter Weise auch die Abbild-Theorie aufgeben, die Nachrichten würden Realität widerspiegeln. Tatsächlich erscheint es plausibler, davon auszugehen, dass Nachrichten eine Interpretation unserer Umwelt sind, eine Sinngebung des beobachtbaren und vor allem auch des nicht beobachtbaren Geschehens. Man kann also sagen, dass Nachrichten Realität eigentlich konstituieren.[21]

Schulz hat die Nachrichten-Faktoren auf der Basis seiner Studie überarbeitet. Er hat sie aktualisiert. Das Ergebnis der Neuorientierung ist eine Gliederung der hypothetischen Einflussgrößen in sechs Faktoren-Dimensionen:[22]

1. Zeit. Hierzu gehören die Faktoren Dauer und Kontinuität.
2. Nähe. Hier wurden alle geographisch, kulturell, politisch, sozial und psychologisch begründeten Faktoren für Nähe zusammengefasst.
3. Status. Die Faktoren Elite-Nationen und Elite-Personen wurden in vier Einzelfaktoren aufgegliedert: Regionale Zentralität, nationale Zentralität, persönlicher Einfluss und Prominenz.
4. Dynamik. Hier wird der Faktor Überraschung von Galtung und Ruge übernommen. „Eindeutigkeit" bei Galtung und Ruge wird hier als Faktor „Struktur" aufgegriffen. In diese Gruppe werden auch „Schwellenfaktor" und „Variation" eingeordnet. Hinzugefügt wird der Faktor „Intensität". Der Faktor „Variation" wird nicht in den neuen Katalog über-

nommen. Dies wird damit begründet, dass dieser Faktor, im Unterschied zu den anderen, kein Merkmal von Einzelereignissen bzw. Nachrichten sei, sondern sich auf das Nachrichtenbild insgesamt beziehe.

5. Valenz. Innerhalb dieser Dimension wird der Faktor „Negativismus" differenziert und durch ein positives Pendant ergänzt. Erfasst werden drei Aspekte von Negativismus: Konflikt, Kriminalität und Schaden. Hinzugefügt wird im Sinne eines „Positivismus" der Faktor Erfolg.

6. Diese Differenzierung belegt, dass die bereits ausgesprochene Kritik an der oft zu hörenden Formulierung „Die Medien berichten stets nur das Negative" berechtigt ist. Man sollte statt „negativ" eher formulieren „von der Norm abweichend". Dies umfasst dann Negatives und Positives gleichermaßen.

7. Identifikation. Schulz übernimmt den Faktor „Personalisierung" von Galtung und Ruge. Hinzugefügt wird der Faktor „Ethnozentrismus". Hier wird bereits im Jahre 1976, als die Studie von Schulz entstand, vorausgesehen, welche Bedeutung diese Thematik in den folgenden Jahrzehnten in der Nachrichtengebung haben würde.

8. Der Faktor „Konsonanz" wird aus dem Katalog von Galtung und Ruge nicht übernommen. Die Begründung lautet, dass es nicht möglich sei, für Kategorien wie „Erwartung" und „Wünschbarkeit" inhaltsanalytische Faktoren zu finden. Hierzu bedürfe es anderer Untersuchungsansätze, etwa Umfragen. Schulz kommt schließlich zu der Feststellung: „Nachrichtenwert ist eine journalistische Hilfskonstruktion zur Erleichterung der notwendigen Selektionsentscheidungen. Je größer ihr Nachrichtenwert, desto größer ist die Chance, dass die Meldung – unter der Vielzahl von Alternativen und bei grundsätzlich begrenzter Aufmerksamkeit der Medien – berücksichtigt und veröffentlicht wird."

5. Der Nachrichtenwert der Nachrichten-Faktoren:

Unter dieser Überschrift beschreibt Hans Mathias Kepplinger die Probleme, die mit den drei Forschungsansätzen verbunden sind, mit dem Gatekeeper-, dem Bias- und dem Nachrichtenwert-Ansatz. Dabei knüpft er insbesondere die oben zitierte Formulierung an, dass, je mehr eine Meldung dem entspreche, was Journalisten für wichtig und mithin für berichtenswerte Eigenschaften der Realität halten, desto größer sei ihr Nachrichtenwert. „Ursache der Nachrichtenauswahl sind danach nicht allein die Eigenschaften der Realität – erfasst mit den Nachrichten-Faktoren. Hinzukommen müssen die Vorstellungen der Journalisten von ihrer Berichtenswürdigkeit. Wegen seiner späteren Vernachlässigung verdient dieser Aspekt besondere Bedeutung."[23]

Kepplinger führt deshalb das „2-Komponenten-Modell" ein. Dies bedeutet, alle Selektionstheorien müssen Informationen über zwei Komponenten enthalten – die Kriterien der Selektion und die Merkmale der zu selektierenden Objekte. Er verdeutlicht dies an einem Beispiel: „Beim Sortieren von Äpfeln sind das z. B. als Selektionskriterien die Größenklassen und als relevante Objektmerkmale (Nachrichten-Faktoren) die Umfänge. Wird als Selektionskriterium der Reifegrad vorgegeben, spielen die Umfänge keine Rolle, obwohl sie natürlich vorhanden sind. Was auf das Sortieren von Äpfeln zutrifft, gilt nicht weniger für die Auswahl und Gewichtung von Nachrichten. Jede Theorie der Nachrichtenauswahl beruht aus den genannten Gründen notwendiger Weise auf dem 2-Komponenten-Modell".[24]

Kepplinger setzt sich in den genannten Veröffentlichungen detailliert mit den einzelnen Nachrichtenfaktoren auseinander, die in den früheren Studien entwickelt worden sind (Galtung und Ruge, Schulz u.a.). Dabei kommt er zu kritischen Schlussfolgerungen, die durch die journalistische Praxis immer wieder bestätigt werden. Sie kreisen sehr stark um das in der Tat vernachlässigte Phänomen der „zweiten Komponente". Es müssen – und dies erfährt jeder, der in der Praxis Nachrichten auswählt – stets zwei Komponenten berücksichtigt werden: Die Kriterien der Selektion und die Merkmale der zu selektierenden Objekte. Aus der fundierten und im Detail begründeten Kritik können hier nur Stichworte geliefert werden. So enthält die Nachrichtenwert-Theorie beispielsweise keine Unterscheidung zwischen der Berichterstattung über das Normalgeschehen und über Ausnahmesituationen, wie z. B. schwere Katastrophen, Todesfälle von Prominenten, herausragende Sportereignisse usw. Dadurch wird implizit unterstellt, dass die Berichterstattung in Krisen und Konflikten sowie über Katastrophen und Skandale auf den gleichen Selektionskriterien beruht wie die Berichterstattung über das Alltagsgeschehen. Dies ist jedoch offensichtlich nicht der Fall. So ändern z. B. Schlüsselereignisse wie schwere Verbrechen, Unfälle oder Erdbeben die Selektionskriterien.[25]

Hinzuzufügen ist, dass derartige Ereignisse die Nachrichtenselektion insgesamt dramatisch verändern können. Außer dem Internet haben alle Nachrichtenmedien begrenzten Raum für ihre Berichterstattung. Der Umfang von Zeitungen ist begrenzt, die Sendezeit von Radio und Fernsehen ebenso. Dies bedeutet, dass bei Geschehnissen wie den genannten, solche unberücksichtigt bleiben, die sonst unter Umständen einen hohen Stellenwert gehabt hätten. Derartige Ereignisse animieren Öffentlichkeitsarbeiter auch, unangenehme Nachrichten herauszugeben, damit sie in der Berichterstattung über das Schlüsselereignis „untergehen". Mit einem solchen Versuch ist am 11. September 2001 die PR-Beraterin des damaligen britischen Premierministers gescheitert. Sie empfahl ihrem Chef, die Situation der Anschläge in den Vereinigten Staaten von Amerika für das „Verstecken" negativer Informationen zu nutzen. Die entsprechende Email wurde öffentlich und die Beraterin entlassen.

„Schlüsselereignisse" verändern die Selektionskriterien in der Regel nicht langfristig. Nach dem Abklingen der Erregung und des Interesses, die das Schlüsselereignis hervorgerufen hat, kehrt die Berichterstattung vielmehr meist in die üblichen Bahnen zurück. Allerdings gibt es Schlüsselereignisse, die themenspezifische Änderungen der Selektionskriterien einleiten. Ein derartiges Schlüsselereignis war z. B. der Reaktorunfall in Tschernobyl, der die gesamte Aufmerksamkeit von den Kohlekraftwerken auf die Kernkraftwerke lenkte und wesentlich dazu beitrug, dass das Waldsterben, das bis dahin die Umweltberichterstattung beherrscht hatte, mit einem Schlag kein Thema mehr war, obwohl die Waldschäden weiter zunahmen.[26]

Zu kritisieren ist bei den Studien zur Nachrichtenselektion, dass in der Regel der Nachrichten-Output betrachtet wird, nicht aber der Input, d. h. die Quellenlage. Vor allem, wenn unterschiedliche Medien in ihrer Nachrichtenauswahl verglichen werden, kann hier ein schiefes Bild entstehen. Die Ausstattung der Redaktionen mit Nachrichtenquellen ist nämlich extrem unterschiedlich.

6. Nachrichtenauswahl durch die Rezipienten:

Meist wird beim Thema Nachrichtenauswahl an die „Macher"-Seite gedacht. Die Frage lautet, nach welchen Kriterien Journalisten Nachrichten auswählen. Betrachtet werden muss aber auch die Auswahl durch die Rezipienten. Die Nachrichtenwert-Theorie geht davon aus, dass die Nachrichten-Faktoren auch für die Rezipienten-Seite gelten. Dies wird bereits bei Galtung und Ruge sowie Schulz im Rahmen der oben beschriebenen Studien deutlich. Neuere Studien, insbesondere von Donsbach[27] und Eilders[28] befassen sich detailliert damit, welche Folge die Nachrichten-Faktoren etwa für die Auswahl einzelner Medienbeiträge durch die Nutzer haben. Zusammengefasst lässt sich sagen: Dieser Einfluss existiert.

Alle Medienangebote werden selektiv genutzt. Dies beginnt mit der Entscheidung für das entsprechende Medium. Es werden Zeitungen sowie Radio- und Fernsehprogramme nach eigener Neigung und persönlichem Interesse ausgewählt. Die Medien werden als Ganzes ausgewählt und danach werden die Inhalte selektiv genutzt und verarbeitet. „Dabei kann man drei Stufen unterscheiden – die selektive Zuwendung zu Medienangeboten (präkommunikative Phase), die selektive Rezeption der genutzten Angebote (kommunikative Phase) sowie die selektive Erinnerung an die rezipierten Angebote (postkommunikative Phase)... Die selektive Nutzung und Verarbeitung von Medienangeboten auf allen drei Stufen ist durch zahlreiche Untersuchungen empirisch gut gesichert und kann durch die Theorie der kognitiven Dissonanz und verwandte Ansätze gut erklärt werden."[29]

Erwähnt werden sollte hier noch ein Phänomen, das durch die Nachrichtenportale im Internet entstanden ist. Es geht um die sogenannte Anschlusskommunikation. Nutzerkommentare auf Nachrichten-Websites haben sich zu einer populären Erscheinungsform öffentlicher Online-Anschlusskommunikation entwickelt. Die Untersuchung von Marc Ziegele, Timo Breiner und Oliver Quiring zeigt, neben zahlreichen weiteren interessanten Details, dass es vielfältige Wirkungen von klassischen Nachrichten-Faktoren auf die Nutzerkommentare, d. h. auf die Anschlusskommunikation zu Veröffentlichungen auf Nachrichtenportalen gibt.[30]

7. Die Nachrichtenauswahl in der Praxis:

Der Praktiker unterscheidet Nachrichten der ersten, zweiten und dritten Kategorie – sieht man einmal von der vierten Kategorie ab. In diese gehören die Meldungen, die der auswählende Redakteur nicht verwendet und „wegwirft". Auf Kategorie 4 entfallen bei einer größeren Rundfunkanstalt mit dem üblichen Nachrichtenangebot ungefähr 90 % des von den Nachrichtenagenturen gelieferten Materials. Zeitungsredaktionen berichten über eine ähnliche Situation.

Kategorie 1:

Hierher gehören Meldungen, an denen keine Redaktion vorbeigehen kann, etwa die Wahl des Bundeskanzlers, ein Kanzlerrücktritt, eine Papstwahl, ein Attentat auf einen prominenten Politiker. Auch das Ergebnis des Endspiels um die Fußballweltmeisterschaft gehört in Kategorie 1.

Ein Nachrichtenredakteur muss bei der Nachrichtenauswahl stets darauf achten, dass er sowohl „wichtige" als auch „interessante" Themen in die Nachrichten aufnimmt. So ist z. B. die Rede des deutschen Außenministers vor der Generalversammlung der Vereinten Nationen über ein europapolitisches Problem sicherlich ein wichtiges Ereignis und gehört in die Nachrichten, obwohl dies für viele Menschen sicherlich nicht besonders interessant ist.

Das Ergebnis des Endspiels der Fußballweltmeisterschaft ist gewiss keine „wichtige" Information. Sie ist aber für Millionen Menschen sehr interessant. Deshalb werden professionelle Redaktionen aller Medien darüber berichten. Neben den beschriebenen wichtigen, aber nicht interessanten und interessanten, aber nicht unbedingt wichtigen Informationen, gibt es noch solche, die sowohl wichtig als auch interessant sind, z. B. eine Kanzlerwahl, ein neuer Papst usw.

Kategorie 2:

Nachrichten, die hier eingeordnet werden, haben ein etwas geringeres Gewicht als die der Kategorie 1. Sie haben aber eine gute Chance, von einer Redaktion publiziert zu werden, z. B. Wahlen im Ausland, Bundestagsdebatten (außer den Parlamentssitzungen zu ganz zentralen Themen wie Haushalt, Regierungserklärungen usw., die zur Kategorie 1 zählen). Unterschiedliche Auffassungen zwischen verschiedenen Mitgliedern einer Nachrichtenredaktion gibt es bei Meldungen der Kategorie 2 nicht bezüglich der Frage, ob sie gebracht werden oder nicht, sondern allenfalls, wie sie gewichtet werden, d. h. ob sie an sehr prominenter Stelle in einer Zeitung publiziert werden oder in einer Nachrichtensendung am Anfang, in der Mitte oder möglicherweise am Schluss.

Kategorie 3:

In diese Kategorie fallen Nachrichten, die nur dann gebracht werden, wenn die beiden ersten Kategorien noch Platz lassen. Zeitungsseiten und Sendeminuten sind bekanntlich begrenzt. Es kann also durchaus vorkommen, dass Meldungen der Kategorie 3 überhaupt nicht publiziert werden. Bei Kategorie 3 ist der Ermessensspielraum des auswählenden Redakteurs am größten. Hier können auch persönliche Interessen und Vorlieben, ja sogar Marotten von Redakteuren am ehesten zum Zuge kommen. Es handelt sich um sogenannte „Kann-Meldungen". Die Bandbreite ist in diesem Bereich sehr groß. Der eine Redakteur bevorzugt in Kategorie 3 Wirtschaftsthemen, ein anderer Sozialpolitik oder Kultur, der nächste hat eine Vorliebe für ganz spezielle Sportarten oder für sogenannte „bunte" Meldungen. Beispiele: Ein Kernkraftwerk wird wegen einer Routineuntersuchung abgeschaltet. Ein Trainerwechsel in der Bundesliga. Neue Exportzahlen eines Industrieunternehmens. US-Tanklastwagen rammt Straßenschild. Dies ist alles unproblematisch, solange dieser Bereich nicht für sehr persönliche Ambitionen missbraucht wird, was bedauerlicher Weise vorkommt. So wird z. B. mit Meldungen der Kategorie 3 manchmal ein allfälliger Antiamerikanismus gepflegt, indem Meldungen gebracht werden, die zwar unwichtig und sogar abwegig sind, die aber die Möglichkeit bieten, die politische Position durchscheinen zu lassen.[31]

Es gibt keine dogmatischen Festlegungen über Nachrichtenwerte. Veränderungen in der Gesellschaft würden einen solchen Katalog auch immer wieder wandeln. Man kann aber in den verschiedenen Teilen der Welt von einem unterschiedlichen Nachrichtenverständnis ausgehen. Das Nachrichtenverständnis der westlichen Demokratien besagt, dass eine Information verbreitet wird, ohne Rücksicht darauf, ob sie politisch in dem jeweiligen Land opportun ist oder nicht. In totalitären Staaten werden demgegenüber Nachrichten (gezwungenermaßen) lediglich im Hinblick darauf gebracht, ob sie dem Regime bzw. der das Regime tragenden Partei nutzen.

Schwierig ist es mit dem Nachrichtenverständnis in den Ländern der sogenannten Dritten Welt. Hier werden Nachrichten oft als reine Staats-Public-Relations missverstanden. Immer wieder wird den europäischen und amerikanischen Nachrichtenmedien, vor allem den internationalen Agenturen vorgeworfen, sie berücksichtigten die Belange der dritten Welt nicht genügend. Nachfragen ergeben dann, dass politische Erklärungen von Repräsentanten dieser Länder, z. B. vor UNO-Gremien, vermisst werden. Es ist in solchen Fällen nur schwer verständlich zu machen, dass dies Themen sind, die in Europa und in Amerika wirklich kaum jemanden interessieren.

Ein wichtiger Punkt bei der Nachrichtenauswahl in der Redaktionspraxis ist der Zeitfaktor, der das Nachrichtenumfeld bestimmt. Dies bedeutet, dass ein Nachrichtenredakteur stets den Grundsatz vor Augen haben muss, der wie eine Binsenweisheit klingt: „Heute ist heute, gestern war gestern und morgen wird morgen sein". Jede Information muss sich aber an ihrem Umfeld messen lassen. Bedingt durch die allgemeine Nachrichtenlage kann ein Thema, das heute die Aufmacher-Meldung einer Nachrichtensendung oder einer Zeitung ist, morgen überhaupt nicht in den Nachrichten auftauchen. So hat z. B. die Erklärung eines Politikers zum Boykott von Früchten aus Südafrika keine Chance, auch nur beachtet, geschweige denn veröffentlicht zu werden, wenn im Nahen Osten ein bewaffneter Konflikt tobt, im Bundestag um eine Steuererhöhung gestritten wird, der US-Präsident nach Moskau reist und bei Paris ein Verkehrsflugzeug abgestürzt ist. Politiker neigen dazu, sich in den Redaktionen zu beschweren, dass ihre bedeutungsschweren Äußerungen nicht in den Nachrichten gekommen seien, wo doch gestern die Erklärung eines anderen Politikers, einer anderen Partei ausführlich gemeldet worden sei. Hier hilft nur der Hinweis auf das erwähnte Umfeld – aber nur für diesen einen Fall – denn der nächsten Beschwerde in ähnlicher Sache kann man sicher sein.

Es wurde bereits gesagt, dass sowohl über Fakten in Nachrichten berichtet wird als auch über Meinungen (Meinungen Dritter, natürlich nicht Meinungen von Redakteuren). Fakten sind wichtiger. Fakten setzen neue Daten. Gerede darüber bleibt in den meisten Fällen völlig folgenlos. Zitierte Äußerungen können wichtig sein und gehören dann in die Nachrichten, wie z. B. Bundestagsdebatten, wo erst die Beschreibung von Rede und Gegenrede ein politisches Bild ergibt. Anders ist es oft bei Politikeräußerungen auf Parteiveranstaltungen, in Interviews usw. Solche Äußerungen gehören – wie bereits erwähnt – oft in die Kategorie „Polit-PR". Sie erscheinen in Deutschland viel zu häufig in den Nachrichten.

Wichtig ist, dass Äußerungen von Personen und Gruppen nach rein journalistischen und nicht nach opportunistischen Kriterien ausgewählt werden. Es darf nur darauf ankommen, was für die Zuhörer und Leser interessant und wichtig ist. Zwar hat nicht alles, was etablierte Organisationen verlauten lassen, Nachrichtenwert. Dennoch verdient eine große Gewerkschaft mehr Aufmerksamkeit als eine kleine Organisation. Auch müssen kleine Gruppen, ja sogar Minderheiten wie Bürgerinitiativen zu Wort kommen. Hier muss aber der über „Bringen oder Nichtbringen" entscheidende Redakteur sehr sorgfältig prüfen, ob das, was eine solche Gruppe zu sagen hat, für ein großes Publikum relevant ist oder nur für eine kleine Gruppe.

8. Gedanken zum Schluss:

Medienmacher müssen sich bei der Auswahl von Informationen darüber klar sein, dass hier Informierte Informationen für Informierte auswählen und aufbereiten. Von der Zwei-Klassen-Gesellschaft der Information war bereits die Rede: Menschen, die materiell und intellektuell in der Lage sind, sich alle wichtigen Informationen zu beschaffen, stehen denen gegenüber, die sich über Schlagzeilen, Infotainment-Angebote und Fetzen aus dem Internet informieren.

Aber selbst bei der ersten Gruppe stellt sich die Frage, ob die bloße Nachricht ausreicht, einen Zugewinn an Information zu erzeugen. Das Zusätzliche, das die Nachricht zu größerer Informiertheit, zu einem echten Gewinn führt, ist entweder beim Adressaten vorhanden oder es muss vom Nachrichtenmedium mitgeliefert werden. Wer bereits umfangreiche Vorkenntnisse hat, kann eine Kurzmeldung mit diesen vorhandenen Informationen verknüpfen und ist umfassend aktuell informiert. Wer über weniger Vorkenntnisse verfügt, benötigt eine ausführlichere, mit Hintergründen versehene Nachricht, um ein Thema zu verstehen. In diesem Zusammenhang ist bemerkenswert, dass Rundfunkanstalten – gelegentlich auch öffentlich-rechtliche – oftmals anscheinend ohne Rücksicht auf die jeweilige Zielgruppe entscheiden, in welchem Programm ausführlichere Nachrichten geboten werden und wo Schlagzeilen ausreichen. Man denke insbesondere an Programme mit junger Zielgruppe. Journalisten, die Nachrichten auswählen, sind logischerweise Informierte. Sie sollten sich klar machen, ob sie Nachrichten für ein ebenfalls informiertes Publikum auswählen oder für Uninformierte. Nur so kann man der berechtigten Forderung im „Ethic-Code" des amerikanischen Zeitungsverleger-Verbandes gerecht werden. Dort heißt es: „Give light and the people will find their own way".

Medien vermitteln naturgemäß nur einen kleinen Ausschnitt der Wirklichkeit. Die meisten Ereignisse gelangen überhaupt nicht zur Kenntnis von Journalisten (siehe oben). Diejenigen, die von Journalisten wahrgenommen werden, unterliegen dann der gnadenlosen Selektion. Wer als Journalist vor der Frage steht, sich zwischen dem spektakulären und dem Gewöhnlichen zu entscheiden, wird in der Regel dem Spektakulären den Vorzug geben. Mit dieser Entscheidung weckt man aber Erwartungshaltungen, die stets neue Aufmerksamkeit erzeugen. „Die Wirklichkeit" – so formuliert es der langjährige österreichische Journalist und Medienmanager Emil Breisach – „erhält eine Schlagseite zum Außergewöhnlichen. Wir erleben also als Empfänger nicht die Spiegelung der gewohnten, sondern eine gänzlich andere Wirklichkeit. Das Bild, das uns die Medien von der Welt vermitteln, ist auch inhaltlich verzerrt."[32]

Anmerkungen:

1   Fuller, Jack (1997): News Values. Chicago, University of Chicago Press, S 194.

2   Stephens, Mitchell (1989): A History of News. New York u. London, Penguin Books, S. 34.

3   BBC-News-Guide (1983), London, S. 25

4   Schulz, Winfried (1987): Politikvermittlung durch Massenmedien. In: Ulrich Sarcinelli (Hrsg.): Politikvermittlung. Stuttgart, Bonn Aktuell, S. 133.

5   Bird, Roger (1997): The End of News. Toronto, Irwin Publishing, S. 4.

6   Kepplinger, Hans Mathias (1992): Ereignismanagement. Zürich, Edition Interfrom, S. 77.

7   Kepplinger, Hans Mathias, a.a.O., S. 47 ff

8   Kepplinger, Hans Mathias, a.a.O., S. 51.

9   White, David Manning (1950): The Gatekeeper – A Case Study in the Selection of News. In: Journalism Quarterly 27 (3), S. 383-390

10   Stengel, Karin u. Marschall, Joachim (2010): Verwandte und konkurrierende Ansätze. In: Maier, Michaela et al. (Hrsg.): Nachrichtenwerttheorie. Baden-Baden, Nomos Verlag, S. 122. (Hier auch ein Überblick über die diversen Forschungsansätze.)

11   Schönbach, Klaus (1977): Trennung von Nachricht und Meinung. Freiburg, Alber Verlag, S. 48 ff

12   Staab, Joachim Friedrich (1990): Nachrichtenwert-Theorie. Freiburg, Alber Verlag, S 27.

13   Lippmann, Walter (1922): Public Opinion. New York (Unveränderte Neuauflage 1997) (Simon and Schuster).

14   Lippmann, Walter, a.a.O., S. 222.

15   Lippmann, Walter, a.a.O., S 220 u. 214 ff

16   Östgaard, Einar (1965): Factors influencing the Flow of News. In: Journal of Peace Research, 2, S. 39-63.

17   Galtung, Johan und Ruge, Mari Holmboe (1965): The structure of foreign News: The presentation of the Congo, Cuba and Cyprus Crises in four Norwegian Newspapers. In: Journal of Peace Research 2, S. 64-90.

18   Staab, Joachim Friedrich a.a.O., S. 63.

19   Staab, Joachim Friedrich a.a.O., S. 93.

20   Schulz, Winfried (1976): Die Konstruktion von Realität in den Nachrichtenmedien. Freiburg, Alber Verlag, 2. unveränderte Auflage 1990.

21   Schulz, Winfried, a.a.O., S 28.

22   Schulz, Winfried, a.a.O., S 32.

23   Kepplinger, Hans Mathias (2011): Journalismus als Beruf. Wiesbaden, VS Verlag, S. 61 ff
Details dazu siehe: Kepplinger, Hans Mathias (1998): Der Nachrichtenwert der Nachrichtenfaktoren. In: Wie die Medien die Welt erschaffen und wie die Menschen darin leben. Festschrift für Winfried Schulz. Opladen, S. 19 ff.

24   Kepplinger, Hans Mathias (2011): Journalismus als Beruf. Wiesbaden, VS Verlag, S. 62.

25   Kepplinger, Hans Mathias, a.a.O., S 68.

26   Kepplinger, Hans Mathias, a.a.O., S 69.

27   Donsbach, Wolfgang (1991): Medienwirkung trotz Selektion. Einflussfaktoren auf die Zuwendung zu Zeitungsinhalten. Köln, Böhlau Verlag, S. 138 ff.

28   Eilders, Christiane (1996): Nachrichtenfaktoren und Rezeption: Eine empirische Analyse zur Auswahl und Verarbeitung politischer Informationen. Opladen, Westdeutscher Verlag, S. 210.

29   Kepplinger, Hans Mathias (2009): Wirkung der Massenmedien. In: Noelle-Neumann, Elisabeth; Schulz, Winfried; Wilke, Jürgen (Hrsg.): Fischer Lexikon Publizistik Kommunikationswissenschaft. Frankfurt, S. 659.

30   Ziegele, Marc, Breiner, Timo, Quiring, Oliver (2015): Nutzerkommentare oder Nachrichteninhalte – Was stimuliert Anschlusskommunikation auf Nachrichtenportalen? In: Hahn, Oliver, Hohlfeld, Ralf, Knieper, Thomas (Hrsg.): Digitale Öffentlichkeit(en). Konstanz und München, UVK, S 249 ff.

31   Arnold, Bernd-Peter (1999): ABC des Hörfunks. Konstanz und München, UVK, S. 129 ff.

32   Breisach, Emil (1978): Die Angst vor den Medien. Graz, Leykam Verlag, S. 28.

Kapitel 5 Die Sage vom unabhängigen Journalisten – Außenbeeinflussung der Nachrichtengebung

Natürlich sind in Deutschland – ähnlich wie in anderen westlichen Demokratien – Presse- und Meinungsfreiheit garantiert. Dies schließt jedoch nicht aus, dass es in den Medien Abhängigkeiten ganz unterschiedlicher Art gibt. Speziell die Nachrichtengebung unterliegt Einflüssen mit vielfältigem Hintergrund. Dies gilt für privatwirtschaftlich organisierte Medienunternehmen wie Zeitungen und Zeitschriften sowie private Radio- und Fernsehprogramme ebenso wie für den öffentlich-rechtlichen Rundfunk.

Im Folgenden sollen die Einflussmöglichkeiten sowohl aus wissenschaftlicher Sicht als auch aus der Perspektive der journalistischen Praxis zumindest in den Grundzügen skizziert werden.

Vor der Betrachtung der unterschiedlichen Einflussfaktoren ist es sinnvoll, kurz darzustellen, auf welche Weise Nachrichten entstehen. Sie entstehen im Prinzip auf vierfache Weise:

1. Nachrichten entstehen quasi „eigenständig". Dies gilt für Verbrechen, Unfälle, Katastrophen usw.
2. Nachrichten haben geplante bzw. vorhersehbare Ereignisse zum Gegenstand: Wahlen, Parlamentssitzungen, Gipfelkonferenzen, Gedenktage, Sportereignisse usw.
3. Nachrichten basieren auf journalistischer Eigenrecherche. Themen werden von Journalisten aufgrund von „Spurensuche" gesetzt. Hierher gehören auch Nachrichten über Enthüllungen. Diese Kategorie ist die seltenste. Eigenrecherche gibt es noch häufig in der Lokal- und Regionalberichterstattung und in überregionalen Medien, die sich auf der Basis von hoher Auflage und entsprechend großem Anzeigenaufkommen aufwändigere Recherche leisten können und wollen.
4. Nachrichten, die auf PR-Veröffentlichungen beruhen. Sie werden von den Urhebern mit Blick auf öffentliche Wirkung produziert. Dies ist bedauerlicher Weise inzwischen die häufigste der vier Varianten. Politik wird immer stärker durch die öffentliche Meinung, durch das Meinungsklima bestimmt. Man kann salopp sagen, dass Politiker nicht mehr in erster Linie die nächste Wahl im Blick haben, sondern – so scheint es sehr oft – die nächste Pressekonferenz. Dies führt – auch angesichts der Kapazitätsprobleme in vielen Redaktionen – dazu, dass

der Journalismus immer stärker zum Verlautbarungs-Journalismus wird. Die Medien drohen zum Dienstleistungsgewerbe für die Mächtigen zu werden.

Je kleiner der Anteil von Nachrichten wird, die auf journalistischer Recherche beruhen und je mehr die Kategorie 4, d. h. fremdbestimmte Informationen Platz greifen, umso größer ist logischer Weise die Gefahr der Außenbeeinflussung.

Außenbeeinflussung kann auf vier journalistischen Arbeitsfeldern stattfinden:

1. Die Themenfindung wird beeinflusst. Aufgrund von Druck wird etwa auf eine Berichterstattung ganz oder zeitweise verzichtet.
2. Die Nachrichtenselektion wird beeinflusst. Hier können sowohl Akteurs- als auch variablenorientierte Einflussfaktoren eine Rolle spielen. Diese werden nachfolgend im Einzelnen erläutert.
3. Einfluss findet statt auf die Recherche. Recherche wird direkt oder indirekt behindert oder unmöglich gemacht.
4. Einfluss erfolgt durch eine „Hauspolitik", d. h. in privatwirtschaftlich organisierten Medien geben Eigentümer eine redaktionelle Linie vor bzw. in öffentlich-rechtlichen Medien wird die Nachrichtengebung durch die Personalpolitik beeinflusst.

Die Einflussfaktoren insbesondere auf die Nachrichtengebung sind von der Kommunikationsforschung vielfach untersucht worden. Dabei sind diverse Modelle und Kategorien entwickelt worden. Eine Möglichkeit der Kategorisierung besteht – so Wolfgang Donsbach – darin, die Einflussfaktoren als unabhängige Variable für Inhaltsentscheidungen anzusehen und danach einzuteilen, wer Träger dieser Variablen ist. Donsbach kommt so auf Variablen in den vier „Sphären" Subjekt, Profession, Institution und Gesellschaft. Zur Subjekt-Sphäre gehören dann Faktoren, die in der Person des Journalisten liegen (z. B. politische Einstellungen, Berufsmotive usw.), zur Professions-Sphäre solche, die gemeinsame Eigenschaften des gesamten Berufsstandes betreffen (z. B. ethische Grundlagen, Nachrichtenwerte), zur Institutions-Sphäre Eigenschaften des Mediums (z. B. Formate, wirtschaftliche Strukturen, Freiheit im Beruf) und zur Gesellschafts-Sphäre Einflüsse, die aus Merkmalen des Gesellschaftssystems resultieren (z. B. Grad der Pressefreiheit, politische Kultur). Donsbach geht davon aus, dass sich die gleichen Variablen auch danach unterscheiden lassen, ob es sich eher um primäre oder sekundäre Einflussfaktoren handelt.[1]

Ein Beispiel für eine Primärvariable wären die subjektiven Einstellungen von Journalisten. Ein Beispiel für eine Sekundärvariable das Rollenverständnis, weil es z. B. den Einfluss der eigenen Einstellung von Journalisten verstärken oder mindern kann.[2] Auch der Einfluss der Arbeitgeber von Journalisten wird in diesem Zusammenhang gesehen. Unterschieden werden inhaltliche Zielvorgaben, d. h. redaktionelle Tendenzen und kommerzielle Zielvorgaben. In der Medienpraxis ergibt sich ein auch von Donsbach skizziertes Phänomen, dass nämlich hier direkter Druck von Verlegern und Managern eher gering ist, da man bereits bei der Personalgewinnung darauf achtet, dass eine Bewerberin oder ein Bewerber zur jeweiligen redaktionellen Linie passt.

Im Zusammenhang mit dem kritischen Vergleich der unterschiedlichen Ansätze zur Nachrichtenselektionsforschung beschreibt Hans Mathias Kepplinger akteurs- und variablenorientierte Einflussfaktoren auf die Nachrichtengebung.

Die sechs Einflussquellen im Rahmen des akteursorientierten Ansatzes:

1. Journalisten, die die Nachrichten auswählen, bearbeiten und unter Umständen kommentieren. Hierbei können die Journalisten als Individuen oder als Gruppenmitglieder betrachtet werden.
2. Eigentümer und Manager von Kommunikationsunternehmen, die selbst keine Journalisten sind oder zumindest keine genuinen journalistischen Aufgaben wahrnehmen.
3. Anzeigenkunden, die einen Einfluss auf den redaktionellen Teil der Berichterstattung nehmen bzw. deren Interessen im Vorgriff berücksichtigt werden.
4. Politische Machtgruppen, die ihren Einfluss über Eigentümer und Manager oder direkt geltend machen. Dies kann auch durch das Zuspielen oder Verweigern von Informationen geschehen.
5. Wirtschaftliche Machtgruppen, die nicht durch die Vergabe oder Verweigerung von Anzeigenaufträgen einwirken, sondern andere ökonomische oder juristische Mittel einsetzen. Hierzu gehören u. a. Schadensersatzklagen.
6. Die Öffentlichkeit im Verbreitungsgebiet, deren Wertvorstellungen die Themen und Tendenzen der Berichterstattung beeinflussen können.

Die neun Einflussfaktoren im Rahmen des variablenorientierten Ansatzes:

1. Eigenschaften von Ereignissen, über die Nachrichten informieren bzw. objektive Relationen zwischen Ereignissen und Publikationsorganen. Beispiele hierfür sind die Distanz zwischen Ereignis und Berichtsort, die Anzahl der beteiligten Personen und die Dauer des Geschehens.
2. Zuschreibungen zu Ereignissen, über die Nachrichten informieren. Beispiele hierfür sind die kulturelle Nähe zwischen Ereignis- und Be-

richtsregion, die Prominenz der beteiligten Personen und der Schaden einer Handlung.

3. Eigenschaften von Nachrichten. Beispiele hierfür sind die sachliche Richtigkeit der Informationen, die Länge der Meldung, der Zeitpunkt ihrer Verfügbarkeit. Auch hier zeigt sich, dass es nur relativ wenige solcher Eigenschaften gibt, die – wie die Richtigkeit der Informationen – häufig nur schwer feststellbar sind.

4. Zuschreibungen von Eigenschaften von Nachrichten. Beispiele sind die Verständlichkeit einer Meldung und die Prägnanz ihrer Formulierungen.

5. Werte und Ziele von Journalisten. Beispiele hierfür sind politische Einstellungen und individuelle Karrieremotive. Hier handelt es sich offensichtlich um individuell unterschiedliche Eigenschaften, die sich zudem erheblich ändern können.

6. Formelle Verhaltenserwartungen an Journalisten. Beispiele hierfür sind die Bestimmungen des Presserechts und die Forderungen des Pressekodex sowie die Programmgrundsätze der Rundfunkanstalten.

7. Informelle Verhaltenserwartungen an Journalisten. Beispiele hierfür sind informelle Erwartungen von Kollegen, Vorgesetzten, Freunden und Gegnern usw.

8. Formelle Weisungen an Journalisten. Beispiele hierfür ergeben sich aus der Richtlinienkompetenz von Verleger und Chefredakteuren, in anderen politischen Systemen auch aus der Zuständigkeit von z. B. Informationsministerien.

9. Organisatorische Zwänge. Beispiele hierfür sind der Zeit- und Platzmangel, die Verfügbarkeit von Agenturmaterial oder umbruchtechnische Beschränkungen.[3]

Die verschiedenen Teilnehmer an der Kommunikation stellen keine isolierten Einheiten dar. Es gibt zwischen ihnen vielmehr zahlreiche personelle und intellektuelle Verbindungen. Es entstehen Interessenkoalitionen und Machtkämpfe, die der Öffentlichkeit meist verborgen bleiben. In der Regel kann man davon ausgehen, dass Politiker, Wissenschaftler und Unternehmen Journalisten instrumentalisieren, indem sie sie mit exklusiven und gelegentlich auch falschen oder gar geschönten Informationen versorgen. Journalisten ihrerseits instrumentalisieren Politiker, Wissenschaftler und Unternehmer mit Ansichten, die ihren eigenen entsprechen, indem sie ihnen Gelegenheit geben, ihre Argumente darzustellen.[4]

In diesem Zusammenhang sei noch einmal an die bereits erwähnte Feststellung von Walter Karp von 1989 erinnert. „Es ist eine bittere Ironie des

Journalismus auf der Basis eigener Quellen, dass die am meisten geschätzten Journalisten genau auch diejenigen sind, die am häufigsten zu Diensten sind." Und weiter: „Exklusivität ist weniger ein Zeichen von Eigeninitiative als vielmehr ein passiver Dienst gegenüber den Mächtigen".[5] Hierher gehört auch – und hier wird das System gleichsam umgekehrt – der politische Einfluss auf den öffentlich-rechtlichen Rundfunk. Es ist offenkundig, dass in vielen Ländern, in denen der Rundfunk formal „öffentlich-rechtlich" ist, dieser stark von staatlichen Institutionen abhängig ist. In der Bundesrepublik Deutschland war der öffentlich-rechtliche Rundfunk ursprünglich nach dem Vorbild der britischen BBC staatsunabhängig konzipiert. Die gesellschaftlich relevanten Kräfte, d. h. die Gesellschaft insgesamt repräsentierenden Organisationen, entschieden über Personal und Programmkonzeptionen. Über die Jahrzehnte wurde in einem Bundesland nach dem anderen der Staatseinfluss größer. Die Zusammensetzung der Aufsichts- und Wahlgremien wurde so verändert, dass der Einfluss der politischen Parteien stärker wurde. Bemerkenswert ist, dass sich alle Parteien an diesem Spiel der Machtverteilung beteiligten. Über die Personalpolitik sicherten sich alle den gewünschten Einfluss auf die Programmgestaltung. Ein von den Gründervätern des demokratischen Systems „Bundesrepublik Deutschland" aus guten Gründen etablierter gesellschaftlicher Wert wurde den Machtspielen der Parteien zumindest teilweise geopfert. Glücklicherweise ruft das Bundesverfassungsgericht immer wieder die Politik zur Ordnung und fordert Verfassungskonformität ein. Beginnend mit dem legendären Fernsehurteil aus dem Jahre 1961 (BVerfGE 12/205 vom 28.02.1961) bis hin zum Urteil über die Zusammensetzung der Aufsichtsgremien des ZDF im Jahre 2014 (BVerfG, 1 BvF 1/11 vom 25.03.2014) versuchen die Richter in Karlsruhe die Politiker aller Parteien daran zu hindern, aus Unkenntnis, Gedankenlosigkeit oder Machterhaltungstrieb ein System zu gefährden, auf dessen Existenz sie eigentlich stolz sein und für dessen Erhalt sie gemeinsam kämpfen müssten.

Es sind fünf Faktoren, die Einfluss auf die praktische Arbeit des Nachrichtenjournalisten haben:
1. Die Politik
2. Die PR-Industrie
3. Interessen der Wirtschaft
4. Der Trend zu immer kürzeren Informationen
5. Terror, Krieg und andere krisenhafte Situationen.

Dabei ist davon auszugehen, dass es beträchtliche Schnittmengen zwischen diesen Faktoren gibt. Sie spielen auf unterschiedliche Weise zusammen. Nachfolgend werden die Faktoren – aus der Sicht der journalistischen Praxis – kurz skizziert:

1. Politik:

Ein ganz direkter Einfluss der Politik auf die Nachrichtengebung ist in Deutschland eher selten. Sicher gibt es Beziehungen zwischen Politikern und Verlegern, die Auswirkungen auf redaktionelle Entscheidungen haben. Es gibt auch in der Bundeshauptstadt und in Landeshauptstädten sogenannte Freundeskreise um Politiker, denen Journalisten angehören. In der Erwartung der einen oder anderen Exklusiv-Information begibt man sich in politische Abhängigkeit. Auch Personen und Institutionen, die sogenannte Vertrauensjournalisten um sich scharen, erzeugen natürlich Abhängigkeiten. Auch im Journalismus gibt es – wie überall – nichts umsonst. Vom öffentlich-rechtlichen Rundfunk war bereits die Rede. Je nach politischer Couleur der jeweiligen Landesregierung wurden bis in die 1980er Jahre die Landesrundfunkanstalten von der jeweiligen Opposition als politisch rechts bzw. links apostrophiert. Insbesondere konservative Politiker bauten als Drohkulisse damals oft die bevorstehende Einführung von privatem Fernsehen und privatem Radio in der Bundesrepublik Deutschland auf, nach dem Motto: „Die Privaten werden schon zeigen, was ausgewogene Berichterstattung ist". Kurze Zeit nach dem Start der Privaten war selbst Anti-öffentlich-rechtlichen-Hardlinern klar, dass sie sich getäuscht hatten. Es stellte sich erwartungsgemäß heraus, dass private Radio- und Fernsehanbieter wenig oder gar nichts von dem berichteten, was sich viele Politiker erhofft hatten.

2. Die Public Relations-Industrie:

Wie bereits früher erwähnt, spielt in der Bedeutung der Öffentlichkeitsarbeit für die Nachrichtengebung die Politik eine mindestens ebenso große Rolle wie die Wirtschaft. Man kann feststellen, dass in der PR, vor allem im Bereich der Politik, in den zurückliegenden 15 bis 20 Jahren eine beträchtliche Professionalisierung stattgefunden hat. Da sich gleichzeitig viele PR-Profis einzeln oder in Agenturen selbstständig gemacht haben, haben Parteien und andere Organisationen ihre Öffentlichkeitsarbeit großenteils dorthin verlagert. Hinzu kommen die sogenannten Politikberater, die de facto nichts anderes als PR-Berater sind. Dies gilt umso mehr, als politisches Handeln heutzutage fast ausschließlich Handeln mit Blick auf die öffentliche Meinung ist. Politik ist großenteils zu rein symbolischer Politik verkommen. Auch dadurch entstehen Abhängigkeiten seitens der Journalisten. Hier könnte etwas mehr Mut zum Ignorieren, zum Nicht-Berichten, zum Weglassen durchaus etwas bewirken.

Dass der Anteil der Nachrichten, und zwar sowohl in den gedruckten als auch in den elektronischen Medien, die auf PR-Aktivitäten beruhen, immer größer wird und schließlich sogar überwiegt, wurde von der Medienforschung bereits in den 1980er Jahren festgestellt. Jeff und Marie Blyskal haben in einer Studie festgestellt, dass 1985 bereits bis zu 50 % aller Nachrichten auf PR-Veröffentlichungen beruhten.[6]

Barbara Baerns schrieb 1987, rund zwei von drei Beiträgen stellten Ergebnisse von Pressemitteilungen und Pressekonferenzen dar. Journalistische Recherche fiele nicht ins Gewicht.[7]

Man muss natürlich festhalten, dass die schlichte Weiterverbreitung von Produkten der Öffentlichkeitsarbeit nicht selten darauf beruht, dass die Medien einen großen Materialbedarf haben, zugleich aber viele Redaktionen aus Kostengründen personell ausgedünnt wurden und werden.

An dieser Stelle sei vermerkt, dass die Journalistenverbände in Deutschland immer wieder die Abhängigkeit von der PR-Industrie beklagen. Sowohl der Deutsche Journalistenverband (DJV) als auch die Deutsche Journalistenunion (DJU) haben in Umfragen den zu hohen Anteil von PR-Publikationen in den Nachrichten aller Medien festgestellt und kritisiert. Natürlich ist diese Situation der bereits erwähnten Personalknappheit geschuldet. Es geht nicht nur darum, dass Produkte der Öffentlichkeitsarbeit von Politik und Wirtschaft von Redaktionen direkt übernommen werden. Zu bedenken ist auch, dass Berichterstatter, selbst wenn sie einen Termin persönlich wahrnehmen, so unter Zeitdruck stehen, dass sie – wenn auch vermutlich nicht ohne Bedenken – eine vorgefertigte, professionell gestaltete PR-Meldung direkt an ihre Redaktionen weiterreichen.

Ein gravierendes Problem kommt noch hinzu und müsste eigentlich zu kritischem Nachdenken und zu Veränderungen führen. Viele Journalisten, und zwar freie Journalisten ohne Anstellung oder zumindest Mitarbeiterverträgen, arbeiten neben ihrer journalistischen Tätigkeit für Pressestellen und PR-Agenturen. Nach einer Umfrage des Deutschen Journalistenverbandes (DJV) handelt es sich um 42 %.[8] Die meisten tun dies sicherlich aus wirtschaftlicher Notwendigkeit. Dennoch zeigt sich hier eine Fehlentwicklung. Man stelle sich vor, ein freier Journalist arbeitet für eine PR-

Agentur, deren Texte er anschließend in der Berichterstattung für seine Zeitung verwendet.

In Berlin scheint die Szene der Kooperation von Öffentlichkeitsarbeitern und Journalisten der in der amerikanischen Bundeshauptstadt Washington inzwischen nicht mehr nachzustehen. Roger Bird beschreibt, wie sich das Verhältnis von PR-Leuten und Journalisten über die Jahrzehnte verändert hat. Inzwischen übertrifft die Zahl von PR-Fachleuten, Politikberatern und Lobbyisten rund um das Parlament der kanadischen Hauptstadt Ottawa die der Medienvertreter bei Weitem.[9] Nicht anders ist es in Washington. Washington ist ohnehin der Ort, an dem Phänomene wie „Lobbying" und „Spin Doctor" ihren Ursprung haben. Der Begriff „Lobbying" geht auf den 18. Präsidenten der USA, Simpson Grant zurück. Weil seine Ehefrau im Weißen Haus den Zigarrenqualm, den der Präsident überall verbreitete, nicht mehr ertrug und ihm angeblich das Rauchen verbot, flüchtete der Präsident in die Lobby des nahe gelegenen Willard-Hotels, um dort zu rauchen. Wer Kontakt zum Präsidenten suchte, ging dorthin, um ihn zu treffen – Journalisten natürlich eingeschlossen. In Berlin ist die Zahl derer, die die Journalisten professionell „bearbeiten" inzwischen auch höher als die der dort akkreditierten Journalisten selbst.

Der Journalist Tom Schimmeck beschreibt die Wechselwirkungen zwischen Politik und PR in Berlin. Nach seinen Angaben sind in Berlin etwa 5.000 Lobbyisten aktiv. An die 400 Unternehmen betreiben Büros zur Vertretung ihrer Interessen in der Bundeshauptstadt. Hinzu kommen Dutzende Agenturen für Public Affairs, Lobbying und Public Relations sowie internationale Anwaltskanzleien, die sich für Firmen und Interessengruppen vor allem um die Gesetzgebung kümmern.[10] Alle versuchen logischerweise für ihre Aktivitäten auch die Medienvertreter zu interessieren. Schimmeck beschreibt einige Fälle von besonders dreisten Beeinflussungsversuchen. So zitiert er den früheren Regierungssprecher unter Bundeskanzler Gerhard Schröder, Bela Anda, einen ehemaligen Redakteur der Bild-Zeitung mit folgender Geschichte: Bildredakteure, die ein Thema lancieren wollten, hätten Abgeordnete der dritten Kategorie angerufen und ihnen eröffnet: „Wir haben für Sie heute folgendes Zitat vorgesehen…".[11] Ein Repräsentant der internationalen Werbe- und PR-Agentur „Burson-Marsteller" wird mit den Worten zitiert: „Wenn wir etwas in die Medien bekommen wollen, dann kriegen wir das gewöhnlich auch".[12]

Zur professionellen Öffentlichkeitsarbeit gehört als vielleicht wichtigste Voraussetzung, dass die PR-Leute die Selektionskriterien der Journalisten kennen. Da sie heute oft eine ähnliche oder sogar die gleiche Ausbildung haben, gestalten sie ihre Veröffentlichungen so, dass sie die Aufmerksamkeitsschwelle beim Journalisten überwinden. dies gilt insbesondere für die Inszenierung sogenannter Pseudo- oder Nicht-Ereignisse. Bereits erwähnt wurden die oft inszenierten „Tage", vom Tag des Baumes über den Tag der Fitness bis zum Tag der Frau. Konstruierte Jubiläen gehören ebenso in diesen Zusammenhang wie der oft für die Öffentlichkeitsarbeit genutzte x-te Besucher einer Einrichtung, der selbstverständlich nicht nach der Nummer der Eintrittskarte, sondern nach Medienwirksamkeit ausgesucht wird.

Professionell arbeitende PR-Leute achten auch auf das richtige „Timing" für ihre Aktivitäten. Man wird für eine Inszenierung den jeweils passenden Wochentag wählen. Ebenso wird das Ereignisumfeld genau beobachtet. Wenn große Ereignisse die Medienberichterstattung beherrschen, wird man sich mit reinen PR-Aktionen tunlichst zurückhalten, es sei denn, man hat Negatives mitzuteilen, das dann – so jedenfalls die Hoffnung – im Umfeld der großen Ereignisse untergeht. Erinnert sei an den Versuch der damaligen Beraterin des britischen Premierministers Tony Blair, die glaubte, negative Nachrichten in den Informationen über den 11. September 2001 verstecken zu können und dabei kläglich scheiterte. Hierher gehört auch das viel zitierte „Sommerloch". Es gab Zeiten, in denen während der sommerlichen Ferienzeit wegen des Nachrichtenmangels PR-Leute nahezu jede Geschichte unterbringen konnten. Dies hat sich jedoch geändert. Zum einen ist die Nachrichtenflaute im Sommer durch viele Ereignisse in der ganzen Welt, wie z. B. Krisen aller Art, sehr viel geringer geworden. Außerdem bemühen sich PR-Leute in der ganzen Welt, das Sommerloch für ihre Zwecke zu nutzen. Festzustellen ist aber seit einer Reihe von Jahren eine andere nachrichtenarme Zeit: Die Zeit von kurz vor Weihnachten bis kurz nach Beginn des neuen Jahres ist eine Zeit, in der der politische Betrieb in vielen Ländern praktisch still steht. Inzwischen ist dies eine Hochzeit für PR-Aktivitäten geworden. Die Zahl der Interviews, die in diesen Tagen platziert werden und die daraus resultierenden Nachrichtenmeldungen erreichen nicht selten die Grenze des Erträglichen. Die Methode „Es ist zwar alles bereits gesagt, nur noch nicht von allen" nervt auch Nachrichtenredakteure. Aber Seiten- und Sendeminuten müssen nun einmal gefüllt werden.

Für Medieninszenierungen gilt die sogenannte „Orchestra-Pit-Theory", die der langjährige Präsident der amerikanischen Fernsehnachrichtenstation „Fox-News" Roger Eugene Ailes – gewiss halbernst – als späterer PR-Berater immer wieder empfohlen hat. Er sagte: „If you have two guys on a stage and one guy says „I have a solution to the Middle East Problem" and the other guy falls into the orchestra-pit, who do you think is going to be on the evening-news?"[13]

Dass Journalisten ständig in der Gefahr leben, instrumentalisiert zu werden, ist den meisten sicherlich bewusst. Wichtig ist, rechtzeitig zu erkennen, dass eine PR-Meldung ein „Versuchsballon" sein kann. Durch eine vermeintlich wichtige und interessant klingende Meldung will der Urheber lediglich die Reaktionen testen, die auf eine Veröffentlichung folgen. Politisches Handeln wird von Reaktionen auf Medienberichterstattung abhängig gemacht. In vielen Fällen geschieht danach gar nichts, weil die Reaktionen nicht den eigenen Vorstellungen entsprachen. Hier wird natürlich auch der Mediennutzer missbraucht, aber das nimmt die Politik in Kauf. Oft sind Radio-, Fernseh- und Zeitungsinterviews derartige Versuchsballons. Es geht weniger um das Interview selbst, als um dessen nachrichtliche Weiterverbreitung und die darauf folgenden Reaktionen.

3. Interessen der Wirtschaft:

Für die Wirtschaft und ihre PR-Aktivitäten gilt im Prinzip das Gleiche wie für die Politik. Die Professionalisierung der Öffentlichkeitsarbeit führt zu ähnlichen Ergebnissen. Ein Unterschied besteht – wie bereits gesagt – allerdings darin, dass viele Journalisten gegenüber den PR-Aktivitäten der Wirtschaft wesentlich skeptischer und kritischer sind als gegenüber solchen aus der Politik. Die Abhängigkeit von Werbekunden steht bei Zeitungen sowie privaten Radio- und Fernsehanstalten gewiss gelegentlich eine Rolle. Inwieweit in der Berichterstattung auf Werbekunden Rücksicht genommen wird, ist schwer messbar. Noch problematischer ist allerdings die Drohung von Wirtschaftsunternehmen mit Schadensersatzklagen wegen einer Berichterstattung, die mit den Interessen des entsprechenden Unternehmens kollidiert. Dies gilt sowohl im Vorfeld einer Berichterstattung als auch im Nachhinein. Tendenziell neigen Unternehmen eher dazu, sich gegenüber Medien nicht zu äußern als zum Gegenteil. Dies ist ein deutlicher Unterschied zur Politik.

4. Der Trend zu immer kürzeren Informationen:

Redaktionen stehen oft unter dem Druck, immer kürzere Nachrichten zu produzieren. Die Gründe dafür sind vielfältig. Zum einen ist die Beschaffung von Nachrichten teuer. Medienhäuser entscheiden „Nur das unbedingt Notwendige". Bestimmte Medien beschränken sich auf Schlagzeilen. Boulevardzeitungen vermitteln ihren Lesern das Gefühl, alles Wichtige zu erfahren. Dass es sich bei Schlagzeilen und kleinen Kästen mit sogenannten Kurzmeldungen letztlich um nichts weiter als um bloße Themenbenennungen handelt, wird den Nutzern oft nicht bewusst. Sie haben ja „davon gehört". Für sie ist das Thema auf ihrer Agenda – wenn auch ohne Einordnung und ohne Hintergrund. In den elektronischen Medien, vor allem im Radio, sind extrem kurze Nachrichten oft nicht mehr als eine „Mode" ohne reellen Hintergrund. „Das macht man halt heute so" lautet oft die Begründung, die durch nichts wirklich belegt ist – eher ist das Gegenteil der Fall. Es gibt private Radioanbieter, für die Nachrichten nicht mehr sind als ein reines Strukturelement. Begründung: Das Publikum erwartet nun einmal zu bestimmten Zeiten so etwas wie Nachrichten. Ob diese dann den Namen verdienen ist eine ganz andere Frage.

5. Terror, Krieg und andere krisenhafte Situationen:

Terroristen kapern nicht nur Flugzeuge, sie kapern auch die Medien. Sie wollen Öffentlichkeit und begehen deshalb ihre Verbrechen dort, wo sie sicher sein können, dass Medienvertreter erreicht werden. Im Falle von gravierenden Terrorakten sind nicht nur die Berichterstatter an den Tatorten in der Gefahr, beeinflusst, missbraucht und instrumentalisiert zu werden. Auch in den Nachrichtenredaktionen läuft im Falle von Terroranschlägen alles anders als an „normalen" Tagen. Details dazu werden im Kapitel „Wenn alle Agenturen gleichzeitig klingeln – Nachrichtengebung in Krisenzeiten" ausführlich erörtert. Gleiches gilt für die Berichterstattung zu Zeiten von Krieg und Katastrophen. In derartigen Situationen gelten in Nachrichtenredaktionen andere Abläufe als sonst. Auch dies ist Gegenstand des Kapitels „Wenn alle Agenturen gleichzeitig klingeln – Nachrichtengebung in Krisenzeiten".

Auch demoskopische Umfragen und ihre Ergebnisse können eine Beeinflussung der Nachrichtengebung zur Folge haben. Im Kapitel „Googeln genügt nicht – die Quellen der Nachrichten" wurde bereits auf die Bedeutung von Umfragen als Nachrichtenquellen hingewiesen. Journalisten lassen sich von Umfrageergebnissen durchaus beeinflussen – vor allem dann, wenn diese ihre Rechercheergebnisse, aber auch ihre Vorurteile stützen. Dennoch sind Umfrageergebnisse eine wichtige Nachrichtenquelle. Es kommt aber – wie im Kapitel über die Nachrichtenquellen ausführlich dargestellt wurde – darauf an, dass nicht nur die Ergebnisse als solche berichtet werden. Es müssen Zusatzinformationen wie Auftraggeber, Methode, Feldzeit, Fragestellung usw. ebenfalls mitgeteilt werden.

Ein spezieller Bereich der Einflussnahme durch Journalisten soll ebenfalls kurz betrachtet werden. Er besteht in der direkten Manipulation als Partner der politischen Akteure, als Akteure selbst, als Anstifter oder als Arrangeure: Ein typisches Beispiel für ein Agieren als Partner liefert das Jahr 1977. Der damalige ägyptische Staatspräsident Sadat vertraute einem amerikanischen Fernsehjournalisten in Kairo an, er habe den Wunsch, nach Israel zu reisen. Der Reporter informierte seinen Kollegen in Jerusalem. Dieser fing den damaligen israelischen Ministerpräsidenten Begin ab und gab ihm diese „Information". Bei einer kurz danach folgenden Tischrede sagte Begin, er habe die Absicht, Sadat nach Israel einzuladen. Alles Weitere ist Geschichte.

Journalist als Akteur – auch dafür gibt es Beispiele. Sie sind eher negativ zu sehen. Als sich Günter Wallraff unter falscher Identität in eine Redaktion der Bild-Zeitung einschlich, wurde er zwar von bestimmten politischen Kreisen gefeiert, dennoch muss man sich die Frage stellen, ob Rechtsbruch gerechtfertigt ist, um Informationen zu gewinnen. Als Anstifter können Journalisten aktiv werden, wenn sie etwa bei friedlichen Demonstrationen Teilnehmer animieren, als Gegendemonstranten zu agieren, um die entsprechenden Bilder zu bekommen. Als Arrangeure agieren Journalisten, indem tatsächliche Akteure gebeten werden, bestimmte Szenen nachzustellen oder zu wiederholen. Radio- und Fernsehjournalisten sind hier naturgemäß anfälliger als Printjournalisten.

Beeinflusst wird journalistische Berichterstattung inzwischen auch durch den Wettlauf gegen Online-Publikationen. Die klassische Reihenfolge der Nachrichtengebung: Tagsüber Radio, abends Fernsehen und am nächsten Morgen die Tageszeitung mit Hintergrundinformationen gilt schon lange nicht mehr. Durch Online-Nachrichten aus vielfältigen, oftmals nicht überprüfbaren Quellen, ist diese Reihenfolge außer Kraft gesetzt. Da auch die traditionellen Print- und elektronischen Medien Nachrichten online verbreiten, nehmen sie – aus guten Gründen – an diesem

Wettlauf teil. Dies bedeutet aber zugleich eine Beeinflussung der Nachrichtengebung.

Quasi ständiger Redaktionsschluss mit der dadurch entstehenden Hektik, dem Zeit- und Konkurrenzdruck birgt die große Gefahr, dass die journalistische Sorgfalt auf der Strecke bleibt. Über den berühmt gewordenen Satz von Joseph Pulitzer sollten die Verantwortlichen immer wieder nachdenken: „Have it first, but first have it right".

Außenbeeinflussung der Nachrichtengebung ist Gegenstand einer Publikation des amerikanischen Journalisten und langjährigen Präsidenten von CBS-News Fred Friendly. Der Autor beschreibt auch das veränderte Verhalten von Politikern gegenüber Medien. Es habe Wochen gedauert, im Wahljahr 1952 die beiden Präsidentschaftskandidaten Harry S. Truman und Dwight D. Eisenhower gemeinsam vor Kameras und Mikrofone zu bekommen. Für ein Interview mit John F. Kennedy habe man fast zwei Jahre hart arbeiten müssen.[14]

Heute gilt freilich eher das Gegenteil. Viele Radio- und Fernsehjournalisten werden die Erfahrung teilen: „Wie findet man in einem völlig überfüllten Saal einen Politiker? – Man halte ein Mikrofon hoch!".

Anmerkungen:

1   Donsbach, Wolfgang (2009): Journalist. In: Noelle-Neumann, Elisabeth; Schulz, Winfried; Wilke, Jürgen (Hrsg.): Fischer Lexikon Publizistik Kommunikationswissenschaft. Frankfurt, S. 112 ff mit weiteren bibliographischen Hinweisen.
2   Donsbach, Wolfgang, a.a.O., S. 112.
3   Kepplinger, Hans Mathias (2011): Realitätskonstruktionen. Wiesbaden, VS Verlag, S. 50 ff.
4   Kepplinger, Hans Mathias (1992): Ereignismanagement. Zürich, Edition Interfrom, S. 120.
5   Karp, Walter (1989): In: Harpers Magazine. Juli 1989.
6   Blyskal, Jeff u. Marie (1985): How the PR-Industry writes the News. New York, S. 87 ff.
7   Baerns, Barbara (1987): Macht der Öffentlichkeitsarbeit und Macht der Medien. In: Sarcinelli, Ulrich (Hrsg.): Politikvermittlung. Stuttgart, Bonn Aktuell, S. 152 ff.
8   DJV-News 28.08.2009.
9   Bird, Roger (1997): The End of News. Toronto, Irwin Publishing, S. 77.
10 Schimmeck, Tom (2010): Am besten nichts Neues. Frankfurt, Westend Verlag, S. 263.
11 Schimmeck, Tom, a.a.O., S. 254.
12 Schimmeck, Tom, a.a.O., S. 269.
13 Ailes, Roger Eugene (2011): Zitiert nach "Rolling Stone" 06.06.2011.

14   Friendly, Fred (1995): Due to circumstances beyond our Control. New York, Random House, S. 145 ff.

Kapitel 6 Wenn alle Agenturen gleichzeitig klingeln – Nachrichtengebung in Krisenzeiten

Wenn alle Nachrichtenagenturen gleichzeitig klingeln – Eilmeldungen werden signalisiert. Keine Routinenachrichten mehr, kein Politikergerede, kein „Betonen", „Bekräftigen", „Fordern", „Begrüßen". Es ist wirklich etwas geschehen. Dies sind einerseits Sternstunden für eine Nachrichtenredaktion: Es geht darum, ab sofort über ein krisenhaftes Ereignis zu berichten. Plötzlich läuft alles anders, jenseits der Nachrichtenroutine. Die Materiallage wird zum Problem. Sind Korrespondenten verfügbar? Wer übernimmt, wenn es sich um ein Ereignis im Nahbereich handelt, die Funktion des Reporters? Müssen Redakteure aus dem Feierabend oder dem Urlaub gerufen werden? Denn: Der Normalbetrieb muss weiterlaufen. Über andere Ereignisse muss weiterhin in gebotenem Tempo und in der gebotenen Qualität berichtet werden.

Im Prinzip gibt es fünf Bereiche, die hier in Betracht kommen:
1. Katastrophen und schwere Unglücke,
2. Politische Krisen,
3. Krisen in der Wirtschaft und in Wirtschaftsunternehmen,
4. Terrorismus,
5. Krieg.
Diese fünf Varianten werden im Folgenden skizziert:

1. Katastrophen und schwere Unglücke:

Insbesondere Naturkatastrophen bringen Nachrichtenredaktionen in Schwierigkeiten. Zentrales Problem ist die meist unübersichtliche Nachrichtenlage. Oft sind durch das Ereignis, etwa ein Erdbeben oder eine Flutwelle, alle Nachrichtenverbindungen zum Ort des Geschehens unterbrochen. Die einzig gesicherte Information lautet: „Die Nachrichtenverbindungen sind unterbrochen". In solchen Fällen pflegen auch Mobiltelefone und das Internet nicht mehr zu funktionieren, denn Funkanlagen sind natürlich auch betroffen. Es dauert oft Tage, ehe halbwegs zuverlässig gesagt werden kann, was geschehen ist. Es kommt zu Spekulationen, zu Überbewertungen oder auch zu Unterbewertungen. Naturkatastrophen führen auch zur Instrumentalisierung der Medien. Hilfe wird organisiert. Spenden werden gesammelt. Die Medien – am Anfang vor allem Radio und Fernsehen – sollen Aufrufe und Bitten transportieren. Jeder Redakteur lernt in diesem Zusammenhang zwischen seriösen und unseriösen Helfern zu unterscheiden. Oft werden Aktionen auch mit politischen Absichten verknüpft. Es stellt sich auch die Frage der Berichterstattung über die Auftritte von Politikern an Katastrophenorten. Wenn ein Außenminister mit Gefolge in ein asiatisches Tsunamigebiet reist, um sich ein – wie es dann heißt – Bild von der Lage zu machen, wenn ein Bundeskanzler mit riesigem Journalistentross durch ein Hochwassergebiet stapft, wenn gleich mehrere europäische Regierungschefs zur Absturzstelle eines Verkehrsflugzeugs reisen, dann müssen sich Nachrichtenredakteure fragen, welchen Nachrichtenwert diese Pseudoereignisse haben, ob man sich für durchsichtige PR-Aktivitäten instrumentalisieren lässt und was der Öffentlichkeit fehlt, wenn man darüber nicht oder nur äußerst knapp berichtet.

Viel wichtiger sind in solchen Fällen gewiss Informationen, die für die Betroffenen von praktischer Bedeutung sind, Servicehinweise, die helfen, mit der schwierigen Situation umzugehen.

Ähnliche Probleme gibt es für Nachrichtenredakteure bei schweren Unglücken. Erfahrene Redakteure gehen äußerst behutsam mit den ersten Informationen über Unfallursachen um. Diese erweisen sich oft im Nachhinein als falsch. Kritisch zu betrachten sind in solchen Fällen auch Augenzeugenaussagen und Experten, die nicht als solche ausgewiesen sind. Auch im Falle eines schweren Unglücks läuft natürlich die PR-Maschinerie auf Hochtouren. Erfahrene Nachrichtenredakteure wissen z.B., dass immer nur „sehr erfahrene" Piloten abstürzen und dass ein abgestürztes Flugzeug selbstverständlich noch am vorigen Tag gründlich gewartet wurde.

2. Politische Krisen:

Politische Krisen bedeuten für eine Nachrichtenredaktion eigentlich keine Herausforderung bezüglich der Materiallage. Man hat eher zu viel als zu wenig Material, was aber nicht bedeutet, dass es sich immer um brauchbare Informationen handelt. Jeder aus der Politik äußert sich und versucht, eine Krise für einen öffentlichen Auftritt zu nutzen. Die Gefahr, dass Medien instrumentalisiert werden, ist groß. Im Jahr 1991 gab es im Golfkrieg zwischen den USA und dem Irak ein Beispiel für die Instrumentalisierung eines Fernsehprogramms. Der damalige US-Präsident George Bush und der damalige Präsident des Irak, Saddam Hussein, sprachen zwar nie direkt miteinander. Der Fernsehnachrichtenkanal CNN schuf aber Pseudodialoge, in dem jeder der beiden Politiker CNN sagte, was er dem jeweils anderen mitzuteilen hatte und umgekehrt. Dieses Verfahren hat nicht nur zu intensiven Diskussionen in der Medienwelt, sondern auch zu einem beträchtlichen Imageverlust für CNN geführt. Der Verzicht auf journalistische Sorgfalt und fehlende Sensibilität gegenüber den Hintergründen politischer Nachrichten kann in der Öffentlichkeit durchaus Fehlverhalten auslösen. Man denke nur an den Fall, dass Politiker Journalisten gegenüber andeuten, man müsse mit Bankenproblemen rechnen. Ohne Nachrecherchen und Relativierungen veröffentlicht, kann eine solche Meldung zu panischen Geldabhebungen und damit möglicherweise wirklich zu einer Bankenkrise führen. Ein ähnlicher Fall ist denkbar, wenn es um Ölpreise geht. Nachrichten, die zu Hamsterkäufen führen, lösen selbstverständlich Preiserhöhungen aus. Kommt es zu politischen Krisen mit Rücktritten führender Politiker, dann hat man in früheren Jahren mit Veröffentlichungen durchaus gewartet, bis der Redaktionsschluss wichtiger Zeitungen vorbei war, um so eine umfangreiche Berichterstattung zu vermeiden. Auch Sendezeiten der wichtigsten Radio- und Fernsehnachrichten spielen dabei eine Rolle. Im Zeitalter von Online-Informationen hat sich dieses Thema allerdings erledigt.

3. Krisen in der Wirtschaft und in Wirtschaftsunternehmen:

Es gibt immer noch Unternehmen – und man findet sie in nahezu allen Branchen – die nach der Devise ihre Öffentlichkeitsarbeit betreiben: „Wir sagen grundsätzlich gar nichts". Man möchte hinzufügen: „Es sei denn, es soll über ein neues Produkt oder über das Bundesverdienstkreuz für den Chef berichtet werden."

Dass solche Unternehmen Probleme mit der öffentlichen Darstellung haben, wenn sie in eine krisenhafte Situation kommen, liegt auf der Hand. Glücklicherweise nimmt die Professionalisierung der Öffentlichkeitsarbeit in der Wirtschaft zu. Man versteht Medienarbeit nicht mehr überall als Teil des Marketing und der Werbung. Dennoch gibt es immer wieder Fälle von Kommunikationsfehlleistungen. Einige wenige Grundsätze haben sich offensichtlich noch nicht in allen Unternehmen herumgesprochen. Offenheit schafft Vertrauen. Vertrauen, das Journalisten gewonnen haben, dient beiden Seiten. Auch negative Informationen können für das eigene Unternehmen nützlich sein. Und schließlich: Es kommt doch alles heraus.

Oft wird versucht, Journalisten systematisch hinters Licht zu führen. Diese haben jedoch inzwischen ein Sensorium dafür entwickelt, bei welchen Branchen man besonders genau hinschauen muss und dass man erste Äußerungen besonders kritisch zu hinterfragen hat. In der Luftfahrtbranche klafft erfahrungsgemäß oft eine erhebliche Lücke zwischen ersten Äußerungen mit abschließend erscheinenden Festlegungen und den Abschlussberichten von Untersuchungskommissionen. Festlegungen etwa, im ersten Übereifer, nach einem Unglück, sollten ganz unterbleiben. Ein positives Beispiel, das auch Eingang in viele Lehrbücher und Seminare gefunden hat, bot das amerikanische Pharmaunternehmen Johnson & Johnson in den 1980er Jahren. Damals waren durch die Einnahme eines bekannten Schmerzmittels dieses Herstellers mehrere Menschen gestorben. Die Firma behandelte diese Katastrophe über Monate mit großer Offenheit. Journalisten wurden über jede Phase der Untersuchungen im Detail informiert. Der Vorstand stand ständig zu Gesprächen zur Verfügung. Als sich herausstellte, dass das Medikament in einigen Fällen durch Kriminelle von außen manipuliert worden war und dieses dann wieder auf den Markt kam, stiegen sogar die Umsätze. Dem Unternehmen war es gelungen, das Vertrauen der Journalisten und damit der Öffentlichkeit zu gewinnen und zu erhalten.

Besondere Bedeutung für die Nachrichtengebung haben naheliegender Weise Unternehmen, die eine Art nationalen Interesses haben. Krisen in diesen Unternehmen sind gewissermaßen nationale Ereignisse. Dies gilt etwa für die Deutsche Bahn und die Deutsche Lufthansa, aber auch beispielsweise für große Automobilkonzerne. Solche Unternehmen haben Bedeutung für Arbeitsplätze, für die Infrastruktur des Landes aber auch natürlich für das Image der deutschen Wirtschaft. Für die Nachrichtengebung spielen sie eine zusätzliche Rolle, weil jedes Ereignis in einer dieser Firmen oft von Politikern für Medienauftritte genutzt wird. Hier gilt es für Redakteure, kritisch nach dem Nachrichtenwert zu fragen.

4. Terrorismus:

Aus einer Podiumsdiskussion während der internationalen Konferenz „Radio News and Current Affairs"[1]: „Three miracles – the jet-airplane, the television and the satellite have made it possible for a few anarchists or murderers to take the laws of civilization and the attention of the world into their hands. When they succeed we are all hostages – not just the passengers in the jet."

Terroristen kapern also nicht nur Flugzeuge, sie kapern die Medien und damit die Öffentlichkeit. Schon 1962 im algerischen Unabhängigkeitskrieg sagte der FLN-Führer, Abane Ramdane, „Es ist besser, zehn Gegner mitten in Algier umzubringen als irgendwo auf dem Lande. Dann steht es am nächsten Tag in der Weltpresse". Es zählt also weniger der terroristische Akt selbst als vielmehr die Öffentlichkeitswirkung mit Hilfe der Medien. Deshalb ist auch die oft gestellte Forderung, die Medien sollten über Terrorakte nicht berichten, dann würden sie nicht mehr stattfinden, nur ein Scheinargument. Gerade die Erfahrung der letzten Jahre zeigt, dass der Terrorismus eskaliert, die Brutalität wächst und die Öffentlichkeit im Zweifel durch das Internet hergestellt wird, ohne dass dies irgendjemand verhindern könnte.

Drei wesentliche Punkte sprechen dafür, dass die traditionellen Nachrichtenmedien in solchen Fällen nicht auf eine Berichterstattung verzichten:

1. Die Glaubwürdigkeit des jeweiligen Mediums steht auf dem Spiel. Berichtet man nicht, werden Leser, Hörer und Zuschauer mit Recht fragen, was ihnen sonst noch vorenthalten wird.
2. Verzicht auf seriöse Berichterstattung führt zu falschen und irreführenden Spekulationen.
3. Es ist grundsätzlich falsch, die Berichterstattung durch Druck von außen zu verändern oder einzuschränken.

Selbstverständlich gibt es begründete Ausnahmen für Zurückhaltung oder gar den Verzicht auf Berichterstattung. Im Jahre 1977, als in Deutschland die Terrororganisation RAF ihre Verbrechen beging, gab es in einem Fall eine sogenannte Nachrichtensperre. Der damalige Arbeitgeberpräsident Hanns Martin Schleyer war in Köln von Terroristen entführt worden. Kurz danach entführte ein Terrorkommando das Lufthansaflugzeug „Landshut", die Maschine landete mehrmals zwischen, der Kapitän wurde erschossen. Schließlich landete das Flugzeug in Mogadischu und wurde von einer Spezialtruppe des Bundesgrenzschutzes, der GSG-9, befreit. Die damalige Bundesregierung unter Kanzler Helmut Schmidt verhängte eine Nachrichtensperre, um zu verhindern, dass die Terroristen über die elektronischen Medien erfahren, dass sich die GSG-9 auf dem Weg nach Mogadischu befand. Diese Nachrichtensperre wurde von allen Nachrichtenredaktionen akzeptiert.

In seriös begründeten Ausnahmefällen wie diesem wird jeder verantwortungsbewusste Journalist so verfahren. Im Zeitalter des Internets hätte mit allergrößter Wahrscheinlichkeit diese Nachricht die Terroristen erreicht, mit Folgen, die man sich leicht vorstellen kann.

Bereits 1982 haben die amerikanischen Medienforscher Alex P. Schmid und Janny deGraaf in einer groß angelegten Studie untersucht, welche wechselseitigen Beziehungen es zwischen den Nachrichtenmedien und Terroristen geben kann. Sie kommen zu einer Liste über die Benutzung der Medien durch Terroristen. Diese besteht aus einem Teil mit aktiven Nutzungsmöglichkeiten und einem mit passiven Nutzungsmöglichkeiten. Die wichtigsten Punkte zusammengefasst:

a) Aktive Nutzung:
   - Verbreitung von Botschaften an die Öffentlichkeit.
   - Polarisierung der öffentlichen Meinung.
   - Gewinnen von neuen Anhängern.
   - Verbreitung von Drohungen.
   - Erreichen von Zielen durch Bedrohung von Opfern.
   - Erzeugen einer positiven Stimmung durch freigelassene Geiseln.
   - Erreichen von Handlungen durch Fehlinformationen.
   - Diskriminierung von Opfern durch Verbreiten angeblicher Äußerungen.
   - Erreichen von Veröffentlichung durch Bedrohen anwesender Journalisten.
   - Aufbringen der Öffentlichkeit gegen die Regierung.
   - Ankündigung weiterer Aktionen.
   - Besetzung von Rundfunkstationen.
   - Erlangen eines Robin Hood-Images.

b) Passive Nutzung:
   - Gewinnen von Informationen über Aktionen der Behörden.
   - Gewinnen von Informationen über Opfer, etwa über Geiseln.
   - Nutzen anwesender Journalisten als „Schutzschilde".
   - Gewinnen von Informationen über die öffentliche Meinung bezüglich der Aktion.[2]

Auf einige Themen, die zwar andere Gegenstände betreffen, aber ähnliche Probleme aufwerfen können, soll hier kurz eingegangen werden. Es geht um die Fälle „Lösegeld", „Erpressung" und „Fahndung".

Wenn sich im Falle von Entführungen die Frage nach der Zahlung von Lösegeld stellt, steht jeder Nachrichtenredakteur vor dem Problem „veröffentlichen oder nicht". Es beginnt mit der Forderung eines Lösegeldes.

Geschieht diese öffentlich, dann sind Medien möglicherweise aktiv beteiligt. Erfolgt sie gegenüber Angehörigen des Opfers oder der Polizei, muss eine Redaktion verantwortungsbewusst entscheiden. Führen Veröffentlichungen und darauf folgende öffentliche Reaktionen unter Umständen zu höheren Forderungen? Ist Lösegeld gezahlt, berichtet man über diese Tatsache und über die Summe? Animiert eine solche Zahlung möglicherweise Nachfolgetäter? Schwierige Fragen, die meist unter Zeitdruck geklärt werden müssen. Eine Handlungsempfehlung: Im Zweifel nicht über ein Lösegeld berichten. Es entgeht der Öffentlichkeit wohl nichts Wesentliches. Alternativ schafft eine Rücksprache mit der Polizei Entscheidungssicherheit. Es gibt natürlich Journalisten, die dies als Verzicht auf ihre Unabhängigkeit betrachten. Aber es ist nicht unredlich, sich Expertenrat zu holen. Auch dies ist Teil journalistischer Recherche. Für Erpressung gilt das Gleiche. Hier ist höchste Sensibilität geboten – auch um die Arbeit der Ermittlungsbehörden nicht zu gefährden.

5. Krieg:

„Wenn ein Krieg ausbricht, dann ist das erste Opfer die Wahrheit". Diese dem englischen Schriftsteller Rudyard Kipling zugeschriebene Feststellung hat sich über die Jahrzehnte immer wieder als richtig erwiesen. Medienberichterstattung ist niemals so problematisch wie in Kriegszeiten. Hier spielen mehrere Faktoren zusammen. Zum einen ist journalistische Recherche in Kriegsgebieten äußerst schwierig und oft mit Lebensgefahr verbunden. Man kann sich außerdem auf offizielle Quellen nicht verlassen, da diese aus nachvollziehbaren Gründen noch stärker interessengesteuert sind als sonst. Außerdem werden die Informationsmedien zu Propagandazwecken eingesetzt, auch mit dem Ziel bewusster Desinformation – und dies stets von allen an einem Konflikt beteiligten Parteien. Ein Krieg ist wirklich immer eine Testphase für die journalistische Unabhängigkeit. In den militärischen Konflikten der zurückliegenden fünf Jahrzehnte hat sich zunehmend erwiesen, dass die Nachrichtengebung zum Instrument der Wiedergabe von PR-Veröffentlichungen der jeweiligen Konfliktpartei geworden ist. Die Zeit der klassischen Kriegsberichterstatter ist lange vorbei. Spätestens mit dem Ende des Vietnamkrieges Mitte der 1970er Jahre wurde Kriegsberichterstattung zur Berichterstattung aus den Hauptquartieren. Natürlich haben die Kriegsberichterstatter früherer Jahre kein umfassendes Bild aus den Kriegsgebieten liefern können. Sie berichteten kleine Ausschnitte des Geschehens. Aber zumindest diese waren authentisch. Auch heute gibt es gelegentlich noch Berichterstatter, die unter Lebensgefahr versuchen, zutreffende Informationen aus Kriegsgebieten zu liefern. In der Breite beruht die Berichterstattung aber auf den offiziellen Mitteilungen der Hauptquartiere.

Eine Rolle in der Diskussion über die Kriegsberichterstattung spielen seit dem Irakkrieg im Jahr 2003 die sogenannten „Embedded Journalists". Diese Journalisten arbeiten „eingebettet" in die jeweilige Truppe. Sie leben wie die Soldaten, machen deren Erfahrungen und erleben den Krieg aus nächster Nähe. Sie müssen sich jedoch verpflichten, bestimmte militärisch wichtige Informationen vorerst nicht zu verbreiten. Dies ist verständlich, damit der Gegner nichts über Standorte, Taktiken und konkrete Pläne erfährt. Es gibt immer wieder Diskussionen, ob man sich auf diese Methode der Berichterstattung einlassen soll oder nicht. Die journalistische Verlockung ist groß. Nicht zu unterschätzen ist aber auch die Gefahr, zumindest einen Teil der publizistischen Unabhängigkeit aufzugeben und sich letztlich doch zum Instrument der Öffentlichkeitsarbeit machen zu lassen.

Der Falklandkrieg im Jahr 1982 brachte im „Beispielland" der unabhängigen Medien eine öffentliche Diskussion über die Funktion der Medien. Als Großbritannien einen Krieg gegen Argentinien um die kleine Inselgruppe im Südatlantik führte, waren britische Journalisten an Bord der Kriegsschiffe. Ihre Berichterstattungsmöglichkeiten wurden aber technisch erheblich eingeschränkt. Diese Vorgänge führten auch zu einer Kontroverse zwischen der damaligen Premierministerin Margaret Thatcher und der Spitze der British Broadcasting Corporation (BBC). Thatcher war entschlossen – so heißt es in einer Dokumentation der Tageszeitung Daily Mail vom 04.04.2015, die öffentlich-rechtliche BBC zu verstaatlichen, weil sie über den Falklandkrieg nicht im nationalen Interesse berichtet habe. Sie sei, so heißt es, empört gewesen, weil die BBC die britischen Kriegsziele im Südatlantik nicht genügend unterstützt habe. Sie kritisierte z.B., dass in den BBC-Nachrichten von „britischen" Truppen und nicht von „unseren" Truppen gesprochen wurde. Sir Ian Trethowan, der damalige BBC-Generaldirektor, antwortete: „The BBC had to guard its reputation for telling the truth". Kurz nach dem Konflikt mit der Regierung Thatcher trat er zurück.

In der Berichterstattung über Kriege stellt sich für Bildmedien, ähnlich wie bei Katastrophen, die Frage, ob man Tote und Verletzte zeigt. Hier geht die Diskussion von „Rücksichtnahme auf die Gefühle Betroffener" über „öffentliches Interesse" bis hin zu „Abschreckung". Ein schwieriges

Feld. Zu bedenken ist dabei, dass eine Diskussion tatsächlicher und selbsternannter Experten Wochen später in einer Talkshow einfacher ist als die Entscheidung in einer Nachrichtenredaktion innerhalb von wenigen Minuten. Dass solche Entscheidungen je nach Intention des Mediums – Auflage oder Informationsinteresse – mehr oder weniger sensibel getroffen werden, ist klar.

Zu bedenken ist auch, dass die Akzeptanz von Einschränkungen in der Berichterstattung in der Öffentlichkeit größer ist als bei Journalisten. So hielten im Golfkrieg des Jahres 1991 acht von zehn Bürgern der USA die Restriktionen seitens der Regierung gegenüber den Medien für akzeptabel. Zu bedenken ist aber sicherlich, dass es einen Unterschied macht, ob das eigene Land an einem Krieg beteiligt ist oder ob es um Kriege anderer Länder geht.

Skepsis ist geboten bezüglich der Sprache, die offizielle Stellen im Falle kriegerischer Auseinandersetzungen gebrauchen. Es hat sich ein ganz spezielles Vokabular herausgebildet, das oft gedankenlos von Medien übernommen wird – verschärft wird dies noch durch nicht hinreichende Kenntnis der englischen Sprache und durch nicht wertfreie Übersetzungen. Das Thema wird im Kapitel „Gestaltung der Nachrichten" ausführlich behandelt. Hier jedoch bereits einige Beispiele im Zusammenhang mit der Nachrichtengebung in Krisenzeiten:

„Censorship" heißt dann „Guidance". Ein Bericht, der die Zensur durchlaufen hat, erhält den Vermerk „Cleared". „Collateral Damage" steht für „Dead Civilians". „Soft Targets", damit sind Menschen gemeint. „Surgical nature of air-strikes" soll Bombenangriffe verharmlosen usw. usw. Das Militär bedient sich also ebenso einer PR-Sprache wie Politik und Wirtschaft. Nachrichtenredakteure sind also auch hier gehalten, PR-Begriffe in wertfreies Vokabular zu übersetzen.

Der Umgang mit Krisen stellt Nachrichtenredaktionen immer wieder vor erhebliche Probleme. Schwierige, oft weitreichende Entscheidungen müssen schnell und verantwortungsbewusst getroffen werden. Deshalb stellt sich für Medienunternehmen die Frage, ob man für bestimmte, sich wiederholende Fälle Regeln aufstellt, die den Redakteuren zumindest Grundlagen für ihre Entscheidungen liefern. Bei vielen Verantwortlichen, vor allem aber bei den letztlich entscheidenden Journalisten, gibt es – zumindest in Deutschland – eine Art innere Sperre. Nicht selten sind es ideologische Vorbehalte. Man fürchtet, die eigene Unabhängigkeit werde gefährdet. Was Handwerksregeln und -empfehlungen mit der Einschränkung publizistischer Unabhängigkeit zu tun haben, ist allerdings schwer verständlich.

Vorhandene Regeln sind deshalb sehr allgemein formuliert und somit in entscheidenden Momenten unbrauchbar. Der Pressekodex des Deutschen Presserates enthält wichtige Grundsätze, ist allerdings für konkrete ad hoc-Entscheidungen wenig hilfreich. Gleiches gilt für die Programmgrundsätze öffentlich-rechtlicher Rundfunkanstalten. In den angelsächsischen Ländern gibt es demgegenüber Handbücher für Journalisten, die ins Detail gehen. Insbesondere Radio- und Fernsehanbieter geben ihren Nachrichtenjournalisten konkrete Entscheidungsgrundlagen für Situationen, die von der Norm abweichen, d.h. insbesondere auch für Krisen an die Hand, und zwar unabhängig davon, ob es sich um öffentlich-rechtliche oder privatwirtschaftliche Unternehmen handelt. Einige Beispiele mögen dies verdeutlichen:

In den "BBC-Guidelines for Factual Programmes" sind viele Details geregelt. Alle stehen unter der Grundregel: „Die redaktionelle Verantwortung bleibt immer bei der BBC". Geregelt ist in diesem Handbuch auch das in Radio- und Fernsehprogrammen immer wieder auftauchende Problem, dass man bezüglich der Ausgewogenheit von verschiedenen Standpunkten von einer Sendung auf die andere verweist, nach dem Motto: „Die andere Sicht auf dieses Thema hatten wir ja in der Sendung …". Die BBC verlangt demgegenüber ausdrücklich, dass so nicht verfahren wird. CBC, die „Canadian Broadcasting Corporation" gibt ihren Journalisten in ihrem Handbuch „Journalistic Standards and Practices" ähnliche Regeln an die Hand. Ein Grundsatz lautet, dass CBC, eine publizistische Organisation, die der Ausgewogenheit und Fairness verpflichtet ist, sicherzustellen hat, dass eine größtmögliche Zahl verschiedener Positionen darzustellen ist. Festgelegt sind auch Recherchegrundsätze und Regeln für Korrekturen und Entschuldigungen.

Der große privatwirtschaftlich organisierte amerikanische Radio- und Fernsehanbieter „Columbia Broadcasting System" (CBS) hat in den „CBS-News-Standards" ähnliche Regelungen. Einige Beispiele auch hier: „Wir geben Terroristen und Entführern keine Plattform". Größte Vorsicht wird gefordert bei der Liveübertragung von Krisensituationen.

Allen drei beispielhaft erwähnten Regelwerken sind die meisten Grundsätze inhaltlich gemeinsam. An drei weiteren Beispielen wird die Grundhaltung deutlich, die natürlich dem angelsächsischen Journalismusverständnis entspricht. Alle drei Rundfunkanbieter regeln z.B., dass sich Journalisten zurückzuziehen haben, wenn sie feststellen, dass sich eine Szene wegen ihrer Anwesenheit verändert. Ebenso ist in allen drei Fällen festgelegt, dass Demonstrationen nicht angekündigt werden, um Veränderungen im Verhalten von Teilnehmern und Eskalationen zu verhindern. Und schließlich – dies wird besonders deutlich in den „CBC-Journalistic-Standards and Practices" – gilt aber in den anderen Fällen ebenfalls – „Wird ein geplantes öffentliches Ereignis durch eine Demonstration gestört, dann muss das Ereignis selbst weiterhin die gebotene Aufmerksamkeit haben".

Krisen müssen bewältigt werden – auch publizistisch. „Krisenmanagement" ist inzwischen zu einem wichtigen Teil des Managements insgesamt geworden, in der Politik ebenso wie in der Wirtschaft und anderswo. Beim Krisenmanagement fällt der Öffentlichkeitsarbeit eine wichtige Rolle zu. Jede gute PR-Abteilung entwickelt Konzepte, wie man sich im Krisenfall verhält, wie die Verantwortlichen präsentiert werden, welche Sprachregelungen gelten. Dass diese Versuche oft alles andere als erfolgreich sind, liegt nicht nur an der oft fehlenden Professionalität, insbesondere auch an der fehlenden Kenntnis der Medienstrukturen und der Denkweise von Journalisten. Grund für Misserfolg auf diesem Gebiet ist auch die Tatsache, dass keine Krise einer anderen genau gleicht und man sich nicht flexibel auf die jeweils neuen Gegebenheiten einzustellen vermag.

Hans Mathias Kepplinger hat – und dies wirkt wie eine perfekte Handlungsanweisung für Krisenmanager und deren Öffentlichkeitsarbeiter – Empfehlungen erarbeitet, die auf umfangreichen Studien basieren:

1. Der weitaus effektivste Weg, die Berichterstattung der Massenmedien über Unfälle oder andere negative Ereignisse und damit den Verlauf der Krise zu beeinflussen, besteht darin, die Definition der Krise zu bestimmen, d.h. festzulegen, worin eigentlich die Krise besteht.
2. Die Berichterstattung der Massenmedien ist, sobald eine Krise in einer bestimmten Weise definiert ist, durch Informationen, die dieser Definition widersprechen, nicht nennenswert zu beeinflussen.
3. Wenn eine Krise definiert ist, verlangt sie nach Handlungsweisen, die einer Krise angemessen sind – gleichgültig, ob dafür eine objektive Notwendigkeit besteht oder nicht.
4. Nimmt die Krise ihren Verlauf, gibt es vermutlich nur ein Mittel, den Verlauf wirklich nachhaltig zu beeinflussen: Die Schaffung von neuen Ereignissen, die die Aufmerksamkeit absorbieren.[3]

Es wird deutlich, wie unterschiedlich die Interessenlagen von PR-Leuten und Journalisten sind, auch wenn es um dieselbe Sache geht. Im Sinne einer seriösen Nachrichtengebung kommt es darauf an, dass Journalisten die Methoden der Public Relations kennen und professionell abwägen, wo die Grenze zwischen wichtiger Information und werbender oder auch verschleiernder Public Relations liegt.

Anmerkungen:

1   „International Conference on Radio News and Current Affairs". Veranstaltet von der European Broadcasting Union (EBU) und der North American Broadcasters Association (NABA), Washington 1989 (Protokoll).

2   Schmid, Alex P. und deGraaf, Janny (1982): Violence as Communication. London und Beverly Hills, Sage Publications, S. 53.

3   Kepplinger, Hans Mathias (1992): Ereignismanagement. Zürich, Edition Interfrom, S. 126 ff.

Kapitel 7 Zwischen Bewunderung und Verachtung – Die Nachrichtenmacher

Der Beruf des Journalisten, insbesondere der des Nachrichtenjournalisten, ist vielfach erforscht. Es gibt zahlreiche Studien zum Journalistenbild in der Öffentlichkeit, zum Selbstverständnis, zur Arbeitsweise usw. usw. Viele Untersuchungen sind hilfreich für das Verständnis dieser Profession. Man muss allerdings festhalten, dass zahlreiche Studien von einem eher negativen Journalistenbild ausgehen. Zweifellos gibt es viele negative Aspekte, man denke an fehlende Kenntnis des Berichterstattungsgegenstandes, an Voreingenommenheit, an politische Einseitigkeit usw. Sachzwänge, die es in der Praxis gibt, werden aber kaum berücksichtigt. Insbesondere die Praxisbezüge sollen hier dargestellt werden – die wichtigsten Studien in der gebotenen Kürze ebenfalls.

„Wozu brauchen wir noch Journalistinnen und Journalisten?" – was können professionelle Medien, was Blogger, Wikileaks und Wikipedia (noch) nicht können?". Diese provozierenden Fragen stellte der österreichische Journalist und Medienwissenschaftler Armin Wolf. In seiner Vorlesung im Rahmen der Theodor-Herzl-Dozentur an der Universität Wien beantwortete er die rhetorische Frage mit eindeutigem „Ja" und der folgenden Begründung: „Ich habe versucht, das, was Journalisten machen, auf vier zentrale Funktionen herunter zu brechen: Das erste ist die Recherche, also das Sammeln und – ganz wichtig, denn gesammelt ist ja relativ schnell – das Überprüfen von Informationen. Dann die Selektion – und hier zitiert Wolf den ehemaligen ORF-Generalintendanten und RTL-Chef Gerd Bacher – „Journalismus ist Unterscheidung – die Unterscheidung zwischen wahr und unwahr, wichtig und unwichtig, Sinn und Unsinn". Die dritte Funktion ist die Redaktion, das Aufbereiten und schließlich die Publikation. Und ich glaube tatsächlich – so Wolf weiter – dass trotz der unglaublichen technologischen Möglichkeiten, die das Netz mittlerweile bietet, letztlich nur professionelle Medien, egal auf welcher Plattform sie erscheinen, diese vier Funktionen umfassend erfüllen können, weil man dafür Ressourcen braucht, organisatorisch, inhaltlich und finanziell.[1]

Natürlich müssen an professionelle Journalisten hohe Anforderungen gestellt werden. Dies gilt ganz besonders für Nachrichtenjournalisten, die die Basisarbeit zu leisten haben. Ohne ihre Funktion sind weiterführende

Darstellungen gar nicht möglich bzw. sinnlos. Nachrichten sind nun einmal „Der Schlüssel zu aller Information".

Journalisten müssen sich als Kommunikatoren verstehen und auch als solche agieren. Sie müssen Dialoge organisieren, Dialoge zwischen dem Publikum und Experten, zu denen der „Normalbürger" sonst keinen Zugang hat. Gespräche werden „vermittelt". Dabei wird Übersetzungs- und Verständnishilfe geleistet. Dies erfordert ein verändertes journalistisches Selbstverständnis und eine andere Ausbildung. Man muss sich in erster Linie als Vermittler und nicht als „Beurteiler" und Kritiker verstehen. Dies mag nach der Informationsvermittlung bei Bedarf hinzukommen. Die Ausbildung darf nicht auf einen ohnehin eher halbgebildeten Pseudoexperten zielen, sondern auf einen Journalisten, der die erforderliche Kommunikationsleistung erbringt. Der dogmatische und ideologiebezogene Meinungsjournalismus verhindert größere Informiertheit und trägt eher zum Gegenteil bei. Er ist leichter als das harte Handwerk der reinen Informationsvermittlung – auch wenn er in der Öffentlichkeit oft höher bewertet wird.

Nachrichtenjournalisten sind oft überfordert, aber sie waren es schon immer. Heute besteht das Hauptproblem in der gewaltigen Nachrichtenflut, mit der die auswählenden Redakteure, die Gatekeeper, fertig werden müssen. In früheren Jahren litten Nachrichtenjournalisten eher unter einem Mangel an Informationen, weil es die heutzutage verfügbaren Übermittlungssysteme noch nicht gab.

Die Informationsauswahl wird einerseits immer wichtiger, zugleich aber auch schwieriger. Wo früher die standardisierte Routine und ein gewisser Grundkonsens über Nachrichtenwerte ausreichte, um dem Publikum ein einigermaßen zutreffendes Bild von der Wirklichkeit zu vermitteln, bedarf es angesichts eines dramatisch wachsenden Informationsangebotes anderer Instrumentarien. Dabei sind die von der Wissenschaft angebotenen Systeme (Nachrichtenwertstudien, Gatekeeper-Studien, Bias-Studien und die Konstruktivismus-Theorie) durchaus hilfreich. Es gilt, die Nachrichtenjournalisten durch Training und Stärkung der Bereitschaft, auch Unterstützung seitens der Wissenschaft zu akzeptieren, problembewusster zu machen. Überdies müssen Wege gefunden werden, Journalisten stärker nach der Genesis und den Hintergründen von Informationen fragen zu lasen. Außerdem wird zu wenig nach den Folgen aktueller Berichterstattung gefragt. Wenn der langjährige Nachrichtenchef des amerikanischen Radio- und Fernsehsystems CBS, Emerson Stone, Radionachrichten als „The first rough draft of history" (einen ersten groben Entwurf von Geschichtsschreibung) bezeichnet, dann ist dies gewiss ein sehr hoher, möglicherweise ein zu hoher Anspruch, aber zumindest ein Denkschritt in die richtige Richtung.

Zu der genannten immer größer werdenden Nachrichtenflut trägt heute ein Überangebot an sogenannten Nachrichten-Halbfertigprodukten oder gar Fertigprodukten von der PR-Industrie bei – nicht selten eine große Verlockung für unterbezahlte und unter Zeitdruck stehende Journalisten. Dies wiederum führt zu Selbstverteidigungsstrategien bei den Redakteuren und letztlich zur Flucht in den Subjektivismus – leider auch noch belegt durch wissenschaftliche Thesen von der Konstruktion der Realität durch die Medien. Die Ergebnisse einer solchen Arbeitsweise, die meist auf Sachzwängen beruht, führen natürlich auch zu dem schlechten Image von Journalisten in der Öffentlichkeit.

„Vermittlung von Informationen, Kritik und Kontrolle". Diese drei Faktoren gelten gemeinhin als die wichtigsten Aufgaben von Journalisten. Die entscheidende Frage ist dabei, worauf das Schwergewicht liegt. Im Kapitel über die Trennung von Nachricht und Meinung wird davon noch ausführlich die Rede sein. Doch im Zusammenhang mit dem Selbstverständnis von Journalisten und auch dem Image in der Öffentlichkeit wird hier die erkennbar nie beantwortete Frage erörtert, warum Nachrichtenredakteure ein geringeres Ansehen genießen als etwa Kommentatoren und, in Radio sowie Fernsehen, Moderatoren, die ihre Meinungen zu Nachrichten verbreiten. Wolfgang Donsbach kommt in einer frühen Studie zu dem Ergebnis, dass bei vielen deutschen Journalisten an erster Stelle die Kritik und das Aufdecken von Missständen stehen, während es z.B. die angelsächsischen Journalisten als ihre Hauptaufgabe ansehen, zu informieren.[2] Die Trennung der Funktionen Berichterstattung und Kommentierung wird in Deutschland kaum noch vollzogen. Es ist bei uns durchaus gängige Praxis, dass ein Journalist, der über ein Ereignis berichtet, dies auch kommentiert. In den angelsächsischen Medien ist dies kaum vorstellbar. Umso erstaunlicher ist dieses Verfahren, als man in Deutschland nach dem zweiten Weltkrieg das Mediensystem nach angelsächsischem Vorbild neu gegründet hat. Wenn es um die Trennung von Information und Meinung geht, zählen diese Grundsätze kaum noch. Die journalistische Praxis bestätigt dies bis auf den heutigen Tag. Im öffentlich-rechtlichen Rundfunk schreiben Gesetze bzw. Staatsverträge die Trennung von Information und Meinung sogar vor. Insbesondere in Moderationen wird davon häufig abgewichen. Aber Meinung – so glauben viele – profiliert. Nachrichten sind zwar wichtiger, aber als Selbstverständlichkeit sind sie zur Profilierung der Macher kaum geeignet. Ein Grund für die unterschiedlichen Images dieser beiden Funktionen besteht zumindest bei Radio und Fernsehen möglicherweise darin, dass man die eigentlichen Macher der Nachrichten weder hört noch sieht. Ihre Arbeit findet in der Regel im Hintergrund statt. Mehr dazu im Kapitel „Die Trennung von Information und Meinung".

Bevor Studien zum Journalismusverständnis und zum Ansehen von Journalisten in der Gesellschaft dargestellt werden, ein kurzer Ausflug in die Geschichte des Nachrichtenjournalismus.

Der amerikanische Historiker Mitchell Stephens[3], einer der profiliertesten Erforscher und Beschreiber der Mediengeschichte allgemein und der Geschichte der Nachrichtengebung im Besonderen, kommt zu dem bemerkenswerten Schluss, dass sich die fundamentalen Standards von Nachrichtenwerten im Laufe der Geschichte sehr wenig verändert haben. Und dies, obwohl sich die Nachrichtengebung – vor allem was ihre Techniken angeht – über die Jahrhunderte enorm weiterentwickelt hat.

Der Wunsch, Neues zu erfahren, was anderswo, außerhalb des eigenen Erfahrungs- und Erlebnisbereichs stattfindet, ist vermutlich so alt wie die Menschheit. Die Kenntnis über das Unbekannte verleiht Sicherheit, erlaubt eine eigene Planung, macht es möglich, das persönliche Leben zu organisieren. Aber nicht nur der Einzelne ist betroffen und benötigt Informationen und Nachrichten zur Bewältigung seines Alltags. Die Nachrichtenvermittlung ist auch wichtig für die Entwicklung einer Gesellschaft insgesamt. Insbesondere demokratische Gesellschaften benötigen die Informationsvermittlung. Je demokratischer eine Gesellschaft ist, umso stärker, aber auch umso wichtiger ist der Nachrichtenaustausch.

Es begann mit dem „mündlichen" Journalismus im alten Griechenland. Auf den Marktplätzen wurden die wichtigsten Neuigkeiten verkündet. Die Entscheidungen des römischen Senats wurden der Öffentlichkeit bereits schriftlich mitgeteilt. In den „acta diurna", Informationsblätter, die öffentlich angeschlagen wurden, erfuhren die Römer und später sogar die Bewohner des gesamten Römischen Reiches, was für sie wichtig war. Im Mittelalter waren es die Minnesänger, die von Burg zu Burg zogen und nicht nur Liebeslieder sangen, sondern auch Neuigkeiten aus anderen Gegenden vortrugen.

Im 17. Jahrhundert gab es dann eine besondere Art der Vermittlung von Nachrichten. In den Kaffeehäusern in London berichteten Reisende Neues aus aller Welt. Schriftlich niedergelegt wurden diese Nachrichten im sogenannten „log-book" am Ende der Theke. Bald kamen Drucker auf die Idee, diese Informationen zu vervielfältigen und weiterzugeben – eine Art von Zeitungen also. Mitchell Stephens beschreibt die Londoner Szene in dieser Zeit und weist darauf hin, dass es in den Kaffeehäusern bereits eine Art Spezialisierung in der Berichterstattung gab. Das berühmte „Lloyds" war bekannt für Wirtschaftsnachrichten. Hier wurden auch Versicherungen vermittelt und daraus entstand später die Versicherungsagentur Lloyds. „Miles-Coffee-House" war der Umschlagplatz für politische Nachrichten.

Die allgemeine Verbreitung von gedruckten Nachrichten erfolgte in Europa nahezu zeitgleich an verschiedenen Orten. Die Verbreitung der Presse ging sehr rasch, die Entwicklung entsprach offensichtlich den Bedürfnissen der Zeit und natürlich den neu entstandenen technischen Möglichkeiten. Um 1610 erschien in Basel eine Wochenzeitung, 1615 in Frankfurt und Wien, 1616 in Hamburg, 1617 in Berlin, 1618 in Amsterdam.

Zwei bemerkenswerte Phänomene sollten in diesem Zusammenhang in einer ganz kurzen historischen Darstellung noch erwähnt werden:

1. Zu Beginn des 18. Jahrhunderts begannen in England Journalisten und Drucker eine „Theory of Free Speech and Free Press" zu formulieren. Man wandte sich damit gegen die Obrigkeit, die natürlich der Entwicklung einer Presse äußerst misstrauisch gegenüber stand. Von zwei Londoner Zeitungsmachern wurden 1720 unter dem Pseudonym „CATO" Grundsätze für eine freie Presse formuliert. In Nordamerika wurden diese Ideen von einem jungen Drucker aufgegriffen und weiterverbreitet. Sein Name: Benjamin Franklin. Er war später für die Unabhängigkeit der nordamerikanischen Kolonien und damit für die Geschichte der USA von großer Bedeutung.

2. Die Entstehung der Massenpresse in den USA: Zeitungsverleger versuchten, ein breites Publikum mit ihren Blättern zu erreichen. Dies bedeutete, dass eine Zeitung nicht teuer sein durfte. Zur Finanzierung mussten neue Quellen erschlossen werden. Die Werbung durch Anzeigen begann. Diese wiederum verlangte hohe Auflagen, die nur mit entsprechender Themenauswahl zu erreichen war. Das publizistische Programm musste die Masse der Bevölkerung ansprechen. Der bereits erwähnte Joseph Pulitzer, der Stifter des nach ihm benannten bedeutenden Journalistenpreises, formulierte für seine Zeitungen im Jahre 1883 ein nur zehn Zeilen umfassendes Redaktionsprogramm. Es lautete:

1. Tax luxuries
2. Tax inheritances
3. Tax large incomes
4. Tax monopolies
5. Tax the privileged Corporations.

Seine Blätter machten sich damit zu Anwälten der „kleinen" Leute, was sich schließlich positiv auf die Auflagen auswirkte.

Zum journalistischen Selbstverständnis: Weitgehend Konsens besteht bei der Zuschreibung, die Medien seien die vierte Gewalt im Staat – neben den drei klassischen Gewalten, der Legislative, der Exekutive und der Judikative. Diese Zuschreibung sollte kritisch hinterfragt werden. Zwar garantiert das Grundgesetz die Meinungsfreiheit, die Freiheit der Meinungsäußerung und die Medienfreiheit. Auch haben die Medien großen Einfluss auf das Meinungsklima und auf die Meinungsbildung der Bürger. Aber rechtfertigt dies, die Medien auf eine Stufe neben die klassischen Gewalten im Staate zu stellen? Wohl eher nicht. Die Verantwortlichen in den Medien sind Eigentümer von Unternehmen oder Angestellte. Redakteure in Verantwortung haben privatrechtliche Dienstverträge, oft sind sie inzwischen sogar freie Mitarbeiter. Selbst in den öffentlich-rechtlichen Rundfunkanstalten ist dies nicht anders. Von einer unmittelbaren demokratischen Legitimation durch Wahlen etwa kann keine Rede sein. Einmal abgesehen davon, dass es auch von Hochmut und Selbstüberschätzung zeugt, die Medien als vierte Gewalt im Staate anzusehen.

Ein Argument gegen diese Zuschreibung liefert Ulrich Sarcinelli. „Dabei ist die populäre Auffassung von den Medien als eine Art vierter Gewalt insofern missverständlich, als es nicht darum gehen kann, den drei konstitutionellen Gewalten Legislative, Exekutive und Judikative eine vierte Gewalt hinzuzufügen. Vielmehr werden die Medien als Widerpart oder Kontrollinstanz allen anderen Gewalten gegenüber gestellt. Aus dieser Perspektive heraus wird jedenfalls die Autonomie des Mediensystems betont."[4]

Hans Mathias Kepplinger stellt fest, dass Politiker und Journalisten als Quellen und Vermittler von Informationen aufeinander angewiesen sind. Zugleich bestehen zwischen ihnen zahlreiche Spannungen. „Die Spannungen zwischen Politikern und Journalisten resultieren aus ihrem Verlangen nach Einfluss auf sie."[5]

Wenn es um die Funktion der Medien, das Verständnis von Journalismus und insbesondere das Ansehen von Journalisten geht, dann ist die Einstellung zu Medien und den Gestaltern ihrer Inhalte alles andere als gut. Ob es um Vertrauen, Glaubwürdigkeit, Ansehen oder Einhaltung von bestimmten Berufsnormen durch Journalisten geht: In fast allen westlichen Demokratien haben sich die Einstellungen der Menschen in Bezug auf Journalisten verschlechtert.[6]

Das Institut für Demoskopie in Allensbach ermittelt regelmäßig die „Allensbacher Berufsprestige-Skala". Diese bestätigt seit Jahren, dass das Prestige der Journalisten in unserem Land außerordentlich negativ ist. Die Frage lautet jedes Mal, welche Berufe am meisten geschätzt werden, vor denen man die meiste Achtung habe. Die Werte aus dem Jahre 2011: Auf die Frage, welche Berufe am meisten geschätzt werden, antworten 82 % der Befragten „Arzt". 67 % nennen die Krankenschwester, 42 % die Lehrer, 28 % Pfarrer, 22 % Polizisten, 17 % Journalisten und 6 % Politiker.[7] Dass Journalisten weit vor Politikern im Ansehen in der Bevölkerung liegen, mag für die Journalisten ein – wenn auch schwacher – Trost sein. Wolfgang Donsbach sieht für diese schlechten Werte im Wesentlichen zwei Gründe: Zum einen die inflationäre Präsenz von Medien und Medienakteuren, verursacht nicht zuletzt durch die Vermehrung der Angebote, die durch die Entwicklung des dualen Rundfunksystems entstanden sind. Als zweiter Grund werden die Medienskandale für den Ansehensverlust des Journalismus genannt.[8]

Das Ansehen der Journalisten hängt allerdings nicht unbedingt mit dem Komplex „Vertrauen in die Medien" zusammen. Weischenberg, Malik und Scholl zeichnen in ihrer Studie aus dem Jahr 2006 ein sehr düsteres Bild vom deutschen Journalismus. Einige Kapitelüberschriften seien hier zitiert: „Zum Zustand des Journalismus: Dritte Klasse, vierte Gewalt, fünfte Kolonne?". „Häuptlinge und Indianer." „Entgrenzung und Boulevardisierung." „Dritte Klasse: Die Gesellschaftsstruktur des Journalismus." „Fünfte Kolonne: Instrumentalisierung des Journalismus?" „Der Kulturkampf im Journalismus." „Souffleure und Journalistendarsteller."[9]

Mit diesem Report wird auch der Begriff „Journalist" betrachtet. Ausgehend von der Tatsache, dass Journalist kein geschützter Beruf ist und es keine eindeutigen Definitionen gibt, werden auch die Medien als solche hinterfragt. Welche Medien sind journalistische Medien? Ob Infotainment-Veranstaltungen zum Journalismus zu zählen sind, wird im Kapitel „Infotainment und Boulevard" erörtert.

Natürlich gibt es Grenzbereiche, insbesondere in den elektronischen Medien Radio und Fernsehen, in denen die Frage, ob die Macher Journalisten sind, berechtigt ist. Gerade diese können sicherlich zum schlechten Ansehen der Journalisten beitragen.

Das Ansehen der Journalisten hängt allerdings nicht unbedingt mit dem Komplex „Vertrauen in die Medien und den Journalismus" zusammen. Nikolaus Jackob hat dieses Phänomen gründlich untersucht. Es ergibt sich aus den Befragungen in dieser Studie, dass der Anteil derer, die den Medien eher mit Vertrauen begegnen, durchgehend höher ist als der Anteil der Medienskeptiker.[10]

Auf die Frage, ob sie den Medien im Allgemeinen vertrauen, antworten 6 % der Befragten, dass dies voll und ganz und 59 %, dass dies etwas auf sie zutrifft. Zusammen genommen sagten 34 % von sich, dass sie nicht so sehr oder überhaupt nicht vertrauen.[11]

Bemerkenswert ist das Ergebnis, dass im Unterschied zu den erwähnten Untersuchungen zum Ansehen von Journalisten die Werte beim Thema Vertrauen wesentlich günstiger sind. In der Untersuchung von Jackob ging es darum, ob unterschiedliche Vertrauensniveaus zutage treten, wenn man zwischen den Medien als Institution und den Journalisten als Profession unterscheidet. „Im Vergleich mit anderen Institutionen bzw. Professionen schnitten die Medien bzw. die Journalisten gut ab, sie lagen im oberen Mittelfeld... Insgesamt ist der Anteil derer, die angaben, den Medien bzw. den Journalisten zu vertrauen, deutlich größer als der Anteil der Misstrauischen. Weiterhin zeigt sich, dass es keine besonders großen Unterschiede bei der differenzierten Beurteilung von Medien versus Journalisten gibt". [12]

Wenn das Vertrauen in Journalisten, ungeachtet des vergleichsweise geringen Ansehens, so hoch ist, bedeutet dies natürlich eine beträchtliche Verantwortung. Einmal mehr muss deutlich gemacht werden, dass das Vertrauen auf sachlicher und sachkundiger Berichterstattung, d.h. auf einer zuverlässigen Nachrichtengebung beruht. Dies hat auch mit dem eigenen Journalismusverständnis zu tun. Und dieses orientiert sich in Deutschland (noch?) am angelsächsischen Vorbild. Der Journalist hat hier – das mag vielleicht etwas altmodisch klingen – eine dienende Funktion. Er hat die Bedürfnisse des Publikums zu bedienen. Womit? Mit Informationen? Ja, aber mit Informationen welcher Art? Sind es Informationen, um sich eine eigene politische Meinung zu bilden? Sind es Informationen, die helfen, den Alltag zu bewältigen, also Service-Informationen? Oder ist es eher die Befriedigung des Unterhaltungsbedürfnisses? „Ereignisinformationen", „Serviceinformationen" und „Wissensinformationen" könnte man sagen. Wobei mit „Wissensinformationen" die Erklärung von Hintergründen zu verstehen ist, also gleichsam die Nachricht hinter der Nachricht. Ausgangspunkt aller journalistischen Berichterstattung ist gewiss ein menschlicher Urinstinkt, ein fundamentales Bedürfnis, nämlich zu erfahren, was jenseits der eigenen direkten Erfahrung geschieht. Man könnte sagen, die Menschen wollen wissen, was sich im Ort hinter dem nächsten Gebirgszug abspielt. Früher schickte man einen Kundschafter über den Berg, heute will man aus den Medien erfahren, was sich anderswo ereignet hat.

Es gilt generell, dass die Menschen die Welt weitgehend indirekt erleben, vermittelt durch die Medien, durch Journalisten. Der Anteil primärer eigener Erlebnisse wird eher geringer. Selbst das eigene, eigentlich überschaubare Umfeld wird zunehmend indirekt, d.h. vermittelt erlebt. Dies hat natürlich auch den überaus positiven Effekt, dass man vieles erlebt, kennenlernt, von dem man vor der Entwicklung der Medien niemals erfahren hätte. Wie wichtig die vermittelten Informationen sind, wird dann deutlich, wenn man sie entbehren muss. Man kann zwar angesichts der zahllosen hohlen Phrasen, die insbesondere unter der Rubrik Politik berichtet werden, nach einem dreiwöchigen Urlaub auf der sprichwörtlichen einsamen Insel feststellen, dass man nichts versäumt hat, außer vielen nichtssagenden Nachrichten. Die Folgen des Nichtvorhandenseins von Medien werden aber rasch deutlich, wenn man – wie bereits dargestellt – von den Erfahrungen des US-Senators und US-Präsidentschaftskandidaten 2008, John McCain hört: McCain war während des Vietnamkrieges fünf Jahre in nordvietnamesischer Kriegsgefangenschaft und berichtete nach seiner Freilassung, was er am meisten vermisst habe. Das seien – neben seiner Familie und seinen Freunden natürlich – Informationen über das Geschehen außerhalb des Gefangenenlagers gewesen. Die Nordvietnamesen hatten ihn fünf Jahre lang von allen Informationen fern gehalten – anscheinend eine Folter der besonderen Art.

Die Bedeutung unabhängiger, frei gestalteter und ohne Einschränkungen an ein allgemeines Publikum verbreiteter Informationen ist unstrittig. Diesen Anspruch zu erfüllen, erfordert einen unabhängigen Qualitätsjournalismus. In den westlichen Demokratien konnte sich ein solcher entwickeln.

Nur Qualität wird dem Journalismus und damit den seriösen Informationsmedien auch in Zukunft ihre Existenz sichern. In Deutschland gibt es gelegentlich Versuche, Qualitätsjournalismus institutionell zu fördern. Die Gruppe „Netzwerk Recherche" leistet hier verdienstvolle Arbeit. Grundsätzlich fehlen in Deutschland aber brauchbare Regeln für die journalistische Qualität. Die Landespressegesetze helfen nicht weiter. Die hier und da vorhandenen Programmgrundsätze öffentlich-rechtlicher Rundfunkanstalten sind in der Regel sehr allgemein formuliert und deshalb wenig zielführend. Ganz anders stellt sich die Situation in den angelsächsischen Ländern, in England, in Kanada und in den USA dar. Im Kapitel „Wenn alle

Agenturen gleichzeitig klingeln – Nachrichtengebung in Krisenzeiten" wurde dieses Thema ausführlich behandelt.

Wie bereits gesagt, gibt es für den Beruf des Journalisten keinerlei formale Zulassungsvoraussetzungen. Dies wird oft kritisiert und beklagt. Gewiss, es gibt Argumente dafür, anders zu verfahren, beispielsweise Journalisten zu lizensieren. Doch die Frage, wer dann zuständig sein sollte für eine Lizensierung, macht das damit verbundene Dilemma deutlich. Eine Lizensierung würde fast zwangsläufig in Abhängigkeiten führen, die nicht gewollt sein können. Also wird man sinnvoller Weise darauf vertrauen, dass Medienhäuser beim journalistischen Nachwuchs auf Qualität achten. Angesichts vieler qualifizierter Ausbildungsgänge sollte dies unproblematisch sein.

Um die Frage nach der „richtigen" Journalistenausbildung wird immer wieder gestritten. Einige Voraussetzungen sollten insbesondere für Nachrichtenjournalisten bereits vor der Ausbildung gegeben sein. Da ist zunächst die kritische Neugier. Zur Neugier muss der ausgeprägte Wunsch kommen, das Erfahrene auch an andere weiterzugeben. Und schließlich die Allgemeinbildung. Damit ist die Kenntnis von Zeitgeschichte und der wichtigsten gesellschaftlichen Phänomene gemeint. Ein junger Mensch, der nicht schon während der Schulzeit Zeitung liest, wird sich während eines Hochschulstudiums nur schwer mit Medienthemen und aktuellem Zeitgeschehen anfreunden können. Hochschulstudium ja? Oder nein? Die Frage ist sowohl taktisch als auch inhaltlich klar mit „Ja" zu beantworten. Taktisch deshalb, weil die überwältigende Mehrzahl der Bewerber heute ein abgeschlossenes Hochschulstudium vorweisen kann. Die Wahrscheinlichkeit, dass die verschwindend geringe Zahl der anderen den Zuschlag erhält, ist eher gering. Und inhaltlich: Als Journalist, insbesondere im Bereich Nachrichten, ist man auf der Basis der gegebenen Sachzwänge oft gehalten, oberflächlich zu arbeiten. Wenn man aber während eines Studiums gelernt hat, sich mit Themen gründlich zu beschäftigen, empfindet man – obwohl nicht zu ändern – die journalistische Bearbeitung von Themen als eigentlich unzureichend. Es sollte ein wenig „schmerzen", denn das führt zu mehr Vorsicht und Genauigkeit.

Die Qualität im Journalismus ist naturgemäß abhängig von der Ausbildung und der Vorbereitung auf diesen Beruf.

Dass „Journalist" ein offener und nicht geschützter Beruf ist, wurde bereits erwähnt. Dies ist allerdings kein Indiz für schlechte Qualifikation. Kritiker sagten in früheren Jahren, die meisten seien in den Beruf „hineingescheitert". Dies traf sicherlich in manchen Fällen für die Zeit nach dem zweiten Weltkrieg zu. Damals konnten viele – oft sehr gebildete und erfahrene Menschen – in ihrem eigentlichen Beruf nicht mehr Fuß fassen und wurden Journalisten. Nicht selten waren sie sehr erfolgreich und haben sogar Maßstäbe gesetzt. Schon seit Jahrzehnten gibt es aber klar definierte Ausbildungsgänge. Der inzwischen fast übliche Weg beginnt mit einem Hochschulstudium, in der Regel ein medienbezogenes Hauptfach und ein bzw. mehrere inhaltsbezogene Nebenfächer. Während des Studiums werden mehrere Redaktionspraktika und freie Mitarbeit in Redaktionen, nach dem Abschluss ein Volontariat oder eine vergleichbare praktische Ausbildung absolviert. Alternativen bieten integrierte Studiengänge, die Wissenschaft und Praxis verzahnen oder die zum Teil sehr renommierten Journalistenschulen. In jedem Fall bilden die erfolgreichen Absolventen der genannten Ausbildungsgänge einen journalistischen Nachwuchs, der den steigenden Anforderungen des Berufs gewachsen ist. Wichtig und positiv zu bewerten ist, dass der Journalistenberuf trotz geregelter Studien- und Ausbildungsgänge offen bleibt für sogenannte Seiteneinsteiger, die mit hoher Fachkompetenz und journalistischem Talent ihren Weg in den Medien gehen.

Hier stellt sich eine Grundsatzfrage, die in der nahen Zukunft zu intensiven Diskussionen führen wird und auch führen muss. Es geht um die Frage, ob ein Journalist über Fachkompetenz verfügen muss oder ob eher Vermittlungskompetenz gefragt ist. Die Frage ist nicht eindeutig zu beantworten. Sicherlich ist es wünschenswert, dass in Redaktionen fachlich kompetente Redakteure arbeiten. Große Tageszeitungen, Wochenzeitungen und Magazine leisten sich diese. Kleinere Druckmedien sind dazu, allein aus wirtschaftlichen Gründen, oft nicht in der Lage. Sie müssen sich bei Bedarf Fachkompetenz von „außen" hinzukaufen. Eine Vielzahl gut ausgebildeter Fachjournalisten bietet hier ein beträchtliches Potential. Anders ist die Situation in den elektronischen Medien Radio und Fernsehen. Gelegentlich gibt es noch Fachredaktionen, die im günstigsten Fall „wellenübergreifend" im Radio und Fernsehen, d. h. für alle Programme einer Rundfunkanstalt tätig sind. Immer häufiger wird indes der Fall, dass Journalisten in Radio und Fernsehen nach ihrer Vermittlungskompetenz ausgewählt werden. Die Fachkompetenz bieten dann Experten, die als Gesprächspartner eingeladen und von vermittlungskompetenten Journalisten für das jeweilige Zielpublikum verständlich interviewt werden.[13]

Für Nachrichtenredaktionen sind diese Experten, seien sie nun aus dem eigenen Haus oder Externe, wichtige Ansprechpartner, um ad hoc eine Nachrichtenmeldung zu verifizieren und ggf. zu ergänzen. Nachrichtenredakteure streben nach Objektivität. Diese ist natürlich niemals erreichbar. Allein durch die Selektion – dies wurde ausführlich dargestellt – und angesichts eines Selektionsverhältnisses von etwa 90 % zu 10 % zwischen „Nichtbringen" und „Bringen" verbietet es sich, Objektivität zu fordern. Dennoch wird sie von Politikern immer wieder verlangt. Bei genauer Betrachtung ist aber oft etwas ganz anderes gemeint, nämlich Subjektivität im Sinne der eigenen Position. Objektivität heißt nämlich nicht „Zufriedenheit der Betroffenen".

Das Ansehen von Journalisten wurde beschrieben. Auch die Glaubwürdigkeit mit der Erkenntnis, dass es um die Glaubwürdigkeit weniger schlecht bestellt ist als um das Ansehen. Gewiss wird ein Negativbild auch geprägt von Leuten, die sich – ermöglicht durch den freien Zugang – auch Journalisten nennen. Sie arbeiten nach den Grundsätzen „Ich werde mir doch meine Vorurteile nicht wegrecherchieren" oder „Verschonen Sie mich doch bitte mit Fakten, das nimmt mir nur meine Unbefangenheit gegenüber dem Thema" oder gar „Das Wenige, das ich lese, schreibe ich mir lieber selbst".

Auch das Verhältnis von Politikern und Journalisten wurde dargestellt. Es gibt Politiker, die Journalisten zwar gerne benutzen, sie aber dennoch abfällig betrachten und dies auch artikulieren – und zwar nicht erst in unserer Zeit. Nur einige Zitate zum Schluss dieses Kapitels:

- „Ein Zeitungsschreiber ist ein Mensch, der seinen Beruf verfehlt hat" (Otto von Bismarck).
- „Journalisten sind Hungerkandidaten und vielfach verkommene Gymnasiasten" (Kaiser Wilhelm I.).
- „Als Landtagspräsident habe ich zwei Chancen, in die Zeitung zu kommen. Entweder ich bringe meine Frau um, oder ich erhöhe die Diäten der Abgeordneten." (der frühere hessische Landtagspräsident Klaus Peter Möller).
- „Journalisten sind nichts anderes als Fünf-Mark-Nutten" (der frühere Grünenpolitiker Joschka Fischer in seiner Zeit als Bundesaußenminister).
- Und schließlich als positiver Abschluss: „Wenn ich zu entscheiden hätte, ob wir eine Regierung ohne Zeitungen oder Zeitungen ohne eine Regierung haben sollten, zöge ich ohne Zögern das Letztere vor" (Thomas Jefferson, dritter Präsident der USA in einem Brief an den Kongressabgeordneten Edward Carrington im Jahre 1787).

Ungeachtet dieser für Viele vielleicht tröstlichen Bemerkung, wird in diesen Tagen immer wieder die Frage nach der Funktion des Journalisten im

Zeitalter von Internet und Social Media gestellt. Eine nachdenkenswerte Antwort gibt Armin Wolf: „Das heutige Bild eines Journalisten ist nicht mehr das eines Gatekeepers – glaube ich –, sondern das des Kurators. Derjenige, dem Sie zutrauen, dass er für Sie auswählt, welchen Informationen Sie Ihre begrenzte Zeit und Aufmerksamkeit widmen sollen. Das ist keine Machtposition mehr – sondern eine Dienstleistung. Eine wertvolle Dienstleistung allerdings. Diese Auswahl ständig selbst zu treffen, wäre heute zwar grundsätzlich möglich, aber letztlich ist es ineffizient. Sie wollen nicht jeden Tag 100 Blogs lesen oder 250.000 Dokumente auf Wikileaks durchsehen."[14]

Anmerkungen:

1   Wolf, Arm in (2013): Wozu brauchen wir noch Journalisten? Wien, Picus Verlag, S. 55.
2   Donsbach, Wolfgang (1982): Legitimationsprobleme des Journalismus. Freiburg u. München, Alber Verlag, S. 177 ff.
3   Stephens, Mitchell (1989): A History of News. New York u. London, Penguin Books, S. 34 und S. 150.
4   Sarcinelli, Ulrich (2011): Politische Kommunikation in Deutschland. Wiesbaden, VS Verlag, S. 122.
5   Kepplinger, Hans Mathias (2011): Journalismus als Beruf. Wiesbaden, VS Verlag
6   Donsbach, Wolfgang, Rentsch, Mathias, Schielicke, Anna-Maria, Degen, Sandra (2009): Entzauberung eines Berufs. Konstanz, UVK, S. 11.
7   Allensbacher Berichte April 2011, Archiv Nr. 10067.
8   Donsbach, Wolfgang a.a.O., S. 29.
9   Weischenberg, Siegfried, Malik, Maja, Scholl, Armin (2006): Die Souffleure der Mediengesellschaft. Konstanz, UVK, S. 11 ff.
10   Jackob, Nikolaus (2012): Gesehen, gelesen – geglaubt? Warum die Medien nicht die Wirklichkeit abbilden und die Menschen ihnen dennoch vertrauen. München, Olzog Verlag, S. 165 ff.
11   Jackob, Nikolaus, a.a.O.
12   Jackob, Nikolaus, a.a.O.
13   Arnold, Bernd-Peter (2011): Definition und Funktionen des Journalismus - Journalistische Berichterstattungsmodelle. In: Schmidt, Christoph, Arnold, Bernd-Peter (Hrsg.): Handbuch International Media Studies. Berlin, Vistas Verlag, S. 108 ff.
14   Wolf, Armin a.a.O., S. 78.

Kapitel 8 Skandale – Kampagnen – Vorverurteilungen

Ist der Skandal der Skandal oder ist es die Berichterstattung darüber? Diese Frage drängt sich zunehmend auf, denn nahezu jede Berichterstattung über Skandale hat inzwischen eine heftige Diskussion über Skandalberichterstattung zur Folge. Kritik an der Berichterstattung ist oft berechtigt. Nicht selten ist sie aber auch eine Modeerscheinung. „Die Medien" werden öffentlich kritisiert. Politiker und Wirtschaftsvertreter beteiligen sich intensiv daran. Sie liefern oft sogar die Vorlagen – meist dann, wenn Berichterstattung nicht in ihrem Sinne verläuft. Sie fordern dann mehr Objektivität und meinen Subjektivität zu ihrer eigenen Zufriedenheit. Hinzu kommt, dass die professionelle Medienkritik damit begonnen hat, ihrerseits Kampagnenjournalismus gegen Medien zu betreiben – Qualitätsmedien nicht ausgenommen.

Skandale sind in der Regel Normenbrüche, Brüche kodifizierter Normen oder auch emotionaler Normen, Verstöße gegen das, was „man" tut oder zu unterlassen hat.

Verfolgt man die Berichterstattung in den Medien, dann drängt sich der Eindruck auf, die Zahl der Skandale nehme ständig zu. Da der Begriff Skandal nicht eindeutig definiert werden kann, ist auch die Zahl der Skandale nicht messbar. Es geht also darum, dass Ereignisse eher als Skandale empfunden werden, dass sie zu solchen hochstilisiert werden, nicht nur aber natürlich auch von den Medien. Aber die Medien werden ja informiert über Vorgänge, die – natürlich aus bestimmten Interessenlagen heraus – Skandale sind oder zu solchen gemacht werden. Dass Interessenten am Skandal inzwischen offenere Ohren in den Medien finden, liegt am gewachsenen Interesse an Unterhaltendem. Die Boulevardisierung im Dienst von Auflage und Quote verlangt Themen. Was wäre denn geeigneter als der tatsächliche oder vermeintliche Skandal?

Skandale und die Berichterstattung darüber – es kommt durchaus vor, dass die Berichterstattung selbst zum Skandal wird. Ein Beispiel ist die Barschel-Affäre im Jahre 1987. Der eigentliche Skandal beherrschte monatelang die Schlagzeilen. Dann erschienen die Fotos des toten Barschel in der Zeitschrift „Stern". Von diesem Zeitpunkt an war die Barschel-Affäre, zumindest zeitweise, eine Stern-Affäre. „Rechtsbruch bei der Beschaffung?" und „Bruch ethischer Normen durch die Veröffentlichung eines Fotos des toten Barschel?" – so lauteten damals die Fragen. Aber nicht nur in diesem Fall fallen Skandal und die skandalöse Berichterstattung darüber zusammen. Für Nachrichtenredakteure ist die Berichterstattung über Skandale eine schwierige Aufgabe. Die gebotene sachliche Berichterstattung bereitet Probleme, weil Fakten oft in der Flut von Meinungsäußerungen, von raschen, oft ungenauen und nicht faktenorientierten Bewertungen untergehen.

Skandale scheinen in der Bewertung sehr stark kulturabhängig. Was in einem Land als Skandal gilt, betrachtet die Öffentlichkeit in einem anderen als Normalität. In England und den USA werden vor allem sexuelle Verhaltensweisen zu Skandalen, in Deutschland sind es eher geldwerte Vorteile. Späth, Süssmuth, Streibl, Lafontaine, Scharping, Gysi, Özdemir und Schröder sind Beispiele dafür. In England und den USA macht die Skandalisierung auch vor dem Privatleben nicht Halt. In Deutschland bleibt es ein Tabu, und selbst wenn das Tabu heute gelegentlich gebrochen wird, wie im Falle von Seehofer, hat es keine Auswirkungen auf die politische Karriere. Die erwähnten Unterschiede erkennt man besonders deutlich an der Behandlung der Vergewaltigungsvorwürfe gegen den Moderator Kachelmann in Deutschland und gegen den früheren Chef des Weltwährungsfonds Strauss-Kahn in den USA. Während Strauss-Kahn wie ein überführter Schwerverbrecher in Handschellen den Medien vorgeführt wurde, konnte Kachelmann freundlich winkend vor Prozessbeginn das Gefängnis verlassen. Besonders deutlich werden die Unterschiede zwischen den kontinentaleuropäischen und den angelsächsischen Ländern anhand des VW-Skandals. In Deutschland wurden die geldwerten Vergünstigungen für Mitarbeiter des Unternehmens zum Skandal. Dort (in den USA) wäre zum Skandal geworden, dass Mitarbeiter von VW ihre Ehefrauen und Lebensgefährtinnen betrogen haben. Davon war hier überhaupt nicht die Rede.[1]

Hans Mathias Kepplinger arbeitet den wesentlichen Unterschied zwischen Missstand und Skandal heraus. „Zum Skandal wird ein Missstand erst durch die Perspektive, aus der man ihn betrachtet... Viele Missstände sind lange bekannt, bevor sie zum Skandal werden."[2] Anhand von Beispielen wird belegt, dass die meisten Missstände nicht zum Skandal werden, und zwar auch dann nicht, wenn sie in einzelnen Beiträgen skandalisiert werden. Es kommt letztlich auf eine nachhaltige Berichterstattung an. „Die Vorstellung, die Medien würden alles, was einzelne gesellschaftliche Akteure als Missstand betrachten, auch als Missstand darstellen, ist genauso abwegig wie die Idee, sie würden alle bekannten Missstände skandalisieren."[3]

Kepplinger nennt für die Dramatisierung in Skandalen sechs Typen:

1. Horroretiketten (Belegung mit Extrembegriffen wie Giftregen oder Supergau).
2. Verbrechensassoziationen (Wasserdiebstahl, Blutbad usw.).
3. Katastrophensuggestionen (maximale Schäden werden als wahrscheinlich präsentiert).
4. Katastrophenkollagen (Missstände und Schäden werden in eine Reihe mit Extremfällen gestellt).
5. Schuld-Stapelungen (kleinere Normenbrüche werden als Teile einer Serie von ähnlichen Fällen dargestellt, die aufeinander gestapelt den Eindruck eines großen Missstandes hervorrufen).
6. Optische Übertreibungen (Missstände, Schäden und Normverletzungen werden durch Fotos und Filme als besonders schwerwiegend, gefährlich oder beängstigend dargestellt).[4]

Medienskandale haben in der Regel den gleichen Ablauf. Zunächst kommt die „Latenzphase". In dieser wird ein Missstand bekannt. Die Berichterstattung nimmt zu. Diese Phase endet mit einem Schlüsselereignis. Der Konflikt eskaliert zu einem Skandal. Es folgt die „Aufschwungphase". Es werden weitere Fakten bekannt, die in Verbindung mit dem ersten Missstand gebracht werden. Nach dieser Ausweitung kommt die „Etablierungsphase". In dieser Phase erreicht der Skandal den Höhepunkt. Nun kommt die „Abschwungphase". Es kommt zu Konsequenzen wie Rücktritt usw. Die Berichterstattung nimmt ab. In der letzten, der „Rehabilitationsphase" wird die Ordnung des Gesellschaftssystems wieder hergestellt. Die Medien berichten nur noch selten.[5]

Journalisten spielen in publizistischen Konflikten, öffentlichen Krisen und Skandalen eine Doppelrolle. Zum einen berichten sie über das Geschehen, zum anderen treiben sie dadurch das Geschehen voran. Dabei spielt die Komplementärberichterstattung eine besondere Rolle, d.h. Beiträge, die über die nachrichtliche Information hinausgehen. Dies können Kommentare, Hintergrundberichte, aber auch die instrumentelle Aktualisierung von Informationen sein, die die eine oder andere Sichtweise stützen.[6]

In den Zusammenhang der Skandalisierung gehört direkt oder indirekt auch der Kampagnen-Journalismus. „Kampagne" scheint zu einem Modewort in der Politik und auch in der Wirtschaft geworden zu sein, wenn es um Kritik an den Medien geht. Verständlich ist, dass sich Betroffene auch betroffen fühlen. Dass „Zufriedenheit" der Betroffenen nicht gleichgesetzt werden sollte mit „Objektivität" wurde bereits gesagt. Selbstverständlich müssen sich Medienhäuser, Redaktionen und auch einzelne Journalisten immer wieder selbstkritisch überprüfen, ob ihre Berichterstattung angemessen ist. Es werden zweifellos viele Fehler gemacht, aber wenn ein Politiker über Monate Anlass zu für ihn möglicherweise unangenehmer Berichterstattung und kritischer Kommentierung bietet, bedeutet dies nicht – wie gerne behauptet wird – die Medien wollten diese Person „fertig machen". Man kann nicht einerseits den sogenannten investigativen Journalismus loben und ihn dann verteufeln, wenn man selbst negativ betroffen ist. Hier haben auch Pressesprecher und PR-Berater einiges zu lernen. Fälle wie der des früheren Bundespräsidenten Christian Wulff und des früheren Fußballmanagers Uli Hoeneß zeigen zudem, dass Menschen, die keine Gelegenheit auslassen, sich in den Medien positiv darzustellen, auch dann erhöhte Aufmerksamkeit genießen, wenn ihr Fehlverhalten offenkundig wird. Die meisten sogenannten Kampagnen – das sollten die Kritiker bedenken – beruhen auf Fakten. Sollten sie auf falschen Angaben oder Spekulationen beruhen, sind sie selbstverständlich abzulehnen. Abzulehnen sind auch die bedauerlicherweise häufig vorkommenden Vorverurteilungen in der Berichterstattung. Hier sind insbesondere wieder Nachrichtenredakteure gefragt. Vorverurteilungen erfolgen ja in der Regel nicht durch Journalisten selbst, sondern durch Externe, die zitiert werden. Werden diese in Nachrichten zitiert, erhalten die Aussagen gleich ein hohes Gewicht, denn sie stehen von nun an auf der Agenda. Vorverurteilungen unmittelbar durch Journalisten sind die Ausnahme. Natürlich gibt es Reporter oder Korrespondenten, die auf der Basis nicht gesicherter Informationen ein Urteil abgeben. Geschieht dies in Form eines Kommentars, dann mag es unter „Meinungsfreiheit" laufen. Aber die Regeln über die Meinungsfreiheit rechtfertigen keinen Rechtsbruch.

Das Problem „Wiedergabe von Vorverurteilungen als Zitate" sollte man indes nicht unterschätzen. Die Versuchung ist groß, Expertenurteile wiederzugeben, vor allem dann, wenn sie plausibel erscheinen und somit auf den ersten Blick auch Nachrichtenwert besitzen, ist gängige Übung. Zahlreiche Beispiele belegen, dass nicht nur auch Experten irren können, sondern, dass bei spektakulären Ereignissen rasch selbsternannte Experten auftauchen und allzu gerne zitiert werden. Kritisch zu sehen sind auch Journalisten als Experten. Es gibt Fachjournalisten, die auf ihren Themenfeldern ausgewiesen sind. Aber gerade sie sind meist eher zurückhaltend mit Urteilen. Insbesondere, wenn es um die Berichterstattung über Katastrophen geht, ergibt sich das Problem der Vorverurteilungen. Man denke an den spektakulären Absturz eines Flugzeugs der Lufthansa-Tochterge-sellschaft „Germanwings" im Frühjahr 2015 oder an den Untergang des Kreuzfahrtschiffs „Costa Concordia" im Januar 2012 vor der italienischen Küste. Vor allem im ersten Fall gab es noch am Unglückstag Urteile soge-nannter Experten, die sich in kürzester Zeit als völlig haltlos erwiesen. Wenn eine Boulevardzeitung aufgrund erster Hinweise und Vermutungen einen Täter als „Massenmörder" bezeichnet, dann basiert dies auf fehlen-der Rechtskenntnis oder auf auflagensteigernder Sensationsgier – mögli-cherweise auch auf beidem.

Anmerkungen:

1   Kepplinger, Hans Mathias (2012): Die Mechanismen der Skandalisierung. Mün-
     chen, Olzog Verlag, S. 21.
2   Kepplinger, Hans Mathias, a.a.O., S. 77.
3   Kepplinger, Hans Mathias, a.a.O., S. 80.
4   Kepplinger, Hans Mathias, a.a.O., S. 50.
5   Burkhardt, Steffen (2015): Medienskandale – Zur moralischen Sprengkraft öf-
     fentlicher Diskurse. Köln, von Halem Verlag, S. 184 ff.
6   Kepplinger, Hans Mathias (2009): Publizistische Konflikte und Skandale. Wies-
     baden, VS Verlag, S. 20.

Kapitel 9 Form vor Inhalt oder Inhalt vor Form – Gestaltung von Nachrichten

Vorbemerkung:

Als der große amerikanische Zeitungsverleger Joseph Pulitzer gegenüber seinen Redakteuren sein Credo „Have it first, but first have it right" verkündete, konnte er kaum ahnen, wie es um das Verhältnis von Aktualität, Schnelligkeit und Korrektheit im 21. Jahrhundert bestellt sein würde. Der Wettlauf um den ersten Platz bei der Veröffentlichung einer Nachricht – befeuert durch die Möglichkeiten des Internets – lässt allzu oft die Korrektheit auf der Strecke bleiben. Inhaltliche und sprachliche Korrektheit drohen zum Privileg der leider weniger werdenden Qualitätsmedien zu werden. Oft sind es die kleinen Fehler, Ungenauigkeiten und Sprachschlampereien, die die Glaubwürdigkeit der Nachrichtengebung insgesamt gefährden. Wenn Leser, Hörer und Zuschauer feststellen, dass kleine Dinge unkorrekt sind, sind die Adressaten kaum bereit, bei den größeren Angelegenheiten von Korrektheit und Zuverlässigkeit auszugehen. Wenn Namen, Titel, Daten, Fachbezeichnungen usw. nicht stimmen, wird fast zwangsläufig auf die Qualität des Ganzen geschlossen. Korrektheit bezieht sich nicht nur auf den Inhalt der Nachrichten, sondern ganz stark auf die Form. Insbesondere die Nachrichtensprache wird von vielen Medien vernachlässigt. Es soll hier aufgezeigt werden, wie gefährlich ein unkorrekter Umgang mit der Sprache sein kann und wie leicht derartige Fehler auch zu Fehlern bei den Inhalten führen können.

In diesem Kapitel geht es um das Nachrichtenhandwerk. Die unterschiedlichen Formen der Berichterstattung werden ebenso dargestellt wie der Aufbau einer Nachrichtenmeldung, ausführlich geht es um die Sprache der Nachrichten, auch um „Nachrichtenrituale" und Sprachsünden, sowie um das Thema „Überschriften". Ein Exkurs „Schreiben für das Sprechen" stellt die wichtigsten Regeln für das Verfassen von Nachrichten für Radio und Fernsehen dar. Diese Empfehlungen sind auch nützlich für Sprechtexte außerhalb der Nachrichten und der Medien, etwa für Ansprachen und Vorträge. Die Manipulation durch Sprache ist ein weiteres Thema. Hinzu kommt die Gewichtung in der Nachrichtengebung, ein oft vernachlässigtes

Feld. Angesichts der niedrigen Behaltensquote bei Nachrichten kommt der Gewichtung eine wesentliche Funktion zu.

Der Nachrichtenstil:

Basis aller Informationsvermittlung ist die Nachrichtenmeldung. Alle anderen Informationsformen beruhen auf ihr. Der Bericht, ob als erweiterte Nachricht, Reportage, Hintergrund gestaltet – ebenso das Interview oder der Kommentar – geben keinen Sinn ohne die vorangegangenen Basisinformationen in Gestalt einer Nachrichtenmeldung. Sie ist die kürzeste Form der journalistischen Darstellung und zugleich die schwierigste. Dies mögen Manche anders sehen, aber ein ehrlicher Praxistest belegt rasch, dass das Verfassen einer bunten Geschichte oder gar eines Kommentars die leichtere Übung ist.

„Fakten und zitierte Äußerungen" – so lautet die kürzeste Definition von „Nachricht". Sie ist die Grundform der journalistischen Darstellung. Nachrichten werden grundsätzlich im sogenannten „Leadsatz-Stil" geschrieben. Dies bedeutet, dass alle wichtigen Informationen im Einleitungssatz einer Meldung enthalten sind. Dieser Grundsatz gilt für die Nachrichtenarbeit allgemein, auch und gerade für Nachrichtenagenturen und Zeitungen. „Wichtigste Informationen" – das ist die Antwort auf die berühmten „W-Fragen".
– Wer?
– Wann?
– Wo?
– Was?
Hinzu kommt die Antwort auf die Fragen „Wie?" und „Warum?" Letztere können unter Umständen im zweiten Satz einer Meldung beantwortet werden, vor allem bei gesprochenen Nachrichten. Ansonsten wird der Leadsatz zu lang und damit schwer verständlich.

Beispiel: „Der amerikanische Präsident Barack Obama hat heute auf einer Kundgebung in Washington die Beseitigung der Energieknappheit in den USA innerhalb der nächsten drei Jahre angekündigt". In diesem Teil der Meldung sind die Antworten auf die ersten vier W-Fragen enthalten. „Obama sagte, nur durch drastische Einsparungen könne die Abhängigkeit des Landes von Energieimporten verringert werden." Dies ist die Antwort auf die Frage „Warum?". „Er sprach auf einer Veranstaltung des Verbandes der amerikanischen Automobilindustrie. In der anschließenden Diskussion äußerten Vertreter dieses Industriezweigs Bedenken gegen die Vorstellungen Obamas." Dieser Absatz geht auf die Frage „Wie?" ein. Nach diesen drei Sätzen können in der Meldung dann noch weitere Einzelheiten über die erwähnte Veranstaltung in Washington und über die Rede des Präsidenten gebracht werden.

Und nun eine weitere wichtige Nachrichtenregel: Die Meldung muss aufgebaut sein wie eine auf die Spitze gestellte Pyramide. Sie muss Satz für Satz und sogar Absatz für Absatz gekürzt werden können, und zwar von unten. Betrachtet man die oben genannten Beispiele unter diesem Aspekt, dann kann man den letzten Teil, also die Hintergrundinformationen, streichen. Kürzt man weiter von unten nach oben, so bleibt schließlich nur noch der Leadsatz: „Der amerikanische Präsident Barack Obama hat heute auf einer Kundgebung in Washington die Beseitigung der Energieknappheit in den USA innerhalb der nächsten drei Jahre angekündigt."

Würde die Meldung nur aus diesem Satz bestehen, so wäre sie dennoch verständlich. Das eigentlich Neue ist enthalten, ebenso die Angabe, wer dies mitgeteilt hat sowie wann und wo dies geschehen ist. Natürlich fehlen dieser Kurzmeldung, die nur aus einem Satz besteht, interessante Einzelheiten und Hintergrundinformationen. Aber auch die Einsatz-Meldung ist sinnvoll. Die Pyramidenform macht es möglich, dass eine bereits fertige Meldung kurz vor oder sogar während des Redaktionsschlusses durch bloßes Streichen gekürzt werden kann, ohne dass die allerwichtigsten Informationen und die Verständlichkeit verloren gehen. Die Möglichkeit einer Kürzung auf diese Weise ist insbesondere bei Radio- und Fernsehnachrichten wichtig. Nicht selten kommen Meldungen herein, während eine Sendung läuft. Dann kann nur durch Streichen ganzer Absätze der Raum geschaffen werden für die neuen Informationen.

Der Leadsatz-Stil, der übrigens auch in den angelsächsischen Ländern von den Nachrichtenredakteuren gepflegt wird, geht also davon aus, dass das Wichtigste gleich im ersten Satz gesagt wird und dass alles andere danach kommt. Man schreibt eine Meldung genau anders herum als man einen Kriminalroman schreiben würde. Im Krimi wird über viele Seiten eine Geschichte entwickelt, und erst am Schluss erfährt der Leser, wer z.B. der Mörder ist. Wäre eine Nachricht zu dem entsprechenden Kriminalfall zu schreiben, so würde der Leadsatz lauten: „Gestern hat in London der Gärtner A. seinen Arbeitgeber B. mit Zyankali umgebracht." Danach würde man mitteilen, wie es zu dieser Mordtat gekommen ist und wie sie im Einzelnen vorbereitet und ausgeführt wurde. Also: Im Krimi die Auflösung am Schluss. In der Nachricht das Wichtigste im Leadsatz, auch wenn dann die Spannung weg ist. Aber mit Nachrichten soll schließlich niemand spannend unterhalten, sondern es soll knapp und präzise informiert werden. Nachrichten werden gegen den Zeitablauf, also nicht historisch geschrieben.

„Bei strahlendem Wetter startete heute Morgen pünktlich um 8:15 Uhr in Frankfurt ein Airbus der Deutschen Lufthansa. An Bord befanden sich 156 Passagiere und 13 Besatzungsmitglieder. Das Ziel der Maschine war Las Palmas auf der spanischen Ferieninsel Gran Canaria. Der Flug verlief ruhig und planmäßig. Über der südfranzösischen Stadt Marseille musste die Maschine fast eine Stunde kreisen, weil der spanische Luftraum wegen eines Fluglotsenstreiks überlastet war. Mit knapp einer Stunde Verspätung begann der Airbus seinen Landeanflug auf Las Palmas. Kurz vor Erreichen des Flughafens stürzte das Flugzeug aus bisher ungeklärter Ursache ins Meer. Die 169 Insassen kamen nach Mitteilung der spanischen Behörden ums Leben.“

So schreibt man möglicherweise einen Schulaufsatz, einen Erlebnisbericht, aber keine Nachrichtenmeldung. Diese müsste lauten: „Beim Absturz eines Lufthansa-Flugzeugs sind heute auf der spanischen Insel Gran Canaria 169 Menschen ums Leben gekommen. Die Maschine kam aus Frankfurt...“.

Diese Meldung sagt im ersten Satz alles, was wichtig ist, und dieser Satz animiert auch zum Weiterhören oder Weiterlesen. Es wäre sogar denkbar, den Leadsatz noch weiter zu verkürzen, um so auch den sprachlich nicht sehr schönen „Beim...-Satz“ zu vermeiden, etwa: „Auf Gran Canaria ist ein Lufthansa-Airbus abgestürzt. 169 Menschen kamen bei dem Unglück ums Leben...“ oder nur: „Ein Lufthansa-Flugzeug ist abgestürzt...“.[1]

Auf den Leadsatz kommt es also an. Er muss die Aufmerksamkeit des Adressaten gewinnen und Anreiz bieten, weiter zu lesen oder weiter zu hören. Der Leadsatz muss klar und eindeutig sein. Ein amerikanischer Journalistenkollege formulierte einmal: „Man muss sich den Leadsatz vorstellen als koste er 10 Dollar pro Wort, jedes Wort eingearbeitet in Edelstahl, während man auf einem heißen Ofen sitzt“. Also knapp, präzise, auf Dauer zutreffend und schnell. „Don't bury the News“ ist ebenfalls ein Schlagwort aus dem Jargon amerikanischer Nachrichtenjournalisten. „Verschüttet die Informationen nicht.“ Dieser Satz richtet sich an Leute, die den Leadsatz nicht auf den Punkt bringen und den Adressaten rätseln lassen, worum es bei dieser Nachricht eigentlich geht.

Das Formulieren des Leadsatzes kann schwierig sein, wenn eine Nachricht mehrere Themen umfasst, die ineinander greifen und zusammen gehören, sodass es nicht möglich ist, zwei Meldungen daraus zu machen. Dies kommt beispielsweise vor, wenn ein hochrangiger Politiker zu einer Katastrophe Stellung nimmt, die sich erst vor kurzem ereignet hat. Angesichts der Neigung von Politikern, derartige Ereignisse unverzüglich für Medienauftritte zu nutzen, stehen Nachrichtenredakteure oft vor diesem Problem. Hier sollte der Grundsatz gelten: Ereignis vor Reaktion – es sei denn, die Reaktion bringt etwas substanziell Wichtiges und Neues. Im Abschnitt „Gewichtung" wird dieses Thema unter dem Aspekt der Fortschreibung von Nachrichten insbesondere in den traditionellen elektronischen Medien Radio und Fernsehen sowie bei Online-Diensten ausführlich erörtert.

Das Prinzip der auf die Spitze gestellten Pyramide hat übrigens seinen Ursprung im amerikanischen Bürgerkrieg. Wichtige Informationen wurden damals mit dem noch neuen und unzuverlässig arbeitenden Telegraphen übermittelt. Damit kurz und schnell, bevor unter Umständen die Leitung zusammenbrach, das Wichtigste mitgeteilt war, galt die Regel: „Alles Wichtige im ersten Satz – die folgenden Sätze in der Reihenfolge abnehmender Wichtigkeit".

Der Aufbau einer Meldung bedeutet also:
1. Leadsatz,
2. Quellen, falls diese genannt werden müssen,
3. Erläuterungen und Hintergrundinformationen,
4. Nachrangige Detailinformationen.

Neben dem Prinzip der „Pyramide" gibt es noch das „Wallstreet Journal Modell". Hier ist der Aufbau anders. Das Modell betrifft auch nicht die reine Nachrichtenmeldung, sondern journalistische Berichterstattung, die darüber hinausgeht, z.B. den Bericht in Gestalt einer erweiterten Nachricht. Am Anfang steht etwa ein Beispiel, das das Thema einführt. Dann folgt der Leadsatz mit der eigentlichen Sachdarstellung. Danach werden inhaltlich Fragen beantwortet, von denen der Journalist annimmt, dass sie der Adressat stellen würde. Schließlich folgen weitere Detailinformationen. Das „Wallstreet Journal Modell" ist also weniger geeignet für den Aufbau von Nachrichtenmeldungen. Es wird hier kurz erwähnt, um deutlich zu machen, wie wichtig bei Nachrichten der klare Einstieg mit einem Leadsatz ist, ohne Einleitung und ohne Schnörkel. Der Wallstreet-Journal-Aufbau kann hilfreich sein als Anfang von Reporter-Statements in Radio und Fernsehen. Diese Kurzberichte haben oft Nachrichtenformat. Beginnen sie allerdings mit einem klassischen Leadsatz, besteht die Gefahr der Kollision mit der Anmoderation – dann nämlich, wenn es sich Moderatoren allzu leicht machen und als Text lediglich eine Agenturmeldung verlesen.

Nachrichtensprache:

Verfasser von Nachrichten sollten sich den Gedanken des Philosophen Karl Popper zu Eigen machen: „Wer es nicht einfach und klar sagen kann, soll schweigen und weiterarbeiten, bis er es klar sagen kann"[2]. Insbesondere, wenn von Nachrichtenredakteuren fremde Texte übernommen werden, ist kritische Überprüfung angezeigt. Von den Nachrichtenlieferanten sowohl innerhalb als auch außerhalb des Mediensystems werden nicht selten sowohl absichtsvoll als auch aus Gedankenlosigkeit unklare, ungenaue und missverständliche Texte geliefert. Angesichts des gewaltigen Zeitdrucks, dem die „Gatekeeper" oft ausgesetzt sind, ist die Versuchung groß, Formulierungen unverändert zu übernehmen. „Sprachlicher Ungehorsam" ist eine wünschenswerte Eigenschaft von Nachrichtenredakteuren.

Grundsätzlich ist die Frage zu stellen, ob Nachrichten eine eigene Sprache benötigen. Eigentlich nicht, denn die oftmals ritualisierte Sprache der Nachrichten ist eher hinderlich für das Verstehen von Nachrichten. So ist kaum zu erklären, warum in Nachrichten so viele schlichte Aussagesätze mit dem Wort „Wie" beginnen. Wird z.B. ein Politiker mit einer Äußerung wörtlich zitiert, dann heißt es in allen Nachrichtenmedien immer wieder: „Wie der Minister weiter sagte…". Andere Beispiele: „DPA zufolge…", „Hinsichtlich der politischen Großwetterlage…". Solche Rituale haben sich zwar eingebürgert, sie sind aber verzichtbar. Eine eigene Nachrichtensprache benötigen allerdings die gesprochenen Nachrichten in Radio und Fernsehen. Diese flüchtigen Medien, die oft nur die geteilte Aufmerksamkeit ihrer Nutzer haben, sollten Nachrichtentexte verfassen, die auf diese Eigenschaften Rücksicht nehmen. Im Kapitel „Exkurs: Schreiben für das Sprechen" wird dieses Thema ausführlich behandelt.

Der Komplex „Nachrichtensprache" soll nun zunächst unter drei Aspekten behandelt werden:
1. Inhaltliche Korrektheit,
2. Verständlichkeit
3. Verwendung nicht wertfreier Begriffe- dies im Zusammenhang mit der Manipulation durch Sprache.

Inhaltliche Korrektheit bedeutet für den Nachrichtenjournalisten nicht nur die Überprüfung von Zahlen, Daten und Fakten. Es geht auch darum, Spracheigenheiten aus bestimmten Bereichen zu entlarven, um so eine Ebene zuverlässiger Sachinformation zu schaffen. Die Objekte der Berichterstattung, d. h. Politiker, Vertreter der Wirtschaft und anderer gesellschaftlicher Gruppen versuchen oft, durch eine bestimmte Sprache inhaltliche Vorgaben zu machen. Die Sprache des Parlaments ist etwa in Deutschland keine Debattensprache, sondern das Verlesen von Statements für die Medien. Die Sprache des Wahlkampfs ist eine Sprache der Mehrdeutigkeiten, um zu vermeiden, dass man später festgelegt werden kann. Die Sprache der Koalitionsverhandlungen ist darauf angelegt, jeden Partner als Gewinner erscheinen zu lassen. Die Sprache des Interviews erfordert Mehrdeutigkeiten und Ungenauigkeiten, damit man bei unerwünschten Reaktionen unter den Stichworten „Ergänzung" oder „Verdeutlichung" auch das Gegenteil behaupten kann. Dies alles Lesern, Hörern und Zuschauern zu „übersetzen", sollte eine wichtige Aufgabe für Nachrichtenjournalisten sein.

Ein zentrales Problem ist die Verständlichkeit. Wenn zitierte Äußerungen nicht klar und verständlich sind, müssen Nachrichtenredakteure für Klarheit sorgen. Wenn Sachverhalte komplex und nur Fachleuten zugänglich sind, sollte der Nachrichtenredakteur – ggf. mittels Recherche – Übersetzungsarbeit leisten. Ein Hindernis für Verständlichkeit ist jedoch ganz leicht zu beseitigen: die deutsche Neigung zum Nominalstil. Nachrichtenredakteuren wird immer wieder empfohlen, Wörter mit der Endsilbe „ung" kritisch zu betrachten und das darin steckende Verb zurückzuholen. Statt „eine Erklärung abgeben" genügt auch „erklären". Die Reihe der Beispiele könnte lange fortgesetzt werden. Auch die eingeschobenen Nebensätze erschweren das Verstehen von Texten. Nebensatzkonstruktionen, die zur Folge haben, dass der Leser oder Hörer über lange Zeit das Verb nicht erfährt, führen zu „Nicht-verstehen" oder zu Missverständnissen. Die Regel sollte lauten: „Verb nach vorn". Verben steuern die Sätze und solange man das Verb nicht erfährt, weiß der Adressat nicht, worum es geht. Im Kapitel „Schreiben für das Sprechen" wird davon noch die Rede sein.

Zu Verständnisproblemen führen außerdem: Fremdwörter, Modewörter und Klischees, Floskeln, Geschwafel, überflüssige Adjektive und Synonyme.

Fremdwörtern sollte man – was gern geschieht – nicht generell den Kampf ansagen. Wolf Schneider, erfahrener Journalist, Journalismuslehrer und fundierter Kritiker der Sprache in den Medien, hat in zahlreichen Publikationen die Nachrichtensprache untersucht und anhand zahlreicher Beispiele belegt, dass Journalisten oft sehr leichtfertig, ungenau und – ob gewollt oder gedankenlos – manipulativ mit der Sprache umgehen. Einige der Beispiele in diesem Kapitel sind seinen Publikationen entnommen.[3] Kaum jemand wird fordern, für „Adresse" „Anschrift" zu sagen. Auch „Fotokopie" ist zur Selbstverständlichkeit geworden. Das Wort „Lichtpause" würde wohl eher irritieren. Durch Anglizismen werden durchaus auch Lücken in der deutschen Sprache geschlossen. Wörter wie Job, Fairness, Flop usw. sind gewiss gute Beispiele. Über „Self-Service" statt „Selbstbedienung", „Swimmingpool" statt „Schwimmbecken" oder „Sale" statt „Sonder- oder Ausverkauf" darf man sicherlich nachdenken, ohne als „Deutsch-Tümler" diskreditiert zu werden. „Showbusiness" lässt sich ebenfalls, ohne die gerne in Anspruch genommene Weltläufigkeit aufs Spiel zu setzen, mit „Schaugeschäft" übersetzen. Oft werden auch seltsame Übersetzungen oder Halb-Übersetzungen in Nachrichten verwendet. Der Begriff „Obama-Administration", wobei die Namen der Präsidenten austauschbar sind, wird oft gebraucht, obwohl es natürlich „....-Regierung" heißen muss. Möglicherweise klingt aber „XY-Administration" für Manchen interessanter. Der Begriff „Westbank" ist in die Nachrichtensprache geraten, weil vor langer Zeit englischsprachige Nachrichtenagenturen in ihren deutschen Diensten das Wort nicht übersetzt haben. „Westufer des Jordan" oder „Westjordanien" würde ja manches erklären. „Netzwerk" statt „Netz" klingt offenbar bedeutender, beruht aber auch eher auf mangelnder Kenntnis der englischen Sprache. „Frontline" muss auch mit „Front" und nicht mit „Frontlinie" übersetzt werden. „Standing Ovations" sind wohl auch eher „Ovationen im Stehen" als „stehende Ovationen". Schließlich meint „unbefugtes Betreten" auch „Betreten für Unbefugte", da man ja auch nicht vom „vierstöckigen Hausbesitzer" spricht. „Technologie" muss es – insbesondere bei Politikern – meist heißen. Es mag bedeutender klingen, obwohl meist der schlichte Begriff „Technik" genügt und oft wohl auch gemeint ist. Ein Tontechniker in einem Funkhaus wäre sicherlich erstaunt, würde man ihn als „Ton-Technologen" bezeichnen, denn die Wissenschaft von der Technik gehört eher nicht zu seinen Aufgaben.

Modewörter und Klischees führen gelegentlich auch in die Irre: „Nachvollziehen" gehört zum Alltagswortschatz von Politikern. Wer will das schon: „Nachvollziehen". Den meisten genügt, wenn sie etwas verstehen oder begreifen. Überstrapazierte Klischees wie Nobelherberge und Nobelkarosse gehören ebenfalls hierher. Floskeln nehmen ebenfalls überhand. Sie sollen einer Aussage mehr Bedeutung verleihen. „Keine Seltenheit" statt „Häufig", „Stillschweigen bewahren" statt „Schweigen", „Ließ an Deutlichkeit nichts zu wünschen übrig" statt „war ziemlich deutlich", „war nicht mehr wegzudenken" statt „gehört dazu"... diese Reihe lässt sich mit vielen weiteren Beispielen fortsetzen. Warum das Ganze? Es drängt sich der Verdacht auf, fehlender Inhalt solle durch bedeutsam wirkendes Wortgeklingel kompensiert werden. Journalisten sollten sich stärker bemühen, dergleichen zu entlarven und zu übersetzen. Manch hochtrabendes Politikergerede würde so auf Normalmaß gebracht und oft in der Bedeutungslosigkeit versinken.

Auch das oft zu beobachtende Geschwafel gehört hierher. „Schneefälle im April brachten den Winter zurück" titelten einige Tageszeitungen. „Es hat geschneit, obwohl schon April ist" hätte es wohl auch getan. Tatsache ist, dass der Literaturnobelpreis nicht für journalistische Produkte verliehen wird...! In die Kategorie „Geschwafel" gehören auch „sozusagen" und „und so weiter". Meist ohne inhaltlichen Zusammenhang hinzugefügt zeugen sie von Verlegenheit oder Unsicherheit. Gleiches gilt für die Modewörter des 21. Jahrhunderts „nachhaltig", „Nachhaltigkeit", ohne die praktisch nichts mehr geht.

Der bereits erwähnte Autor Wolf Schneider sagt immer wieder: „Adjektive sind die am meisten überschätzte Wortart". In den Beispielen: „Schwache Brise", „Feste Überzeugungen", „Schwere Verwüstungen" usw. lässt sich das Adjektiv ersatzlos streichen. Die Modebegriffe „Super-GaU" und „globalisierte Welt" gehören ins Regelrepertoire öffentlicher Äußerungen aus der Politik. Sie werden aber auch durch ständiges Wiederholen nicht richtig. GaU steht bekanntlich für „größter anzunehmender Unfall" und ist wohl kaum steigerbar. Und bei „globalisierter Welt" drängt sich der uralte Vergleich vom „weißen Schimmel" auf.

Zum Thema „Adjektive" wird von dem französischen Zeitungsverleger und späteren Ministerpräsidenten Georges Clemenceau berichtet, er habe in allen Redaktionen seiner Zeitungen ein Schild aufhängen lassen mit dem Text „Bevor Sie ein Adjektiv hinschreiben, kommen Sie zu mir in den dritten Stock und fragen, ob es nötig ist!". Nicht überliefert ist die Zahl der Redakteure, die nachgefragt haben.

„Synonyme und Redundanz" ist ein weiteres Problem der Nachrichtensprache. Viele Journalisten ergehen sich geradezu in der Suche nach Synonymen. In der schöngeistigen Literatur mögen Synonyme sinnvoll sein, in journalistischen Darstellungsformen – vor allem in Nachrichten – sind sie es jedenfalls nicht. Sie führen oft in die Irre, sind gewollt oder unbeabsichtigt, nicht selten manipulativ. Außerdem sind sie gelegentlich ganz einfach komisch.

Ein Hund ist zweifelsfrei ein Vierbeiner. Pferdeliebhaber sehen aber sicher das Synonym eher für ihre Lieblingstiere verwendet. Ist nur Wien die „Donaumetropole"? Was ist etwa mit Budapest? Ist nur Österreich eine „Donaurepublik"? „Hund" und „Köter" sind gewiss nicht synonym. Wer statt „Gewinn" den Begriff „Profit" gebraucht, tut dies wohl kaum aus sprachästhetischen Gründen, sondern eher, um seine politische Position zu dokumentieren. Ähnlich ist es mit der Unterscheidung von „Atomkraftwerk" und „Kernkraftwerk". Viele Redakteure greifen – anscheinend dann, wenn das Repertoire der üblichen Synonyme erschöpft ist – zum Alter des jeweiligen Akteurs. Dann wird aus einem Minister plötzlich „der 55-Jährige", eine Information, die wohl eher selten von Bedeutung ist. Auch Begriffe wie „Gotteshaus" statt „Kirche oder „Erdtrabant" statt „Mond" müssen in Nachrichten nicht sein. Auch der Papst muss für seltsame Synonym-Versuche herhalten. „Oberhaupt der römisch-katholischen Kirche" mag noch angehen. „Stellvertreter Gottes auf Erden" ist er nur für Katholiken. Die Formulierung, die vor Jahren in den Nachrichten einer öffentlich-rechtlichen Rundfunkanstalt gebracht wurde, dokumentiert besonders deutlich, wohin die übertriebene Neigung zu Synonymen führen kann. Sie lautete: „Der Chef des Heiligen Stuhls". Problematisch ist es auch, wenn Institutionen als Synonyme verwendet werden. Einige Beispiele: „Das Weiße Haus erklärte", „Das Bundeskanzleramt widersprach", „Der Élysée-Palast stimmte zu".

Synonyme – noch dazu unzutreffende – gehören in manchen Redaktionen offenbar zur Spielwiese der Verantwortlichen. Nicht nur vereinzelt ist in den Nachrichten öffentlich-rechtlicher Rundfunkanstalten Folgendes so oder ähnlich zu hören: „Bundeskanzlerin Merkel empfängt heute in Berlin den französischen Staatspräsidenten François Hollande. Die CDU-Vorsitzende wird mit Hollande am Nachmittag über die Flüchtlingsproblematik in den EU-Ländern beraten". So entsteht durch die krampfhafte Suche nach Synonymen der falsche Eindruck, Merkel habe als CDU-Vorsitzende mit Hollande über das Flüchtlingsthema gesprochen.

Manipulation durch Sprache:

Neben der Nachrichtenselektion ist die Nachrichtensprache der Bereich, in dem die Manipulationsgefahr am größten ist. In diesem Zusammenhang gehören z. B. Begriffe, die auf den ersten Blick wie Synonyme erscheinen, in Wirklichkeit aber inhaltlich den Adressaten in eine bestimmte Richtung beeinflussen sollen. Man sprach durchaus vom „Franco-Regime" in Spanien, gleichzeitig aber von der „Regierung der DDR". Ob es – wie gesagt – „Gewinn" oder „Profit" heißt, lässt gewiss auch Rückschlüsse auf die Position des Autors zu. Begriffe wie „Preiskorrektur" für „Preiserhöhung", „negatives Eigenkapital" für „Schulden", „Atomkraftwerk" für „Kernkraftwerk" oder „Nullwachstum" statt „keine Gewinne" sprechen eine eindeutige Sprache. Einige weitere Beispiele: „Mindereinnahmen" für „Verlust". „Rückbau" für „Abriss". „Freisetzung" für „Entlassung" usw. usw.

Auch zusammengesetzte Begriffe wie „sozial-liberal" oder „christlich-liberal", wenn es um Parteienkonstellationen geht, werden durch geschickte Public Relations so platziert, dass gewünschte Effekte erzielt werden. Bei zusammengesetzten Wörtern liegt in der deutschen Sprache der Akzent in der Regel auf dem zweiten Teil. Dass der kleinere Partner, die FDP, hier überbetont wurde, entsprach der Absicht, in beiden Fällen das liberale Element zu betonen und so bestimmte Wählergruppen anzusprechen. Sind solche Begriffe erst einmal eingeführt, gibt es kaum eine Chance zur Korrektur. Es bleibt nur, an Journalisten zu appellieren, neue Wortschöpfungen nicht einfach gedankenlos zu übernehmen und durch stetes Wiederholen zu festen Begriffen zu machen. Auch ganz einfache Wörter können zur Manipulation benutzt werden. Beim Vereinfachen von Zahlen – insbesondere in den gesprochenen Nachrichten – wird dies deutlich. Wenn sich an einem spontanen Warnstreik 9,8 Prozent einer Belegschaft beteiligen, dann ist es ein Unterschied, ob man von „knapp 10 Prozent" spricht oder von „fast 10 Prozent". Die Arbeitgeberseite wird wohl eher von „knapp" und die Arbeitnehmerseite vermutlich von „fast 10 Prozent" sprechen. Eine Formulierung wie „Der Ministerpräsident fehlte in der Runde" statt „Der Ministerpräsident war nicht anwesend" macht ebenfalls eine Wertung deutlich.

Problematisch ist auch, wenn in Nachrichten Wertungen und wertende Begriffe als Tatsachen übernommen werden. Im Polizeibericht heißt es gelegentlich: „Der Polizeibeamte musste von der Schusswaffe Gebrauch machen". Diese Formulierung darf natürlich als wörtliches Zitat so übernommen werden. Aber ohne Zitathinweis muss es selbstverständlich heißen: „Der Polizeibeamte hat von der Schusswaffe Gebrauch gemacht" oder besser: „Der Polizeibeamte hat geschossen". Ob er schießen musste, ist die Bewertung durch die Polizei, die dann zitiert werden muss. Auch die Formulierung: „Der NATO-Oberbefehlshaber bezeichnete die Gefahr durch die iranischen Atomwaffen als nicht hinnehmbar" enthält eine Unterstellung, die als Zitat gekennzeichnet werden muss.

Begriffe wie „Heiliger Krieg" oder „Konsumterror" werden von ihren Urhebern zwar als Fakten betrachtet, objektiv sind sie es aber nicht. Auch hier darf ein Hinweis auf die Urheber, etwa Islamisten oder Gewerkschaftsfunktionäre nicht fehlen. Auch Rückbezüge, die im aktuellen Zusammenhang ohne Belang sind, müssen unterbleiben. Dass der frühere bayerische Ministerpräsident Franz Josef Strauß als Verteidigungsminister mit der Starfighter-Affäre zu tun hatte, dass ein Ex-Bundesaußenminister bei Demonstrationen Steine geworfen hat und die ehemalige Ratsvorsitzende der Evangelischen Kirche von Deutschland wegen Alkohols am Steuer auffällig geworden ist, darf nicht bei jeder Gelegenheit, wenn diese Personen in den Nachrichten auftauchen, erwähnt werden. Es sei denn, es gebe einen inhaltlichen Zusammenhang. Gleiches gilt für Zusätze wie „Der vorbestrafte XY", wenn die Vorstrafe im aktuellen Fall keine Rolle spielt. Auch Begriffe aus der Sprache des Militärs tauchen oft – ohne mit Militärthemen zu tun zu haben, in Nachrichten auf. Ausdrücke wie „Schlachtfeld", „Fadenkreuz", „tickende Zeitbomben", „Front", „feindliche Übernahme", „potenzielle Eroberer" usw. finden sich in Nachrichten – oft im Zusammenhang mit Wirtschaftsthemen – nahezu täglich.

Zu beachten ist auch, dass Begriffe im Laufe der Zeit ihre Bedeutung verändern und dass Akteure im Laufe ihres Lebens unterschiedliche Bedeutung erlangen und dies sich in der jeweiligen Bezeichnung spiegelt. So wird aus einem „Attentäter" ein „Freiheitskämpfer". Dieser wird zum „Untergrundpolitiker" und weiter zum „Mitglied einer Gegenregierung". Wird diese Person schließlich demokratisch gewählter Regierungschef, dann ist sie auch so zu bezeichnen. Es geht nicht an, dass es etwa heißt: „Der israelische Ministerpräsident, der frühere Untergrundkämpfer…". In einem Portrait dieses Politikers dürften natürlich und müssten wichtige Details aus dessen Lebenslauf genannt werden.

Interessante Beispiele für die Inanspruchnahme der Sprache für politische Zwecke finden sich im DDR-Duden, den es ja bis zur Wiedervereinigung Deutschlands parallel zum Duden aus Mannheim gab. Dort heißt es z.B. zum Stichwort „Parlament": „Gesetzgebende Körperschaft in bürgerlichen Staaten". Oder unter „Parlamentarismus": „Bürgerliche Regierungsform, in der formal das Parlament die Politik bestimmt". Das Wort „parteilich" wird definiert: „Die Parteigrundsätze entschieden vertretend und anwendend".[4]

Sprachgenauigkeit:

Auch wenn es um wörtliche Zitate geht, kann sich der Adressat von Nachrichten nicht immer sicher fühlen. Zitate sollen nicht nur Inhalte zutreffend wiedergeben, sondern auch Authentizität vermitteln. Ob wörtliches Zitat in Anführungszeichen oder indirektes Zitat in indirekter Rede im Konjunktiv – Zitate sind Auszüge aus längeren Äußerungen, die Auswahl erfolgt zwar nach professionellen Regeln, aber sie ist letztlich subjektiv. Was in gedruckten Medien das Zitat ist, ist in Radio und Fernsehen oft der sogenannte Originalton. Auch Originaltöne sind Ausschnitte, bei denen auch gelegentlich schnitttechnische Aspekte eine Rolle spielen.

Rudolf Gerhard bezeichnet das Zitat als den „direktesten Bericht".[5] Deshalb erfordert ein Zitat besondere Sorgfalt. Insbesondere, wenn eine Aussage politischen Sprengstoff enthält, also eine journalistische Sensation verspricht, muss ein Zitat auf seine Korrektheit geprüft werden. Entweder liefern mindestens zwei als zuverlässig geltende Quellen den gleichen Wortlaut oder man muss als Nachrichtenredakteur nachprüfen. Dies gilt auch für oft wiederholte Zitate, da bekanntlich Falsches auch durch stetes Wiederholen nicht richtiger wird. Im Kapitel über die Quellen der Nachrichten wurde das Beispiel des Bertolt Brecht zugeschriebenen Zitats erwähnt: „Stell dir vor, es ist Krieg und keiner geht hin". Dieses Wort stammt nicht von Bertolt Brecht und es würde – dies ergibt der Gesamtzusammenhang dieses Zitats – auch gar nicht zur Haltung des Schriftstellers passen.[6] Zwar ist jeder Politiker und Wirtschaftsvertreter für seine Äußerungen selbst verantwortlich. Aber wenn Journalisten – um bei diesem Beispiel zu bleiben – dies aus Unkenntnis und ungeprüft übernehmen, wird unter Umständen ein Redner mit einer Position zitiert, die er bei Kenntnis des Originaltextes niemals vertreten hätte. Auch in Hintergrundberichten und journalistischen Kommentaren kann man das nicht korrekte Brecht-Zitat immer wieder lesen. Das Beispiel fällt – wie viele andere auch – letztlich auf den zurück, der es aus Unkenntnis falsch einsetzt. Journalisten laufen jedoch bei Übernahme ohne Prüfung Gefahr, sich generell dem Ruf mangelnder Sorgfalt auszusetzen.

Ähnlich ist es beim Gebrauch juristischer Fachbegriffe. Zwar kann man von Journalisten nicht generell intensive Rechtskenntnisse verlangen. Aber gerade aus diesem Fachgebiet kommen nahezu täglich in den Nachrichten Begriffe vor, sodass man zumindest die Wichtigsten kennen und korrekt anwenden sollte. Die genauen Bezeichnungen der unterschiedlichen Tötungsdelikte beispielsweise, der Unterschied zwischen Besitz und Eigentum oder zwischen Berufung und Revision sollte zu den Basiskenntnissen von Nachrichtenjournalisten gehören.

Ungenauigkeiten finden sich auch oft in der Wahlberichterstattung. Wer eine Wahlsendung in einem öffentlich-rechtlichen Rundfunkprogramm moderiert, muss einfach wissen, dass eine Hochrechnung auf ausgezählten Stimmzetteln basiert und eine Prognose auf demoskopischen Umfragen. Wenn sich die falsche Verwendung dieser Begriffe stundenlang wiederholt, belegt dies, dass nicht nur der Moderator schlecht vorbereitet ist, sondern auch die Verantwortlichen nicht über ausreichende Sachkenntnis verfügen.

Die Überschrift:

Die Überschrift ist ein wichtiges journalistisches Gestaltungselement. In gedruckten und in Online-Medien ist sie unbedingt erforderlich. In gesprochenen, d.h. gesendeten Medien, birgt sie durchaus Probleme. In Zeitungen, gedruckt oder online dient die Überschrift der Orientierung. Sie benennt das Thema, gibt wichtige Hinweise und bietet vor allem natürlich einen Leseanreiz. Sie ist gleichsam die Nachricht über der Nachricht. Überschriften verkürzen, sie dramatisieren, sie können natürlich auch verfälschen. Große Redaktionen können durch ihre Personalausstattung viel Sorgfalt auf die Gestaltung der Überschriften verwenden. So zeichnete sich die „Bild-Zeitung" in den zurückliegenden Jahren zweimal durch besondere Kreativität aus. Die Schlagzeile „Wir sind Papst", als Kardinal Josef Ratzinger zum Papst gewählt wurde, war für Viele geradezu beispielhaft. Ebenfalls die Bild-Zeitung war es, die am Tag der Ernennung des Erzbischofs von München und Freising zum Kardinal titelte „Marks ist jetzt ein Roter". Diese doppelte Anspielung setzt allerdings beim Leser die Kenntnis voraus, wie ein Kardinal offiziell gekleidet ist und dass der neue Kardinal einen berühmten Namensvetter hat.

Wolf Schneider und Detlef Esslinger nennen in ihrem Lehrbuch „Die Überschrift" fünf Forderungen, die an die Überschrift zu richten sind:

1. Die Überschrift muss eine klare Aussage haben.
2. Diese Aussage sollte die zentrale Aussage des Textes sein.
3. Sie darf den Text nicht verfälschen.
4. Sie muss korrekt, leicht zu fassen und unmissverständlich formuliert sein.
5. Sie sollte einen Leseanreiz bieten.[7]

Überschriften bergen die Gefahr, dass sie die nachfolgende Nachricht bereits vorab kommentieren. Wenn etwa eine Zeitung titelt „Unerfüllbare Forderungen Irans an die USA", dann ist dies eine Bewertung. Auch der Titel „In der Metallindustrie droht ein Streik" bedeutet eine Parteinahme.

In den gesprochenen Medien sind – wie eingangs erwähnt – Überschriften durchaus problematisch. Angesichts des kurzen Zeittakts, in dem Nachrichten gesendet werden, fehlt es oft an der erforderlichen Zeit, Überschriften mit der gebotenen Sorgfalt zu gestalten. Sie geraten dann leicht zum Kommentar. Hinzu kommt, dass eine Überschrift leicht mit dem Leadsatz einer Meldung kollidiert. Die Formulierungen sind dann ähnlich oder gar gleich. Gesprochen wirkt dies unbeholfen und holprig. Auch Ortsmarken sind in gesprochenen Nachrichten nicht sinnvoll. An Tagen mit einer Häufung innenpolitischer Themen kommt dann x-Mal hintereinander die Ortsmarke „Berlin". Dies ist weder informativ noch elegant. Hinzu kommt, dass Meldungen, die insbesondere an Wochenenden Zusammenfassungen zu großen Themen bringen, als Ortsmarke oft den Sitz der Nachrichtenagentur enthalten. Manche Redaktionen in Radio und Fernsehen gefallen sich auch mit Überschriften nach folgendem Muster: „Abgereist", „Abgestürzt", „Abgesetzt", „Abgezockt" usw. Die immer wieder den Autoren gestellte Frage nach der Sinnhaftigkeit solcher Formulierungen brachte als Reaktion entweder verlegenes Lächeln oder die wenig überzeugende Floskel: „Das macht man halt so…"

Exkurs: Schreiben für das Sprechen:

Die Regeln für das „Schreiben von Sprechtexten" sind für die Nachrichten in Radio und Fernsehen elementar wichtig. Auch auf die erwähnten und immer wieder gebrauchten Nachrichtenrituale (wie XY erklärte… laut Kanzleramt… usw.) muss die Sprechsprache verzichten. Zunächst sollen die Gründe dargelegt werden, warum gesprochene Nachrichten eine andere Sprache erfordern als gedruckte oder geschriebene Online-Nachrichten:

1. Lesen ist in der Regel Hauptbeschäftigung, Radiohören findet – wie zahlreiche Untersuchungen belegen – in der Regel neben anderen Tätigkeiten statt.
2. Ein Leser kann sich den Zeitpunkt aussuchen, zu dem er beispielsweise Informationen in der Zeitung lesen will. Er kann sich informieren, wenn ihm danach ist.
3. Ein Leser kann im Text springen, man kann einzelne Abschnitte eines Textes in beliebiger Reihenfolge lesen und auch wiederholen.
4. Beim Lesetext helfen Absätze, Satzzeichen, Hervorhebungen, Unterstreichungen usw. zum besseren Verstehen.
5. Der Leser hat einen ständigen Überblick über den Text. Er weiß z.B., wann dieser zu Ende ist, wieviel noch kommt. Beim Hören ist dies völlig anders.
6. Ein Leser kann einen Text so oft lesen wie er will. Unverstanden gebliebenes kann beliebig oft wiederholt werden. Ein Radiotext muss beim ersten Mal verstanden werden, sonst wird er nie verstanden. Ein nicht verstandener Satz oder auch nur Teil eines Satzes kann sogar bewirken, dass der gesamte Rest eines Textes nicht verstanden wird.
7. Wichtig ist, dass der Leser das Tempo des Textkonsums selbst bestimmen kann. Beim Radiohören oder Fernsehen gibt der Sprecher das Tempo vor – und dies ist oft zu hoch. Es ist ein offenbar nicht lösbares Problem, dass im Radio zu schnell gesprochen wird. Nachrichtensprecher erhalten etwa 14 Zeilen Text für eine Sendeminute. Dies muss die absolute Obergrenze sein.

Es geht bei der Sprechsprache um Verständlichkeit, aber natürlich auch um das Behalten. Allein deshalb müssen Texte zum Hören anders, vor allem knapper formuliert sein als Texte zum Lesen. Das Kurzzeitgedächtnis des Menschen beträgt zwei bis drei Sekunden. In dieser Zeit kann man normalerweise etwa neun Silben lesen. Deshalb (Instinkt der Dichter?) brauchen die Verszeilen der großen Kultursprachen zur Wahrnehmung etwa diese Zeit. Ähnliches gilt (Instinkt der Komponisten?) für viele musikalische Motive.

Deshalb gelten für die Sprechsprache einige Regeln:

1. Hauptsätze mit maximal einem Nebensatz.
2. Verb nach vorn. Man sollte seinem Zuhörer das Verb nicht länger vorenthalten als unbedingt nötig ist. Solange man das Verb nicht mitteilt, weiß der Hörer nicht, was geschehen ist.
3. Der Nominalstil eignet sich schlecht als Sprechstil. Das Verb sollte den Satz bestimmen.

4. Nur so viele Zahlen wie unbedingt nötig und diese so einfach wie möglich. Zahlen geben in gesprochenen Medien immer wieder Anlass zu Missverständnissen. Wenn es im Text heißt „32,9 %", dann besteht die Gefahr, dass beim flüchtigen Hören und eventuell noch gestört durch Nebengeräusche „9 %" vom Hörer verstanden wird. Eine ungeschickte Betonung durch den Sprecher tut noch ein Übriges. Stattdessen ist die Formulierung „etwa ein Drittel" klar zu verstehen.

5. Man sollte das Gedächtnis des Zuhörers nicht überstrapazieren. Wer durch ungeschickte Formulierungen veranlasst wird, sich zu viel gleichzeitig zu merken, blockiert sich für die Aufnahme weiterer Informationen. Beispiel: „Das Europapokalspiel zwischen Eintracht Frankfurt und dem Hamburger SV, bei dem es um die Teilnahme am Viertelfinale ging, und das wegen schlechten Wetters vom vorigen Samstag auf heute verschoben werden musste, endete in Berlin 3:0". Besser: „Mit 3:0 besiegte der Hamburger Sportverein im Europapokalspiel...".

6. Sätze nicht überladen. Jede Kerninformation sollte einen eigenen Satz erhalten.

7. Wichtige Begriffe werden zweckmäßiger Weise wiederholt. Dies gilt insbesondere für Namen und Zahlen.

8. Redundanz statt Varianz. In der Schule wurde und wird gelehrt, dass man sich variantenreich ausdrücken und möglichst viele Synonyme gebrauchen sollte. Aus Gründen der Ästhetik ist dies vielleicht eine berechtigte Forderung, aber bitte allenfalls für Lesetexte und nicht für Texte zum Hören. Die Sprechsprache verlangt wegen der Verständlichkeit Redundanz statt Varianz.[8] Manche dieser Regeln lassen sich durchaus auch auf gedruckte Nachrichten anwenden. Eine einfache, leicht verständliche Sprache kann auch dort hilfreich für den Adressaten sein.

Gewichtung von Informationen:

Die Gewichtung spielt in der Nachrichtengebung eine fast ebenso große Rolle wie die Selektion. Fragen nach dem Raum, der einem Text gegeben wird, nach der Platzierung und nach dem Nachrichtenumfeld sind von großer Bedeutung – sowohl bei den gedruckten als auch bei den elektronischen Medien. Auch innerhalb einer Nachrichtenmeldung findet eine Gewichtung statt. Zwar muss der Leadsatz alle wesentlichen Informationen enthalten. Bei den nachfolgenden Einzelheiten findet eine Gewichtung statt, und zwar gemäß dem Prinzip der umgekehrten Pyramide mit abnehmender Bedeutung.

Zunächst wird – und hier gibt es keinen Unterschied zwischen den gedruckten und den gesendeten Nachrichten – über den Umfang und die Platzierung entschieden. Besonders wichtige Themen werden naheliegender Weise sowohl an prominenter Stelle als auch entsprechend umfänglich dargestellt. Das wichtigste Thema wird zum „Aufmacher" in der Zeitung, in Radio, Fernsehen und in Online-Publikationen. Es erscheint auf der ersten Seite bzw. an erster Stelle. Der Umfang hängt dann vom vorhandenen Platz bzw. von der Verfügbaren Sendezeit ab. Auch die Nachrichtenlage wird dabei berücksichtigt, d.h. mit wie vielen Themen das gewählte Aufmacherthema konkurrieren muss. Auch der Publikationstakt des Mediums spielt eine Rolle. Eine gedruckte Zeitung bringt den Aufmacher und auch die anderen Themen entsprechend der getroffenen Gewichtung. Eine Veränderung kann erst in der nächsten Ausgabe erfolgen. Fernsehnachrichten und Online-Nachrichten, vor allem aber Radionachrichten müssen ihren speziellen Zeittakt, den Erscheinungstakt, berücksichtigen. Am Beispiel des Mediums Radio lässt sich dieses Problem verdeutlichen:

Bleibt ein Thema, weil es von außerordentlicher Bedeutung ist, längere Zeit das Spitzenthema und neuere Meldungen werden nicht nach vorne gezogen, dann ist es sinnvoll, innerhalb der Spitzenmeldung etwas Neues voranzustellen. In der Regel entwickelt sich ein Thema, das zum Aufmacher geworden ist, weiter. Zu politischen Themen gibt es Reaktionen, bei kriegerischen Auseinandersetzungen entwickelt sich die militärische Lage weiter, zu einer Katastrophe gibt es neue Einzelheiten über Zahl der Opfer, Ursache usw. Diese neuen Aspekte werden dann an den Anfang der Meldung gestellt. So bleibt der Grundsatz, dass nach einer gewissen Zeit etwas Neues nach vorne gestellt werden sollte, gewahrt, obwohl das Aufmacherthema selbst gar nicht neu ist. Wichtige Themen können im Laufe eines Tages in den Nachrichten sogar ganz weit nach hinten, in die sogenannten „Zusammenfassungen" rücken. Zu bedenken ist, dass in einer Nachrichtensendung in Radio und Fernsehen die letzte Meldung eine besondere Bedeutung hat. Sie hat bei Hörern und Zuschauern einen besonders hohen Erinnerungswert. Umso erstaunlicher ist es, dass viele Redaktionen die letzte Position einer Sendung für sogenannte „bunte" Meldungen verwenden und nicht für etwas wirklich Bedeutendes.

Die Rangordnung der Informationen wird also ständig neu bestimmt – je nach Medium täglich, stündlich oder gar halbstündlich. Dieses Verfahren, das im Wesentlichen journalistischen Sachzwängen geschuldet ist, führt auch dazu, dass es in der Nachrichtengebung immer wieder zur sogenannten Stichflammen-Berichterstattung kommt. Ein Thema kommt auf, erhält schlagartig Bedeutung, wird von Journalisten auf die Agenda gesetzt und hoch gewichtet. Ebenso rasch verschwindet es oft wieder. Die Stichflamme erlischt, weil zum Thema keine neuen Informationen geliefert werden. Das Ereignis selbst existiert natürlich weiter. Nachrichten fragen weder nach der Genesis – wie kam es zum Ereignis, das plötzlich Schlagzeilen produziert? Gefragt wird auch meist nicht nach dem weiteren Verlauf. Dieser Mangel in der Nachrichtengebung praktisch aller Medien wird verstärkt durch die Online-Berichterstattung. Nicht nur die Selektion wird beeinflusst, sondern auch die Gewichtung. Zu den Kriterien „wichtig" und „interessant" ist der Faktor „neu" hinzugekommen. Natürlich haben Nachrichten immer „das Neue" gebracht, aber „neu" ist kein Wert an sich.

Framing und Priming:

Medien haben Einfluss auf die Adressaten zunächst dadurch, dass sie Themen auf die Agenda der Gesellschaft setzen oder nicht. Dies wurde im Kapitel über die Nachrichtenselektion ausführlich dargestellt. Es kommt aber nicht nur darauf an, ob Themen auf die Agenda gesetzt werden, sondern wie dies geschieht. Die Art der Präsentation eines Themas hat ebenfalls Wirkung. Die Art der Darstellung liefert den Rahmen (Frame) für das jeweilige Thema. Insofern gehört der Aspekt „Framing" nicht nur zum Bereich „Selektion", sondern auch zur Nachrichtengestaltung. Themen werden sowohl bezüglich ihres Umfangs als auch mit Hilfe von Gestaltungselementen wie Aufmachung, Bebilderung, ergänzende Grafiken und Statistiken mit einem Rahmen versehen, der Einfluss auf den Rezipienten hat. Zum Rahmen gehört auch die Betonung bestimmter Aspekte eines Themas. All dies trägt natürlich zur Beurteilung eines Themas durch den Adressaten bei. Insofern kommt dem Aspekt „Framing" Bedeutung sowohl im Zusammenhang mit der Gestaltung von Nachrichten als auch mit der Wirkung von Nachrichten zu. Journalisten wenden – sei es bewusst oder unbewusst – auch in ihren Texten selbst „Framing-Techniken" an. Dazu gehört etwa die Verwendung von Metaphern, durch die der Leser oder Hörer zu Vergleichen angeregt wird und sich so ein eigenes Bild von dem berichteten Geschehen macht. Attraktive Beispiele erhöhen den Reiz, eine Geschichte nicht nur wahrzunehmen, sondern auch im Gedächtnis zu behalten. Der Gebrauch von Schlüsselbegriffen erhöht die Aufmerksamkeit, regt zu Verknüpfungen an und fördert die Bereitschaft, weiterzulesen oder zuzuhören. Ein oft praktiziertes Stilmittel in diesem Zusammenhang ist auch der Kontrast. Ein Thema wird von den Adressaten umso attraktiver, je stärker es als Gegensatz zu etwas anderem empfunden werden kann. „Frames" sind auf unterschiedlichen Stufen des Kommunikationsprozesses relevant. Sie finden sich erstens in den Köpfen der Kommunikatoren, beispielweise der Journalisten (journalistische Frames). Sie steuern, neben anderen Faktoren, die journalistische Nachrichtenauswahl, weil Journalisten eher über Ereignisse berichten, die ihren Erwartungen entsprechen und sich bei ihrer Berichterstattung an etablierte Deutungsmuster halten. Frames finden sich zweitens in kommunikativen Botschaften, beispielsweise Medienbeiträge (Medien-Frames)... Frames finden sich drittens auch in den Köpfen der Rezipienten (Rezipienten-Frames). Demnach interpretieren die Rezipienten neue Informationen im Lichte ihres Vorwissens und ihrer Voreinstellungen.[9]

Ähnlich wie das Phänomen „Framing" wird auch der Begriff „Priming" im Zusammenhang mit den Themenfeldern Nachrichtenselektion und Medienwirkung gesehen. Er spielt aber auch in der Nachrichtengestaltung eine Rolle, da er zu Praktiken gehört, die Journalisten – wiederum bewusst oder unbewusst – anwenden, um bestimmte Wirkungen beim Adressaten zu erzielen. Beim Priming geht es darum, bereits im Gedächtnis des Adressaten vorhandene Vorkenntnisse durch neue Informationen zum Thema zu aktivieren. Wenn also bestimmte Inhalte immer wieder in der Berichterstattung auftauchen, bekommen sie für den Rezipienten eine besondere Wichtigkeit. Verstärktes und wiederholtes Thematisieren erzeugt nicht nur erhöhte Aufmerksamkeit, sondern prägt auch das Urteil von Hörern und Lesern über den jeweiligen Gegenstand. Dass Journalisten dieses Phänomen bei der Gestaltung von Nachrichten bewusst einsetzen, zeigt sich immer dann, wenn es um Kampagnen geht und Wiederholungen sowie prominente Platzierungen systematisch eingesetzt werden.

Schlussbemerkung:

Im Zusammenhang mit der Gestaltung von Nachrichten taucht insbesondere, wenn es um den öffentlich-rechtlichen Rundfunk geht, oftmals der Begriff „Ausgewogenheit" auf. Ausgewogenheit ist – so scheint es – hier und da zu einer Art Kampfbegriff geworden. Wenn sich etwa Politiker durch journalistische Berichterstattung schlecht behandelt fühlen, steht rasch die Forderung nach mehr Ausgewogenheit im Raum. Gemeint ist dann in vielen Fällen Unausgewogenheit im eigenen Interesse. Die Diskussion um die Ausgewogenheit in der Nachrichtengebung ist in der Regel nicht sachorientiert. Nachrichten können und dürfen nicht ausgewogen sein. Schließlich ist das Zeitgeschehen alles andere als ausgewogen. Natürlich muss von Nachrichten verlangt werden, dass alle wichtigen Informationen zu einem Thema gebracht werden – vorausgesetzt, sie sind auch verfügbar. Auch alle relevanten Aussagen zum Thema müssen wiedergegeben werden. Kein professionell arbeitender Journalist wird einseitig zitieren, schon gar nicht in Zeiten, in denen durch Medienvergleich Vieles leicht überprüfbar ist. Man wird stets relevante Positionen einander gegenüber stellen, um dem Adressaten ein möglichst vollständiges Bild zu vermitteln. Gerade in der Politikberichterstattung wird es aber immer wieder vorkommen, dass eine Partei dominiert, dann zum Beispiel, wenn ein wichtiger Parteitag stattfindet, der in dieser Zeit die Nachrichten beherrscht. Es wäre geradezu grotesk, wollte man, um einer formalen, d.h. künstlichen Ausgewogenheit Willen, Informationen anderer Parteien suchen, selbst wenn es solche von Bedeutung gar nicht gibt. Selbstverständlich – um bei dem Beispiel des Parteitags zu bleiben – müssen nachrichtenwerte Reaktionen anderer Parteien darauf gebracht werden, allerdings wegen ihrer Relevanz und nicht mit Blick auf eine formale Ausgewogenheit. Der Eindruck von Unausgewogenheit entsteht oft auch dadurch, dass Betroffene nicht verstehen, dass die Akteure des gesellschaftlichen Lebens Themen setzen und andere allenfalls reagieren können. Regierungen, ob im Bund oder in den Bundesländern, haben erfahrungsgemäß größere Chancen, die Agenda zu bestimmen als die jeweilige Opposition. Diese Tatsache führt in der politischen Diskussion, beispielsweise um die öffentlich-rechtlichen Rundfunkanstalten, zu gelegentlich grotesken politischen Zuschreibungen. So wird eine Rundfunkanstalt, in deren Bereich über lange Zeit eine bestimmte Parteienkonstellation die Regierung stellt, oft von Oppositionsparteien als „Rotfunk" oder „Schwarzfunk" bezeichnet. Glücklicherweise kehrt sich das Ganze im Falle von Regierungswechseln dann um, wobei dann bewiesen wird, wie wenig sachgerecht zuvor argumentiert wurde. Wenn es um die Frage der Ausgewogenheit der Berichterstattung geht, ist stets zu bedenken, dass auch die täglich wechselnde Nachrichtenlage einer solchen entgegensteht. Jede Nachricht muss sich – und zwar täglich aufs Neue – an ihrem Umfeld messen lassen. Sowohl die redaktionellen Auswahlentscheidungen als auch die Entscheidung über die

Gewichtung müssen täglich, in Radio, Fernsehen und Online-Medien oft stündlich neu getroffen werden. Diese Tatsache ist Öffentlichkeitsarbeitern in Politik und Wirtschaft oft schwer zu vermitteln. Die Beschwerde hingegen über eine Redaktion, die etwa lautet: „Gestern haben Sie doch von der Partei oder der Firma XY dies oder jenes gebracht. Warum kommt heute unsere Meldung nicht?" muss geduldig immer wieder und mit dem Argument beantwortet werden: „Gestern war gestern, heute gibt es eine neue Nachrichtenlage mit einer Fülle wichtiger Themen. Hätten Sie Ihre Information auch gestern…". Öffentlichkeitsarbeiter sind stets gut beraten, wenn sie sowohl die Auswahlkriterien von Nachrichtenredakteuren als auch den Leadsatzstil für das Verfassen von Meldungen beherrschten.

Anmerkungen:

1   Arnold, Bernd-Peter (1999): ABC des Hörfunks. 2. überarbeitete Auflage, Konstanz, UVK-Medien, S. 140 ff.
2   Popper, Karl: zitate.eu
3   Schneider, Wolf (2010): Deutsch für Profis. München, Goldmann Verlag;
     Wörter machen Leute. München 1986, Piper Verlag;
     Deutsch für Kenner. München 2006, Piper Verlag;
     Schneider, Wolf u. Raue, Paul-Josef (2012): Das neue Handbuch des Journalismus. Reinbek, Rowohlt Verlag.
4   Der große Duden. 18. Neubearbeitung 1985, VEB Bibliographisches Institut Leipzig.
5   Gerhard, Rudolf (2001): Lesebuch für Schreiber. Frankfurt, FAZ Verlag, S. 116
6   Vgl. Kapitel „Googeln genügt nicht –die Quellen der Nachrichten".
7   Schneider, Wolf u. Esslinger, Detlef (2007): Die Überschrift. Berlin, ECON Verlag, S. 17.
8   Arnold, Bernd-Peter (1999): ABC des Hörfunks. Konstanz, UVK, S. 270 ff
9   Maurer, Marcus (2010): Agenda Setting. Baden-Baden, Nomos Verlag.

Kapitel 10 Ein überholter Grundsatz? – Die Trennung von Nachricht und Meinung

Bereits im Kapitel „Zwischen Bewunderung und Verachtung – Die Nachrichtenmacher" wurde das Problem der Trennung von Information und Meinung angesprochen. Im Zeitalter des medialen Wildwuchses, in dem durch moderne Techniken Jeder Alles nahezu unbegrenzt verbreiten kann, stellt sich die Frage dieser Trennung stärker als je zuvor. Da in den sogenannten „sozialen Medien" meist Informationen aus persönlicher Betroffenheit der Autoren oder aber Meinungen zu ohnehin auf der Nachrichtenagenda stehenden Themen verbreitet werden, ist es umso wichtiger, dass die journalistischen Medien sorgfältig zwischen Nachricht und Meinung unterscheiden. Ihre Verantwortung für die zuverlässige Information der Gesellschaft wächst. Umso wichtiger ist es, dass sie nicht ebenfalls der Versuchung erliegen, Information und Meinung zu vermischen.

Das Prinzip der Trennung von Information und journalistischer Meinung hat in Deutschland keine lange Tradition. Es ist vielmehr verbunden mit der Entwicklung der Medien nach dem zweiten Weltkrieg. Als es darum ging, nach Ende der Naziherrschaft in den drei westlichen Besatzungszonen ein neues Mediensystem zu organisieren, setzte sich sowohl im Print- als auch im Rundfunkbereich das angelsächsische Modell durch. Zeitungen entstanden auf der Basis von Lizenzen der jeweiligen Besatzungsmacht. Der Rundfunk wurde nach dem Vorbild der British Broadcasting Corporation (BBC) in Form öffentlich-rechtlicher Anstalten organisiert, allerdings wegen der schlechten Erfahrungen mit dem zentralistischen Reichsrundfunk föderalistisch mit Landesrundfunkgesetzen und Staatsverträgen als Rechtsgrundlage.

Doch nicht nur organisatorisch wurde das angelsächsische Mediensystem eingeführt. Auch der Journalismus, der sich zunächst in den Ländern und ab 1949 in der neuen Bundesrepublik Deutschland etablierte, entsprach angelsächsischem Vorbild. Es ging von Anfang an um staatsfreie, neutrale und faire Berichterstattung und damit verbunden um die strikte Trennung von Nachricht und Kommentar. Nach angelsächsischer Tradition bedeutete dies zugleich auch die personelle Trennung von Berichterstatter und Kommentator, d.h., ein Journalist, der über ein Ereignis berichtete, kommentierte dieses nicht. Den Kommentar verfasste stets ein Anderer. Dieses Prinzip wurde jedoch in Deutschland niemals konsequent durchgesetzt.

Die Trennung von Nachricht und Kommentar wurde – zumindest formal – umgesetzt. In den gedruckten Medien galt die Trennung gleichsam als ungeschriebenes Gesetz, im öffentlich-rechtlichen Rundfunk wurde der Grundsatz in die Landesrundfunkgesetze und Staatsverträge aufgenommen. Einer der Pioniere des öffentlich-rechtlichen Rundfunks in Deutschland war Sir Hugh Carleton Greene. Er war britischer „Chief Controller" des Rundfunks in der britischen Besatzungszone und von 1946 bis 1948 erster Generaldirektor des damaligen Nordwestdeutschen Rundfunks (NWDR). Später war er Generaldirektor der BBC. Er setzte sich intensiv für die Rolle des Rundfunks als Vermittler von Informationen ein. Gleiches gilt für die Trennung von Information und Meinung. In der amerikanischen Besatzungszone initiierten US-Kontrolloffiziere Rundfunkgesetze, die diese Trennung sicherstellen sollten. So verabschiedete der Hessische Landtag am 2. Oktober 1948 das Gesetz über den Hessischen Rundfunk, indem es noch heute im § 3, Abs. 4 wörtlich heißt: „Die Berichterstattung muss wahrheitsgetreu und sachlich sein. Nachrichten und Stellungnahmen dazu sind deutlich voneinander zu trennen. Zweifel an der Richtigkeit sind auszudrücken. Kommentare zu den Nachrichten müssen unter Nennung des Namens des dafür verantwortlichen Verfassers als solche gekennzeichnet werden."

Hugh Carleton Greene – ein erfahrener Journalist –, der in unterschiedlichen Funktionen sowohl für Zeitungen als auch für das Radio gearbeitet hatte, war ein Glücksfall für den gerade entstehenden öffentlich-rechtlichen Rundfunk in Deutschland. Er machte auch bereits in den Jahren unmittelbar nach dem zweiten Weltkrieg die Erfahrung, dass deutsche Politiker allzu gerne wieder Einfluss auf den Rundfunk haben wollten. Der Missbrauch des neuen Mediums durch die Nazis hatte auf sie offenbar wenig Wirkung gehabt. Sowohl die Briten als auch die Amerikaner, die beiden Besatzungsmächte, die letztlich das öffentlich-rechtliche System – und zwar in föderalistischer Struktur – in Deutschland durchsetzten, sorgten auch von Anfang an dafür, dass politische Pluralität praktiziert wurde. Hugh Carleton Greene machte dies auf britisch-humorvolle Weise in seiner Rede anlässlich seines Abschieds vom NWDR und der Übergabe des Rundfunks in deutsche Verantwortung deutlich. „Ich hoffe," – so sagte er – „dass der Tag niemals kommen wird, an dem der Vorsitzende der SPD aufhören wird, über den „Nordwestdeutschen CDU-Rundfunk" zu sprechen und der Vorsitzende der CDU vom „Nordwestdeutschen Roten Rundfunk".[1]

Diese Grundlage für den öffentlich-rechtlichen Rundfunk in Deutschland wurde später durch parteipolitische Einflussnahme auf die Personalpolitik leider relativiert. Das Urteil des Bundesverfassungsgerichts vom 25. März 2014 lässt jedoch hoffen, dass der Staatseinfluss wieder zurückgefahren wird. In diesem Urteil wird verlangt, dass der Verwaltungsrat des ZDF in seiner Zusammensetzung wegen mangelnder Staatsferne geändert werden muss.[2] Dieses Urteil hat Konsequenzen auch für andere öffentlich-rechtliche Rundfunkanstalten.

Klaus Schönbach hat in einer empirischen Untersuchung die Trennung von Nachrichten und Meinung als journalistisches Qualitätskriterium erforscht. Er gibt zunächst einen historischen Abriss, wie sich das Phänomen entwickelt hat und welche Bedeutung die Zeit nach dem zweiten Weltkrieg dabei spielt. Er entwickelt ein Messverfahren zur empirischen Analyse des Zusammenhangs zwischen Nachrichtengebung und Kommentierung. Untersucht werden die Fernsehprogramme von ARD und ZDF sowie 20 Tageszeitungen in ihrer Berichterstattung über die Berlin-Verhandlungen der Alliierten im Jahre 1971. Ein wichtiges Ergebnis ist, dass in vielen Fällen die Berichterstattung der Kommentierung angepasst werde und zwar ohne, dass die Nachricht direkt mit Urteilen versehen sei.[3] Schönbach stellt zahlreiche direkte und indirekte Verstöße gegen das Trennungspostulat fest. Die Studie zeigt insgesamt auch – und dies wird durch die journalistische Praxis immer wieder belegt – dass die konsequente Trennung von Nachricht und journalistischer Meinung nicht so einfach ist, wie die Regeln von Rundfunkgesetzen und Staatsverträgen vermuten lassen. Am ehesten gelingt dies noch im Hörfunk – dort nämlich, wo der „klassische" Nachrichtenstil gepflegt wird.

In Zusammenhang mit der Trennung von Information und Meinung spielt auch das Pluralitätsgebot für den öffentlich-rechtlichen Rundfunk eine Rolle. Dieses gilt auch und besonders für die Kommentierung. Da es nicht „die Meinung des Rundfunks" geben kann, sondern nur „Meinungen im Rundfunk" müssen die Verantwortlichen für Kommentarsendungen in Radio und Fernsehen sicherstellen, dass ein Thema über einen gewissen angemessenen Zeitraum nicht immer wieder aus ein und derselben Perspektive kommentiert wird, sondern dass unterschiedliche Positionen zum Tragen kommen. Gleiches gilt auch für die Darstellung unterschiedlicher Positionen in den Nachrichten – also für die Wiedergabe von Meinungen. Hier hat das Bundesverfassungsgericht in seinem ersten Rundfunkurteil im Jahre 1961 klare Vorgaben gemacht. Danach dient der Rundfunk keineswegs dazu, den einzelnen Mitarbeitern ein besonders wirksames Instrument zur Präsentation ihrer Meinung zu geben. Wörtlich heißt es in dem Urteil: „Sie sind nicht Herren des Rundfunks, sondern sie dienen den gesellschaftlich relevanten Kräften und Gruppen. Der Begriff der gesellschaftlich relevanten Gruppen muss dabei im weitesten Sinne verstanden werden, darf nicht auf etablierte Gruppen beschränkt sein."[4]

Wie bereits dargestellt, bedürfen Nachrichten in der Regel weniger der Kommentierung als der journalistischen Einordnung. „Eine Nachricht, die nichts als Nachricht bleibt, ist keine, die Meldung etwa, dass ein Premierminister von Nepal gestürzt, eine neue Regierung gebildet sei. Der Empfänger muss die Verhältnisse in dem Land kennen, um mehr zu wissen als vorher. Oder der Berichterstatter muss sie kennen und vor dem Hintergrund dieser Kenntnis die Meldung aufbauen, sodass ein Bild entsteht. Das Mehr, das die Nachricht erst zu einer macht, entstammt in beiden Fällen der Kenntnis der Verhältnisse und solche Kenntnis ist immer auch schon Interpretation der Verhältnisse. Die Grenzziehung zwischen Information und Interpretation ist also fiktiv. Sie sollte aufgegeben werden."[5] Diese Position von Ulrich Sonnemann wird immer wieder vertreten. Auf den ersten Blick mag sie manchem einleuchtend erscheinen, doch ist diese Einstellung gefährlich. Sie mag gut gemeint sein, aber leicht könnte sie als Freibrief für einen reinen Meinungsjournalismus missverstanden werden. Sie birgt die Gefahr eines Akzeptierens der Vermischung von Information und Meinung. Zahlreiche Publikationen im Internet sind hier natürlich Negativbeispiele. Die Frage, wo Faktendimensionierung im Sinne von Zusatzinformation, Definition und Erklärung endet und Kommentierung beginnt, muss immer wieder gestellt werden. Der Adressat vermag mangels Vorinformation gewiss nicht immer zu unterscheiden, ob es sich bei einer vermeintlichen Sacherläuterung um die persönliche Meinung eines Journalisten handelt oder um eine Faktendarstellung. Elektronische Medien flüchten sich zunehmend in den Begriff „Einschätzung". Dabei ist zu fragen, ob jedem Hörer oder Zuschauer klar ist, dass es sich hier um persönliche Meinungen von Journalisten handelt.

Vermittlung von Informationen, Kritik an bestehenden Verhältnissen und handelnden Personen sowie Kontrolle der gesellschaftlichen Akteure – dies sind die klassischen Funktionen des Journalismus. Strittig ist, wie bei diesen Funktionen die Akzente zu setzen sind. Im angelsächsischen Journalismus liegt das Schwergewicht auf der Informationsvermittlung. Nachrichtenredakteure und Reporter genießen das höchste Ansehen. In

Deutschland gilt der Kommentator als der profiliertere Journalist. Dabei wird die Bedeutung der Kommentierung sowohl innerhalb von Medienunternehmen als auch beim Publikum stark überschätzt. Es ist nämlich ungleich einfacher, einen Kommentar über ein Ereignis zu verfassen, als einen fundierten Bericht oder eine knappe Nachrichtenmeldung.

Faktengetreue Wiedergabe von Ereignissen ohne wertende Zusätze ist die eigentliche Königsdisziplin des Journalismus, nicht der Kommentar oder die sogenannte Einschätzung. Die Trennung von Information und Meinung ist schwierig und sicherlich nicht immer konsequent durchzuhalten. Dies wird auch in der erwähnten Studie von Klaus Schönbach deutlich. Wie differenziert die Forderung nach Trennung und auch das Thema „Ausgewogenheit" zu betrachten sind, macht Elisabeth Noelle-Neumann in ihrem Vorwort zu der Studie deutlich.[6] Dennoch sollte man im Bemühen um die – zumindest für den öffentlich-rechtlichen Rundfunk sogar rechtlich gebotene – Trennung von Information und Meinung nicht nachlassen. Besonders kritisch sollte man sehen, dass in den elektronischen Medien, bei Moderationen und in Interviews oft Information und Meinung vermischt werden. Moderatoren führen oft nicht zum Thema hin, was ihre eigentliche Aufgabe ist. Sie teilen vielmehr ihre persönliche Meinung zum Thema mit. Ähnlich ist es in Interviews, wenn Interviewer Antworten von Interviewten kommentieren, statt im Sinne der Vermittlung zusätzlicher Informationen nachzufragen.

Das Thema Trennung von Information und Meinung hängt stark vom jeweiligen Journalismusverständnis ab. Der Unterschied zwischen den angelsächsischen Ländern und Deutschland wurde bereits erwähnt. Selbst zwischen den Journalismus-Kulturen der westeuropäischen Demokratien gibt es beträchtliche Unterschiede. In den angelsächsischen Ländern gilt – wie gesagt – der Grundsatz der strikten Trennung. In Frankreich ist demgegenüber die Trennung so gut wie kein Thema. Journalistische Berichterstattung ist durchaus mit persönlichen Einschätzungen verbunden. Die in England und auch in Deutschland üblichen formalen Unterscheidungen bei den journalistischen Darstellungsformen spielen im französischen Journalismus eine untergeordnete Rolle. Dies wird beispielsweise in einem bekannten Journalismus-Lehrbuch deutlich. Im Kapitel über journalistische Formen kommt in den Überschriften zu den einzelnen Abschnitten der Begriff „Nachricht" überhaupt nicht vor. Aber der Begriff „Opinion", also „Meinung" steht am Anfang des Kapitels.[7]

Anmerkungen:

1   Greene, Hugh Carleton (1970): Entscheidung und Verantwortung – Perspektiven des Rundfunks. Hamburg, Verlag Hans-Bredow-Institut, S. 44.
2   Bundesverfassungsgericht Urteil vom 25.03.2014 (1 BvF 1/11, 1 BvF 4/11)
3   Schönbach, Klaus (1977): Trennung von Nachricht und Meinung. Freiburg, Alber Verlag.
4   Bundesverfassungsgericht Urteil vom 28.02.1961 (BVerfGE 31/340).
5   Sonnemann, Ulrich (1964): Dialektik der Nachricht. In: Hübner, Paul (Hrsg.): Information oder herrschen die Souffleure? Reinbek, Rowohlt Verlag, S. 10
6   Schönbach, Klaus, a.a.O., S. 7 ff.
7   Mouriquand, Jacques (2015): L'Ecriture Journalistique. Paris, Presses Universitaires de France, S. 58 ff.

Kapitel 11 Der Zwang zu Auflage und Quote – Infotainment und Boulevard

Drei Probleme kennzeichnen in unserer Zeit – so wurde es im Kapitel „Nachrichten heute" beschrieben – die Nachrichtengebung: Die Tatsache, dass mächtige Gruppen in der Gesellschaft, eingeschlossen die Regierungen, gelernt haben, die Nachrichten in ihrem Sinne zu managen. Dann die Entwicklung der modernen Nachrichtentechniken, die zu einem erheblichen Teil die Funktion der klassischen Nachrichtenorganisationen übernommen haben. Schließlich der Trend, dass Nachrichten zunehmend im Zusammenhang mit Unterhaltungselementen dargeboten werden.

Das Kunstwort „Infotainment", entstanden aus „Information" und „Entertainment" wird oft, und nicht selten zu Unrecht, als eine Mischung von Information und „Gags" diskriminiert. Es geht vielmehr in vielen Fällen darum, Unterhaltungselemente gleichsam als „Lokomotive" für den Transport von Informationen zu nutzen. Das Magazinformat beim Radio ist ein Beispiel, das seinen Ursprung in den 1960er Jahren hat. Unterhaltungsmusik zieht Massenpublikum an. Eingestreute Informationen erreichen auf diese Weise mehr Adressaten als in traditioneller Form. Fernsehen und Printmedien gehen seit langem ähnliche Wege.

Problematischer ist der Trend zu „Soft News", d.h. das „Interessante" erhält bei der Nachrichtenauswahl höheres Gewicht als das „Wichtige". Ähnliches gilt, wenn Nachrichten mit Blick auf die Emotionen der Adressaten ausgewählt werden oder die Beteiligung von Prominenten, sogenannter „Celebrities" den Ausschlag gibt, ob ein Thema auf die Agenda gesetzt wird oder nicht. Talkshows, in denen Fußballstars Weltpolitik erklären oder Terroristen nach Verbüßung ihrer Strafe ihre Verbrechen rechtfertigen dürfen, führen in die gleiche Richtung. Auch die Spielfilmbranche liefert Beispiele, wie politische Information auf dem Wege der Unterhaltung – nicht selten in manipulativer Absicht – transportiert wird. Stanley Kubriks „Full Metal Jacket" und Michael Moores „Fahrenheit 9/11" sind zwei bekannte Fälle. Die Problematik wird eindrücklich belegt in dem Hollywoodfilm „Wag the Dog" mit Dustin Hoffman und Robert de Niro, in dem ein amerikanischer Präsident einen militärischen Konflikt in einem Fernsehstudio inszenieren lässt, um von tatsächlichen politischen Problemen abzulenken. Auch die Liveübertragungen von Großereignissen in Radio und Fernsehen haben oft mehr Unterhaltungs- als Informationswert. Dies reicht von olympischen Spielen über Fürstenhochzeiten bis zu Papstwahlen und manchmal sogar bis zum Krieg. Nicht zufällig ist der amerikanische Nachrichtenkanal CNN wegen der Direktübertragung der amerikanischen Raketenangriffe auf Bagdad während des ersten Irak-Kriegs heftig kritisiert worden und hat so auch einen Teil seines zuvor guten Rufs als journalistisches Medium verspielt. Natürlich ist Nachrichtenjournalismus immer auch ein Stück Unterhaltung. Sonst wäre ein Massenpublikum wohl kaum zu erreichen. Entscheidend ist, dass sich die Macher der Tatsache bewusst sind, dass man sehr leicht die Grenze der Seriosität überschreitet. Oft sind es geradezu verzweifelte Versuche, vor allem ein jüngeres Publikum an Informationen heranzuführen – allzu oft erreichen sie das Gegenteil. Als Beispiel für einen völlig gescheiterten Versuch wird gern eine Sendung des großen amerikanischen Fernsehsystems ABC herangezogen. Um jüngere Zuschauer zu gewinnen, ließ man im Jahre 2000 den Schauspieler Leonardo DiCaprio den damaligen US-Präsidenten Bill Clinton zu einer Umweltkampagne interviewen. Das Ganze endete in einer publizistischen Katastrophe. DiCaprio beherrschte die einfachsten Interviewtechniken nicht und außerdem wurde während der Sendung bekannt, dass der Schauspieler einer der Unterstützer dieser Kampagne war.

Der amerikanische Medienwissenschaftler Neil Postman erregte Mitte der 1980er Jahre auch in Europa großes Aufsehen, als er die wachsende Überbewertung der Unterhaltung in den elektronischen Medien fundiert kritisierte. Sein Buch „Wir amüsieren uns zu Tode"[1] („Amusing ourselves to death") führte insbesondere bei deutschen Medienmachern zu geradezu zornigen Reaktionen. 30 Jahre nach Erscheinen von Postmans Thesen ist allerdings deutlich geworden, dass er viele Entwicklungen vorausgesehen hat. Seine Grundforderung lautet: „Problematisch am Fernsehen ist nicht, dass es unterhaltsame Themen präsentiert, problematisch ist, dass es jedes Thema als Unterhaltung präsentiert." Äußerst kritisch setzt sich Postman auch mit der Oberflächlichkeit insbesondere der elektronischen Informationsmedien auseinander. Am Beispiel politischer Talkshows formuliert er: „Es liegt schon beinahe außerhalb der Grenzen des Erlaubten, in einer Fernsehsendung zu sagen „Lassen Sie mich darüber nachdenken", „Ich weiß nicht", „Was meinen Sie, wenn Sie sagen...?" oder „Aus welcher Quelle stammt Ihre Information?"... mit einem Wort: Denken ist keine darstellende Kunst."[2]

Natürlich haben Leser, Hörer und Zuschauer neue Erwartungshaltungen entwickelt. Nachrichten sollen nach Möglichkeit nicht „trocken", d.h.

langweilig daher kommen. Sie sollen leicht konsumierbar sein. Im Wettbewerb um Auflage und Quote erfüllen die Medien oft allzu bereitwillig diese Wünsche. Die Realität soll aufregender, farbiger, lockerer, sexier usw. erscheinen als sie tatsächlich ist. Die Nachrichtenjournalisten sind oft gezwungen, sich auf das Feld der Unterhaltung zu begeben, um Publikumserfolg zu haben. Der kanadische Medienwissenschaftler Roger Bird sieht hier auch einen Zusammenhang mit modernen Techniken. „Die Digitalisierung von visueller Information und Audio-Information, Computer-Grafiken, die Bereitschaft, Nachrichtenleute auf der Basis ihres Aussehens und ihrer Leistungen jenseits der Nachrichtengebung oder des Journalismus einzusetzen, bedeuten die ständige Versuchung, die Grenze zwischen Fakten und Fiktion zu überschreiten, zu unterhalten statt zu informieren, Realität zu kreieren anstatt über sie zu berichten."[3] Seit Jahren beschreiben Bildungsexperten die Situation ähnlich. Die meisten Menschen sind heute nur noch dann bereit, etwas Neues zu lernen, wenn sie dabei unterhalten werden. Stichwort: „Edutainment".[4]

Nicht nur in Talkshows kommt es für Politiker auf ihre Wirkung in den Massenmedien an. Politik wird zunehmend durch die Ästhetik der neuen Medien selbst ersetzt. Der eigentliche politische Vorgang wird von den Installationen der Massenmedien völlig überlagert. Auch der kürzeste Weg eines Politikers ist mit Interviews und Statements gepflastert. Der Politiker als Medienstar ersetzt den charismatischen Führer. Damit tritt das elektronische Image an die Stelle politischen Handelns.[5] Das Images und Unterhaltungselemente zumindest teilweise den Politikbetrieb bestimmen, führt zwangsläufig dazu, dass sich dies in der Nachrichtengebung spiegelt. Oft kommt es zu Wechselwirkungen und es drängt sich die Frage auf: „Welche Seite hat wohl angefangen?". Stark von Unterhaltungselementen sind auch die zahlreichen inszenierten Pseudoereignisse geprägt. Beispielhaft sind hier die „Tage" aus beliebigem oder sogar ohne Anlass zu nennen. „Tag des Baumes", „Tag der Umwelt", „Tag des Kleingartens" – nahezu täglich findet dergleichen statt, ohne wirklichen Anlass, nur auf der Basis von PR-Ideen. Ein Thema wird gesetzt, um Medienaufmerksamkeit zu erreichen – meist mit Erfolg. Um das Pseudoereignis zum Ereignis zu machen, wird es mit Unterhaltungselementen versehen. So wird es für viele Medien attraktiv, der Zweck ist erreicht. Dass sich oft auch der Politikbetrieb dieser Methode bedient, ist nur folgerichtig. Wünschenswert wäre allerdings, dass sich Journalisten bei der Auswahl und Wahrnehmung solcher „Termine" kritischer verhielten.

In den Bereich des Infotainments gehört auch das Thema „Talkshow" und damit verbunden der „Celebrity-Kult". Dass in Talkshows nachrichtenwerte Äußerungen fallen, ist eher die Ausnahme. Dies hat sowohl mit den Gästen als auch mit den Moderatoren zu tun. Auch hier gilt oft das Prinzip: „Es ist zwar bereits alles gesagt, nur noch nicht von allen". Bereits 1961 hat sich der amerikanische Historiker und Medienkritiker Daniel Boorstin mit dem Thema „Celebrity" – wir sagen heute „Promis" – auseinander gesetzt. Seine Beobachtungen münden in dem Satz: „A celebrity is a person who is known for his well-knownness"[6] – sinngemäß übersetzt: "Ein Prominenter ist bekannt wegen seiner Bekanntheit". Nahezu täglich findet diese Feststellung ihre Bestätigung. Boorstin sagt weiter: „The celebrity is a kind of human Pseudo-Event"[7], also eine Art menschliches Pseudo-Ereignis. Als Prominente gelten zunehmend nicht mehr die Personen, die etwas Besonderes geleistet haben oder als Experten auf einem bestimmten Gebiet ausgewiesen sind, sondern solche, die sich – unabhängig von der tatsächlichen Kompetenz – nur oft genug zu einem Thema öffentlich geäußert haben. Der Verfasser weiß aus eigener Erfahrung, wie rasch man selbst als Journalist zum „Experten" wird. Hier entsteht eine zusätzliche Gefahr für den Nachrichtenjournalismus, dass nämlich Journalisten zur Bewertung von Ereignissen herangezogen werden, die sich selbst, etwa als Reporter, kaum noch mit den Ereignissen beschäftigen. Die Diskussion dieses Problems, dass nämlich die rasche Einschätzung an die Stelle der gründlichen Recherche tritt, wurde in den 1990er Jahren bereits in den USA diskutiert, und zwar von Wissenschaftlern und Journalisten. Thomas B. Rosenstiel, viele Jahre Mitarbeiter der „Los Angeles Times", des Magazins „Newsweek" und heute Leiter des Projekts „Excellence in Journalism" sagte bereits zu Beginn der 1990er Jahre: „With the rise of the political Talkshow in the 1980s, a sea change occured in the culture of Washington Journalism. Whereas in the 1970s the best-known and most-celebrated print journalists in America were investigative reporters, in the 1980s the mantle of the most famous and most influential moved to those members of the press corps who sat around in TV-studios and offered quick opinions – high practitioners of the art of assertion."[8]

Bewertung, Einschätzung, kurzum Meinung zu Ereignissen und Äußerungen statt journalistischer Recherche. „Kommentar schlägt Reporter" könnte man salopp formulieren. Diese Entwicklung, die sich in Deutschland ebenso ergeben hat wie in den USA, führt auch dazu, dass Nachrichten immer öfter auf PR-Äußerungen basieren, ob aus der Politik, der Wirtschaft oder anderen Bereichen der Gesellschaft. Allzu oft ist die naturgemäß interessengesteuerte Pressemitteilung Gegenstand der Nachrichten. Journalisten liefern dann in Kommentaren, in sogenannten Einschätzungen oder in Talkshows ihre Meinung dazu. Dass es in diesem Metier auch zu Grotesken kommt, die glücklicherweise weitgehend wirkungslos bleiben, skizziert der langjährige Intendant des Deutschlandfunks und Journalismus-Dozent Ernst Elitz: „Manchmal werden Nebenrollen besetzt – wie einst der Frisör von Sabine Christiansen. Frisöre eigenen sich immer gut. Sie sind die geborenen Welterklärer. Demnächst werden die Eingeladenen sich von ihrem Taxifahrer ins Studio geleiten lassen. Auch in diesem Berufsstand gibt es Sachverständige für den beherzten Vortrag von Vorurteilen."[9]

Infotainment-Elemente in der medialen Informationsvermittlung bergen ein weiteres Problem. Wenn Nachrichten durch die Vermischung mit Unterhaltung für ein breites Publikum attraktiver und damit leichter konsumierbar gestaltet werden, befördert dies zugleich eine Erwartungshaltung. „Wer einmal aus der Summe von Informationen zwischen dem Spektakulären und dem Gewöhnlichen wählen muss, der wird sich für das Spektakuläre entscheiden müssen. Wer sich einmal für das Spektakuläre entschieden hat, der erzeugt Erwartungshaltungen, die er immer wieder, will er bei seinem Publikum Aufmerksamkeit erwecken, von neuem befriedigen muss." Dieser eigengesetzliche Trend, der durch die Konkurrenzsituation, in der die Medien sich befinden, wesentlich verstärkt wird, hat zur Folge, dass die Wirklichkeit eine Schlagseite zum Außergewöhnlichen erhält."[10]

Infotainment ist als Format geradezu zwingend für Boulevard-Medien. Radio- und Fernsehen haben in den letzten Jahren Boulevard-Formate entwickelt. Dabei handelt es sich um einzelne Sendungen, nicht aber um ganze Programme. Die Sendungen erreichen punktuell spezielle, meist jüngere Zielgruppen. Das klassische Boulevard-Format findet sich jedoch im Printbereich.

Aus der Perspektive der Praktiker empfehlen Wolf Schneider und Paul-Josef Raue angehenden Boulevard-Journalisten: „Wer bei einer Boulevardzeitung arbeiten will, sollte nicht auf die Uhr schauen, er darf nicht wählerisch sein bei der Auswahl seiner Themen, er muss eine klare und einfache Sprache beherrschen, und er darf sich nicht in lange Texte verlieben; eine Portion Zynismus kann ebenso wenig schaden wie die Lust auf schrille Schlagzeilen und ein schräges Layout... Wer sich zwischen dem Generalanzeiger und dem Boulevard entscheiden will, der muss wissen: Die Abonnementzeitung will den Kopf des Lesers erreichen, die Boulevardzeitung den Bauch. Sie hat auch keine andere Chance: Im Gegensatz zu jenen Zeitungen, die ihre Auflage durch Abonnements sichern, muss sich das Boulevardblatt auf der Straße verkaufen und jeden Tag neu seine Leser überzeugen. Nur wenn die Schlagzeile über dem Bruch sofort ins Auge springt, öffnet der Kunde sein Portemonnaie.[11]

Die Geschichte der Straßenverkaufszeitungen begann in den USA. Das erste Blatt dieser Art war der „San Francisco-Examiner", der im Jahr 1865 erstmals erschien. Als erste deutsche Boulevardzeitung gilt die „BZ am Mittag", die in Berlin 1904 gegründet wurde. Nach dem zweiten Weltkrieg kamen zunächst regionale Boulevardzeitungen auf den Markt: Die „Abendzeitung" in München, die „Abendpost" und die „Nachtausgabe" (später: „Abendpost-Nachtausgabe") in Frankfurt, die „Hamburger Morgenpost", der „Express" in Köln und einige kleinere Blätter. 1952 erschien mit „Bild" die erste überregionale Boulevardzeitung in Deutschland. Durch ihre zahlreichen Regionalausgaben bedeutete sie eine starke Konkurrenz für bisher zum Teil sehr erfolgreiche regionale Blätter. Den Markt der Boulevardzeitungen bestimmt letztlich die im Axel-Springer-Verlag erscheinende Bild-Zeitung, die trotz deutlicher Auflagenverluste noch immer ein sehr breites Publikum erreicht.

Boulevard-Medien haben einen Markt, den sie allerdings – wie gesagt – täglich neu erobern müssen. Dies hat naturgemäß Auswirkungen auf die Themenauswahl, auf die formale Gestaltung und die Sprache. Die Themenauswahl legt das Schwergewicht auf die „Soft News", auf unterhaltende Elemente und darauf, womit die Emotionen der Leser angesprochen werden können. Die formale Gestaltung muss gleichsam auf „Leserfang" aus sein. Plakative Aufmachung, attraktive Schlagzeilen, auffallende Bilder sind die Instrumente. Die Sprache ist einfach, nahe an der Umgangssprache und persönlich. Boulevardzeitungen pflegen traditionell den „anwaltschaftlichen" Journalismus, d.h. Eintreten für die Belange einzelner Menschen oder Gruppen gehört zum Redaktionskonzept. Auch politische Kampagnen sind Teil dieses Systems. Unterhaltungselemente als „Transportmittel" für Informationen sind Teil des Boulevard-Journalismus.

Immer wieder wird die Frage gestellt, inwieweit sich andere, d.h. Nicht-Boulevard-Medien die Techniken der Boulevardblätter zunutze machen sollten oder bereits machen. Bei Radio und Fernsehen stellte sich die Frage beim Entstehen des dualen Rundfunksystems in der zweiten Hälfte der 1980er Jahre. Private Radio- und Fernsehanbieter mussten sich nicht nur von den Öffentlich-Rechtlichen unterscheiden, sie mussten auch Programme anbieten, die wegen ihrer Werbefinanzierung für die werbetreibende

Wirtschaft attraktiv sind. Sie mussten möglichst hohe Einschaltquoten erzielen. Damit war klar, dass unterhaltende Programme Vorrang haben würden. Sowohl die Themenauswahl als auch die formale Gestaltung und die Sprache unterschieden die Angebote von denen der öffentlich-rechtlichen Rundfunkanstalten von Anfang an. Der Publikumserfolg stellte sich erwartungsgemäß ein. Dass öffentlich-rechtliche Programme versuchten und versuchen, es den Privaten gleich zu tun, war nur in Ausnahmefällen erfolgreich. Dies widerspricht außerdem in vielen Fällen dem ursprünglichen Programmauftrag.

Interessant ist die Frage, ob auch Qualitätszeitungen dem Trend zur Boulevardisierung gefolgt sind. In einer Studie an der Universität Mainz wurde dieser Frage nachgegangen. Untersucht wurde die „Frankfurter Allgemeine Zeitung" von 1982 bis 2006 unter den Aspekten Boulevardisierung und Qualitätsverlust. Festgestellt wurde ein leichter Trend in Richtung einer verstärkten Visualisierung. Ein inhaltliches Ergebnis lautet, dass zwar die Prominenz der „soften" Themen steigt, die Dominanz der „harten" Themen aber deutlich zu erkennen ist. „Die Annahme, dass die Qualitätspresse von dem Phänomen der Boulevardisierung erfasst wurde, konnte in der zugrunde liegenden empirischen Untersuchung insgesamt nicht bestätigt werden. Die geringfügigen boulevardesken Tendenzen reichen nicht aus, um von einer Boulevardisierung der FAZ zu sprechen. Sie zeigen aber, dass Mechanismen des Phänomens auch innerhalb der Qualitätszeitungen genutzt werden… Die wenigen boulevardesken Tendenzen, die innerhalb der FAZ festzustellen sind, sollten nicht als Qualitätsverlust interpretiert werden."[12]

Insofern folgen offensichtlich Qualitätszeitungen nicht einem bei manchen Programmen öffentlich-rechtlicher Rundfunkanstalten zu beobachtenden Trend.

Meinungsbetonte, von persönlichen Befindlichkeiten bestimmte Pseudo-Informationen sind einer der Gründe, warum sich insbesondere junge Menschen von traditionellen Nachrichtenangeboten abwenden. Das Überangebot von Alltäglichem, von Banalitäten, macht zunehmend empfänglich für Sensationsgeschichten und lässt klassische Qualitätsinformationen uninteressant und langweilig erscheinen.[13]

Zum Schluss noch einmal zum Thema „Talkshows". Man mag fragen, was diese eigentlich mit „Nachrichten" zu tun haben. Leider – so ist festzustellen – sehr viel. Sie bestimmen, obwohl sie genau genommen mehr Unterhaltungs- als Informationswert haben, stark die Agenda des Publikums. Bedingt durch die – wenn auch oft eher weit zurückliegende – Be deutung und Prominenz der Beteiligten, werden Talkshow-Äußerungen oft in Nachrichten zitiert. Insofern bekommen Talkshow-Äußerungen, unabhängig von ihrer tatsächlichen Bedeutung, einen Stellenwert. Thomas Meyer beschreibt diese Situation und ihre Auswirkungen in der Mediengesellschaft ebenfalls kritisch. „Am Ende verwechseln viele im Journalismus und mehr noch im Publikum die unterhaltsamen aber irreführenden Schwundformen der Darstellung von Politik (also den Zank unter Promis) mit der Sache selbst. Kein Wunder also, dass die Talkshow in der Mediendemokratie zum Inbegriff des Politischen geworden ist, zum Idealtypus der mediatisierten Politik. Ohne, dass das eigentlich Politische ihnen in die Quere kommt, können sich die Nachrichtenfaktoren nur so tummeln: Prominente, die gesellschaftliche Interessen oder Sichtweisen greifbar verkörpern, zanken in gekonnter Inszenierung, und die Moderatorin respektive der Moderator sorgt dafür, dass der Klamauk nicht nachlässt. Gespräche, die nicht geführt, sondern unterhaltsam gespielt werden. Das immer gleiche Promi-Personal führt eine Art Familien-Soap vor – ganz unabhängig davon, worum es inhaltlich geht. Die eigentliche Inhaltsseite der Politik verschwindet in der Kulisse, ohne dass sie irgendwem groß fehlen würde."[14]

Anmerkungen:

1   Postman, Neil (1985): Amusing ourselves to death. New York, Penguin Books / Wir amüsieren uns zu Tode. Frankfurt 1985, S. Fischer Verlag.
2   Postman, Neil, a.a.O. (Deutsche Edition), S 110 ff.
3   Bird, Roger (1997): The End of News. Toronto, Irwin-Publishing, S. 133.
4   Bolz, Norbert (1994): Das kontrollierte Chaos – Vom Humanismus zur Medienwirklichkeit. Düsseldorf, Econ Verlag, S. 130.
5   Bolz, Norbert, a.a.O., S 146.
6   Boorstin, Daniel (1961): The Image – A Guide to Pseudo-Events in America. New York, Harper Colophon, S. 57.
7   Boorstin, Daniel, a.a.O.
8   Rosenstiel, Thomas B (1992): Talkshow-Journalism. In: Cook, Philip S.; Gomery, Douglas; Lichty, Lawrence W. (Hrsg.): The Future of News. Washington D.C. 1992, The Woodrow Wilson Center Press, S. 73.
9   Elitz, Ernst (2009): Ich bleib dann mal hier – Eine deutsche Heimatkunde. München, C.H. Beck Verlag, S. 113.
10   Breisach, Emil (1978): Die Angst vor den Medien. Graz, Leykam Verlag, S. 27.
11   Schneider, Wolf und Raue, Paul-Josef (2012): Das neue Handbuch des Journalismus und des Online-Journalismus. Reinbek, Rowohlt Verlag, S. 209.

12　Landmeier, Christine und Daschmann, Gregor (2011): Im Seichten kann man nicht ertrinken? Boulevardisierung in der überregionalen deutschen Qualitätspresse. In: Blum, R. et al (Hrsg.): Krise der Leuchttürme öffentlicher Kommunikation. Wiesbaden, VS Verlag, S. 177 ff.

13　Fuller, Jack (2010): What is happening to News. Chicago, University of Chicago Press, S. 166 ff.

14　Meyer, Thomas (2015): Die Unbelangbaren – Wie politische Journalisten mitregieren. Berlin, Suhrkamp Verlag, S. 82.

Kapitel 12 Nähe braucht der Mensch – Die große Bedeutung von Lokal- und Regionalnachrichten

„Die Regionalzeitung ist das letzte Integrationsmedium in der Gesellschaft mit vielen medialen Brüchen. 90 % aller erfolgreichen Publizisten haben ihr Handwerk in der Lokalredaktion gelernt. Sie ist die Königsdisziplin des Journalistengewerbes. Die Lokalzeitung ist das Erlebnis der Nahwelt. Sie schreibt Stadtgeschichten und macht die Geschichte der Stadt lebendig. Investigativer Journalismus findet nicht nur in der Tiefgarage des Watergate-Hotels und bei der „Washington Post", nicht nur in Spiegel und Stern, sondern auch in deutschen Zeitungen statt. Die enge Rückkopplung an die Leserschaft bewahrt vor Hochmut und Schlamperei".[1] Diese Formulierung von Ernst Elitz ist nicht nur an Deutlichkeit kaum zu übertreffen, sondern auch an Aktualität. Vor Hochmut bewahrt die Arbeit im Lokalen und Regionalen, weil hier jede Nachricht eigenständig und hart erarbeitet werden muss. Es genügt in der Region nicht, auf der Basis von Agenturmeldungen den Lesern, Hörern und Zuschauern in wohlklingenden Worten die Welt zu erklären – ohne eigene Verantwortung und ohne das Risiko, Informationen auch belegen zu müssen. Vor Schlamperei bewahrt der Lokal- und Regionaljournalismus, weil nahezu alle Adressaten gleichsam „Experten" sind. Wenn ein Journalist einem amerikanischen Minister einen falschen Vornamen zuschreibt, passiert in der Regel gar nichts. Gibt man einem Landrat oder Bürgermeister einen falschen Vornahmen, dann melden sich nicht nur die Betroffenen, sondern die halbe Region.

In der Bundesrepublik Deutschland hat sich seit ihrem Bestehen eine lebendige und erfolgreiche Regionalmedienlandschaft entwickelt. Zwei wesentliche Gründe waren dafür maßgebend. Zunächst war unmittelbar nach dem Ende des zweiten Weltkriegs der Bedarf an Informationen aus der „Nahwelt" enorm groß. Für die nationale und internationale Information sorgte zunächst das Radio. Lokal- und Regionalinformationen wurden von den Zeitungen geliefert. Die Lizenzen der drei wesentlichen Besatzungsmächte für Zeitungsgründungen gingen großenteils an regionale Verlagshäuser.

Der zweite Grund war die Entstehung des öffentlich-rechtlichen Rundfunks in den drei westlichen Besatzungszonen Nachkriegsdeutschlands.

Die drei Westalliierten, die USA, England und Frankreich, waren sich rasch einig, dass von den drei denkbaren Rundfunkmodellen kommerziell (wie in den USA), staatlich (wie in Frankreich) und öffentlich-rechtlich (wie in Großbritannien) nur das letztere sinnvoll war. Ein staatliches System war angesichts der Erfahrungen der Nazizeit von den Besatzungsmächten nicht gewollt, obwohl es nicht wenige deutsche Politiker gab, die für einen Staatseinfluss auf den neu zu gründenden Rundfunk waren. An ein kommerzielles, d.h. werbefinanziertes Modell war in dem in Trümmern liegenden Land nicht zu denken. Man entschied sich also für das öffentlich-rechtliche System nach dem Vorbild der britischen BBC. Man entschied sich aber auch, auf Druck der Amerikaner, für eine dezentrale, d.h. föderalistische Struktur – entsprechend der geplanten, aber zu dieser Zeit noch nicht existierenden Bundesrepublik Deutschland. So entstanden die Landesrundfunkanstalten. Beim Zuschnitt der Sendegebiete spielten Landesgrenzen, aber auch die Struktur der damaligen Besatzungszonen eine Rolle.

So entstanden Einheiten, die in vielen Fällen als Basis keine historisch gewachsenen Strukturen hatten. Das Land Hessen etwa entstand aus drei historisch nicht zusammengehörenden Teilen. Dem alten „Hessen-Darmstadt", dem früheren „Kurhessen" und dem ehemaligen preußischen Regierungsbezirk „Nassau". Ähnliche Situationen gab es im heutigen Nordrhein-Westfalen und in Baden-Württemberg. Es ist sicherlich kein Zufall, dass es keine Tageszeitungen gibt, die diese Länder als Ganzes als Verbreitungsgebiet haben. Die öffentlich-rechtlichen Rundfunkanstalten Hessischer Rundfunk, Westdeutscher Rundfunk und Süddeutscher Rundfunk (der heute zusammen mit dem früheren Südwestfunk den SWR, d.h. den Südwestrundfunk bildet) haben – zum Teil sehr erfolgreich – versucht, durch ihre Programme diesen Ländern eine eigene Identität zu verleihen. Dennoch kam es zu einer wirklich erfolgreichen Berichterstattung über die „Nahwelt" erst in den 1980er Jahren, als die Rundfunkanstalten in großem Umfang neue (Sub-)Regionalprogramme entwickelten. Diese führten zu einer starken Hörerbindung und wurden deshalb auch zur Keimzelle für die bald entstehenden Landeswellen, wie z.B. HR4 und SWR4. Dass es inzwischen einzelne Versuche gibt, diese Entwicklung trotz großer Erfolge zu beenden, ist in der Sache kaum zu begründen.

Zwei Faktoren haben den Erfolg der regionalen Nachrichtengebung im öffentlich-rechtlichen Rundfunk begünstigt. Zum einen war es eine Entwicklung bei den Lokal- und Regionalzeitungen und zum anderen waren es falsche regionalpolitische Entscheidungen.

Die Lokaljournalisten zeigten zuvor in ihren Werteorientierungen eine größere Affinität zu den Prioritätensetzungen der kommunalen Elite als zu den Vorstellungen der Bürger. Die Verleger und Redakteure der Lokal- und Regionalpresse waren in das Netz öffentlicher Beziehungen ihrer Gemeinwesen so sehr integriert, dass Distanz und Kritik – publikumswirksam artikuliert – nur im Widerstand zu diesem Netz persönlicher Beziehungen vollzogen werden kann.[2] Diese Beobachtungen von Will Teichert als Teil einer groß angelegten Studie über Regionalmedien und Regionaljournalismus führten zu einem Umdenken. Die Studie bot auch eine Grundlage für die Definition von „Region" im publizistischen Sinne.

Bevor darauf näher eingegangen wird, soll noch der erwähnte zweite Grund angesprochen werden: Die verfehlten Entscheidungen der Politik in den 1960er und 1970er Jahren. Gemeint sind die in vielen Regionen, meist gegen den Willen der Bevölkerung, durchgesetzten Gebietsreformen. Groß-Kreise und Groß-Gemeinden entstanden. Die Verwaltung sollte vereinfacht und verbilligt werden. Inzwischen sind längst wieder Unterstrukturen entstanden, die manchen Effekt obsolet gemacht haben. Eine Folge hatten die Gebietsreformen aber außerdem, die die Politiker offenbar nicht bedacht hatten. Die Menschen wurden orientierungslos, die Bezüge zur eigenen Gemeinde und zum Kreis wurden unterbrochen. Wie wichtig diese aber sind, zeigt sich an der jüngsten Entwicklung in den Kraftfahrzeug-Zulassungsstellen. Nahezu alle damals abgeschafften Autokennzeichen tauchen wieder auf, nachdem die rechtliche Möglichkeit dazu geschaffen ist. Selbst nach Jahrzehnten leben die Menschen emotional noch in den früheren Strukturen. Für die Informationsmedien eröffnete sich hier eine große Chance. Wo die Politik die regionale und lokale Identität aufs Spiel setzte, konnten Zeitungen und Rundfunkanstalten diese erhalten und noch ausbauen, was als „Bürgernähe" im tatsächlichen Sinn zu verstehen ist – Bürgernähe jenseits politischer Sonntagsreden. Die Zeitungen hatten zuvor aus den geschilderten Gründen die Bürgernähe vernachlässigt. Auch der Rundfunk hatte Fehler gemacht. In der Studie von Teichert werden vier Mängel aufgezeigt:
1. Dominanz von Termin- und Protokolljournalismus
2. Mangelnde Interviewtechnik der Journalisten
3. Geringe Flexibilität in den Darstellungsformen
4. Metropolen-zentrierte Programmangebote
Zeitungen und Rundfunkanstalten nutzten die neue Situation durch Regionalausgaben bzw. Regionalmagazine. Die Rundfunkanstalten schufen neue Regionalstudios oder erweiterten die bereits vorhandenen.

Ein neues Verständnis von Regional- und Lokalnachrichten entstand. Auf der Basis der Teichert-Studie und anderen Untersuchungen wurden Konzepte entwickelt, um die beschriebenen Fehler der Vergangenheit zu vermeiden. Regional- und Lokalinformationen unterliegen anderen Regeln als die sogenannten Weltnachrichten, nicht bei den allgemeinen Kriterien der Bewertung, der Auswahl und der Formulierung, sondern vielmehr bei der Berücksichtigung spezifischer Themen. Die persönliche Betroffenheit der Adressaten spielt bei der Themenauswahl eine ebenso große Rolle wie der eigentliche Nachrichtenwert.

Bemerkenswert sind die Themenpräferenzen des Publikums im Regionalbereich. Umwelt- und Gesundheitsthemen rangieren ganz weit vorn. Probleme des öffentlichen Verkehrs und Arbeitsplatzthemen werden ebenfalls hoch eingeschätzt. Gleiches gilt für Heimatgeschichte und Brauchtum. Politik und kulturelle Themen sollten in der Regionalberichterstattung – aus der Sicht des Publikums – eher eine untergeordnete Rolle spielen – abgesehen natürlich von tatsächlicher regionaler Politik und regionaler Kultur. Die Gründe für die Beliebtheit regionaler Informationen liegen auf der Hand. Mit der Entfernung nimmt naturgemäß der Anteil an außergewöhnlichen Ereignissen zu. Das Nachrichtenangebot ist automatisch größer. Gleichzeitig sieht man in der Ferne nur grobe Konturen, während im Nahbereich viele Details erkennbar sind. Es entsteht für Hörer, Leser und Fernsehzuschauer ein besseres Verhältnis zur Wirklichkeit. Hinzu kommt, dass das Geschehen in der unmittelbaren Umgebung einen wesentlich höheren Grad von persönlicher Betroffenheit erzeugt als Ereignisse irgendwo sonst auf der Welt. Außerdem entsteht – als für die Verantwortlichen erfreulicher Nebeneffekt – ein viel engeres Verhältnis der Zeitung oder der Rundfunkanstalt zum Bürger. Dieses Verhältnis ist wechselseitig, die Journalisten integrieren sich stärker in die Region über die und aus der sie berichten – ein wichtiger Schritt zur Bürgernähe der Medien. Je globaler unser Weltbild gerade durch die Wirkung der Massenmedien wurde, je zentraler und je bürgerferner die Verwaltung, je programmierter die gesellschaftlichen Bezüge, je unüberschaubarer die Lebenszusammenhänge werden, umso deutlicher tritt der überschaubare Raum als Lebensnotwendigkeit und als erfahrbare Welt in den Blick der Bürger.[3]

Entscheidend für die Regionalberichterstattung ist die Abgrenzung der jeweiligen Region. Diese Definition erfordert von den Verantwortlichen in den Medien Mut, und zwar Mut zur Auseinandersetzung mit Politikern aus den jeweiligen Gebieten. Politische Einheiten spielen nämlich bei der Abgrenzung publizistischer Regionen eine sehr geringe Rolle. Vielmehr kommt es dabei eher auf andere Faktoren an. Da sind zum einen geographische Gegebenheiten: Das Rhein-Main-Gebiet, der Rhein-Neckar-Raum, Südbaden, Niederrhein, Oberfranken usw. usw. In solchen Gebieten fühlen sich Menschen „zu Hause", und zwar ohne Rücksicht auf politische Grenzen. Ähnliches gilt für wirtschaftliche Ballungsräume, die naturgemäß oft mit den genannten geographischen Gegebenheiten zusammenfallen, wie etwa das Rhein-Main-Gebiet oder der Rhein-Neckar-Raum. Nicht zu unterschätzen sind politisch-historische Aspekte. Menschen in Gebieten, die historisch gewachsen sind, empfinden eine Zugehörigkeit zu diesen Regionen. Viele Beispiele belegen, dass dabei die aktuellen politischen Grenzen kaum eine Rolle spielen. Hinzu kommt bei der Abgrenzung von Regionen, die dann auch zu publizistischen Regionen werden sollen, der Begriff „regionaler Funktionsraum". Teichert hat diesen Begriff definiert. Er wurde zur Basis der Sendegebiete mehrerer öffentlich-rechtlicher Rundfunkanstalten. Die Akzeptanz beim Publikum belegt über die Jahrzehnte, dass diese Aufteilung sinnvoll und erfolgreich war und dort, wo man sie durchgehalten hat, bis heute ist. Für die Abgrenzung dieser regionalen Funktionsräume sind folgende inhaltliche Voraussetzungen bestimmend:

– Existenz eines funktionsfähigen Arbeitsmarktes, der eine gewisse Vielseitigkeit der Beschäftigungsmöglichkeiten gewährleisten muss. Als Untergrenze der Arbeitsplatzkonzentration gelten ca. 100.000 bis 200.000 Arbeitsplätze.
– Vorhandensein befriedigender Wohnbedingungen, d.h. Verfügbarkeit eines angemessenen Wohnraumes, sinnvolle Entfernung zu Dienstleistungsbetrieben, Geschäften, Arbeitsplätzen und Versorgungsinstitutionen.
– Gewährleistung befriedigender Möglichkeiten zur Freizeitgestaltung.
– Die Untergrenze der Bevölkerungszahl eines solchen Raumes soll bei ca. 500.000 Einwohnern liegen.
– Um eine angemessene Bedingung für die räumlichen Prozesse der Kommunikation, des Pendelverkehrs und ähnlichem zu garantieren, sollen die Höchstentfernungen in der Region nicht die Marge von 90 Pkw-Zeitminuten überschreiten.
– Um die Agglomerationsvorteile und die verbesserte Infrastruktur städtischer Ballungsgebiete auszuschöpfen, soll jede Region mindestens ein Kerngebiet als Regions-Mittelpunkt besitzen. Hierbei wird vor allem die Abgrenzung nach Stadt-Regionen berücksichtigt.[4]

In der Regionalberichterstattung geht es um „Nähe", d.h. um Nähe zum Adressaten des jeweiligen Mediums. Von großer Bedeutung ist dabei die emotionale Nähe, nicht allein die geographische. Nah beim Hörer und Leser heißt, sich mit dessen Themen und Anliegen zu befassen, Themen, die Gesprächswert in der Region haben. Auch das Aufgreifen von Sorgen und Nöten gehört hierher. Die sogenannte „Rück-Regionalisierung" kann durchaus sinnvoll sein, birgt aber auch Gefahren. Ein überregionales Ereignis auf die Region zu beziehen, wird dann beim Publikum geschätzt, wenn es Bezugspersonen am Ort oder in der Region gibt, die sich aus eigener Erfahrung zu einem überregionalen Ereignis äußern – etwa ein heimkehrender Reisender aus einem Krisengebiet. Keine hohe Akzeptanz haben etwa Bundespolitiker, die in ihrem Wahlkreis zu internationalen Fragen Stellung nehmen.

Für die regionalen Angebote der Rundfunkanstalten gilt zunehmend das Prinzip der „symbolischen Nähe". Viele Radioprogramme versuchen – oft mit Erfolg – die regionale Information auf dem Weg über öffentliche Veranstaltungen in der Region zu vermitteln. Die Akzente der Debatte über die Programmaufgabe „lokale/regionale Welt" haben sich seit Ende der 1990er Jahre verschoben. Natürlich zeigen die klassischen Informationsangebote noch immer eine Verbundenheit zur Nahwelt an. Ausgeprägter ist jedoch eine andere Funktion: Die Programme selbst werden zum symbolischen Ort für Nähe und Nahwelt-Informationen.[5] Regional- und Lokalberichterstattung sind umso erfolgreicher, je weiter sie sich vom Protokoll- und Terminjournalismus entfernen und stattdessen auf Bürgernähe und Service setzen. Von der Bürgernähe war bereits die Rede. Wenn die Berichterstattung über die Anliegen der Bürger ergänzt wird durch Service-Informationen, bedeutet dies für die klassischen Nachrichtenmedien eine enorme Erfolgschance im Zeitalter des Internets.

„Obwohl es das Internet heute leicht macht, sich zu jeder Stunde über das weltweite Geschehen zu informieren, zu sehen, wie das Wetter auf Teneriffa ist, die neuesten Wahlergebnisse aus den USA einzusehen oder weltweit Videos zu tauschen, haben Informationen aus dem direkten Umfeld eine besondere Bedeutung. In lokalen Medien sind Freizeittipps aus der Nähe zu finden, sind Berichte über die umliegenden Schulen und kommunalpolitischen Entscheidungen zu finden. Über viele Jahrhunderte hinweg galt dabei der Mark als Ort, an dem lokale Neuigkeiten ausgetauscht werden. Hier erfuhr man Klatsch und Tratsch aus der Nachbarschaft, konnte sich ein Stimmungs- und Meinungsbild machen, konnte sich aktiv in Diskussionen einbringen. Einen solchen Marktplatz gibt es heute nicht mehr. An seine Stelle sind institutionalisierte Formen der Kommunikation getreten, lokale Massenmedien, die es sich zur Aufgabe gemacht haben, über das zu informieren, was sich der eigenen Erfahrung entzieht."[6]

An die Stelle des Marktplatzes sind Lokalzeitungen und regionales oder lokales Radio getreten. Das Fernsehen spielt wegen der hohen technischen Anforderungen hier kaum eine Rolle. Im Lokalen und Regionalen findet journalistische Basisarbeit im Wortsinne statt. Mühevolle eigene Recherche ist gefordert, das persönliche Gespräch mit Informanden. Weder gibt es Agenturmeldungen noch hilft „googeln". Laptop und Smartphone erleichtern zwar die Arbeit bei Recherche, Schreiben und Übermittlung. Die Informationen selbst müssen aber hart erarbeitet werden. Und: Wie bereits gesagt, sind die meisten Adressaten „Fachleute", d.h. jede Nachricht wird von Vielen überprüft.

Quellen muss man sich also selbst erschließen und stets den Nutzwert der Informationen für Leser und Hörer im Auge haben. „News you can use", die alte amerikanische Nachrichtenregel, „Nachrichten mit Gebrauchswert", gilt besonders in der Regional- und Lokalberichterstattung. Auch hier kommt es darauf an, die geeignete Darstellungsform für die Information zu finden. Die Nachrichtenmeldung in klassischer Form ist zunächst die geeignetste. Zumindest als „Erstinformation" ist sie sinnvoll. Oft ist eine weiterführende Berichterstattung wichtig. Dann sollten auch andere Darstellungsformen gewählt werden. Ob im Feature oder in der Reportage, sowohl im Gedruckten als auch im elektronischen Medium kommt es auf die Beteiligung von Akteuren und Betroffenen an. Ob es nun Zitate oder Originaltöne sind, oder komplette Interviews – die Positionen von Menschen aus der Region liefern die Authentizität, die Lokal- und Regionalberichterstattung erfordert. So kann die vielfach geforderte Bürgernähe realisiert werden. Dass Zeitungen oft Diskussionsrunden organisieren und diese in Berichten mit Bildern und Zitaten darstellen, zeigt, dass solche Formen keineswegs dem Radio oder dem Fernsehen vorbehalten sind. „Bei der Mehrzahl der lokalen und regionalen Tageszeitungen hat sich die Erkenntnis Bahn gebrochen, dass nicht Leitartikel und Theaterkritiken den Wert des gesamten Produkts für seinen Käufer ausmachen. Der Lokalteil ist das Herzstück der Zeitung, von ihm lebt sie. Der Lokalteil entscheidet darüber, wie sich die Leser mit ihrer Zeitung zuhause fühlen."[7]

Die Formulierung von Ernst Elitz, der Lokaljournalismus sei die Königsdisziplin im Journalismus, wird auch in Zukunft ihre Gültigkeit nicht verlieren. Regionale und lokale Medien behalten ihre Bedeutung für das Publikum – im Zweifel wird die Bedeutung noch wachsen. In Zeiten, in denen viele Menschen verunsichert sind, ist der Rückzug auf das Vertraute, auf die eigene Umgebung, die Wohlgefühl und Sicherheit verspricht, wichtig. Informationen aus der Nahwelt spielen dabei eine große Rolle. Es genügen aber nicht, die auf persönlichem Erleben und persönlicher Betroffenheit beruhenden „Informationen", die von den sogenannten sozialen Medien vermittelt werden. Gefragt sind Informationen, die es möglich machen, das eigene Leben selbstbestimmt zu gestalten, zuverlässige Informationen, von professionellen Journalisten recherchiert und aufbereitet. Der Verbreitungsweg ist dabei nachrangig. Gut ausgebildete Lokal- und Regionaljournalisten werden benötigt, um diesen gesellschaftlichen Auftrag zu erfüllen – sei es in öffentlich-rechtlich verfassten oder in privatwirtschaftlich organisierten Medien.

Anmerkungen:

1   Elitz, Ernst (2009): Ich bleib dann mal hier – Eine deutsche Heimatkunde. München, C.H. Beck Verlag, S. 124.
2   Teichert, Will (1982): Die Region als publizistische Aufgabe. Hamburg, Verlag Hans-Bredow-Institut, S. 26.
3   Arnold, Bernd-Peter (1999): ABC des Hörfunks. Konstanz, UVK Verlag, S. 110.
4   Teichert, Will, a.a.O., S. 89.
5   Teichert, Will (1998): Statt Informationen symbolische Gesten. In: Blaes, Ruth (Hrsg.): Handwerk Nachrichten. Wiesbaden, ZFP-Zentrale Fortbildung Programm ARD/ZDF, S. 97.
6   Kretzschmar, Sonja; Möhring, Wiebke; Timmermann, Lutz (2009): Lokaljournalismus. Wiesbaden, VS Verlag, S. 29.
7   Golombek, Dieter u. Lutz, Erwin (2012): Rezepte für die Redaktion. Zitiert nach: Schneider, Wolf u. Raue, Paul-Josef: Das neue Handbuch des Journalismus und des Online-Journalismus. Reinbek, Rowohlt-Verlag, S. 316.

Kapitel 13 Werden die Medien überschätzt? – Die Wirkung der Informationsmedien

Eine Vorbemerkung:

Dieses Buch will einen Einblick in die Nachrichtenvermittlung durch die Massenmedien geben, einen Einblick in die theoretischen Hintergründe, die Nachrichtenquellen, das Nachrichtenhandwerk und natürlich auch einen Einblick in die Probleme, mit denen sich die Nachrichtengebung konfrontiert sieht. Zielgruppen sind alle, die mit Nachrichten zu tun haben: Angehende Journalisten, bereits tätige Journalisten, Menschen in anderen Berufen, die direkt und indirekt mit Nachrichten zu tun haben und solche, die von Nachrichten betroffen sind. Das Buch richtet sich auch an Mediennutzer, die sich mit Hilfe der Informationsmedien lediglich über das Zeitgeschehen informieren wollen, die aber die Mechanismen der Nachrichtengebung sowie die Arbeits- und Denkweise der Nachrichtenmacher verstehen wollen. Zu alldem gehört natürlich auch die Frage nach der Wirkung von Nachrichten. Die Medienwirkungsforschung ist inzwischen eine hochentwickelte Wissenschaft. Es würde den Rahmen dieser Publikation sprengen, wollte man auch nur ansatzweise das weite Feld der Medienwirkung abbilden. Deshalb sollen die wichtigsten Forschungsansätze kurz angesprochen und die für die genannten Zielgruppen relevanten Ergebnisse skizziert werden – also ein journalistischer Überblick mit wissenschaftlicher Basis. Eine gründliche Darstellung der wissenschaftlichen Forschungsmethoden und Ergebnisse muss den Fachpublikationen vorbehalten bleiben. Auf diese wird aber hingewiesen, um eine vertiefende Befassung mit dieser wichtigen Thematik zu erleichtern. Deshalb kann und will diese Darstellung nur punktuell auf die wichtigsten Phänomene eingehen – ohne den Anspruch auf auch nur annähernde Vollständigkeit. Es geht hier vor allem darum, einige Eindrücke von der Medienwirkungsforschung zu vermitteln und – hoffentlich – die genannte intensivere Beschäftigung mit dem Thema anzuregen.

Die Wirkung der Massenmedien – und hier insbesondere der Nachrichten – ist nahezu täglich Gegenstand der politischen Diskussion, insbesondere vor und nach Wahlen. Das Ritual an Wahlabenden gerät nicht selten zur Realsatire. Es ist jedes Mal vorhersehbar, dass Politiker einen Sieg mit den eigenen Leistungen begründen, eine Niederlage wird indes den Medien angelastet. Würden sich die Akteure der Politik und deren Berater auch nur mit den Grundzügen der Medienwirkungsforschung befassen, dann wüssten sie, dass die Dinge etwas komplizierter sind. Hans Mathias Kepplinger beschreibt die unterschiedlichen Phasen der Medienwirkungsforschung. Sie begann in den späten 1920er Jahren mit der Entstehung des Films und des Hörfunks. Von damals bis heute stellt sich die Wirkungsforschung in drei Phasen dar, in denen jeweils eine unterschiedliche Wirkung der Medien konstatiert wird. Details zu den drei Phasen finden sich in dem genannten Beitrag. Kepplinger kommt auch zu dem Schluss, dass die Wirkungsunterschiede in den drei Phasen geringer waren als sie lange Zeit erschienen.[1]

Der Soziologe Joseph Th. Klapper schrieb bereits 1973 zum Thema Medienwirkung: „Massenkommunikation verstärkt für gewöhnlich die bei den einzelnen Mitgliedern des Publikums bereits vorhandenen Einstellungen, Meinungen und Verhaltensweisen. Massenkommunikation führt in den seltensten Fällen zur Umkehr von Einstellungen. Modifikation von Einstellungen ist aber häufiger zu beobachten. Bei Themen, die für das Publikum bislang keine Rolle gespielt haben, hat sich Massenkommunikation als sehr wirksam erwiesen… Die wichtigsten Vermittler sind selektive Zuwendung, selektives Verhalten und selektive Aufnahme. Dazu kommen als gleichgewichtig die Gruppe und ihre Normen sowie der persönliche Einfluss."[2]

Sehr früh hat der amerikanische Sozialpsychologe Leon Festinger das Phänomen der „kognitiven Dissonanz" beschrieben, das für die Medienwirkung von großer Bedeutung ist. Er bewies in den 1950er Jahren durch seine Experimente, dass wir bei der Aufnahme von Informationen über die Umwelt jene auswählen, die unseren bereits vorgefassten Meinungen am ehesten entsprechen. Wir betrachten also die Umwelt durch die Brille des Vorurteils. Wir sind eher bereit, die Umweltinformation unbewusst zu verfälschen, als unsere Meinung zu ändern. Wir akzeptieren beispielsweise hinlängliche Beweise, dass das Rauchen schädlich ist, nicht, sondern bevorzugen alle jene Argumente, die unserer Gewohnheit entsprechen. Festinger hat aus diesen Feststellungen die von der Wissenschaft häufig zitierte „Theorie der kognitiven Dissonanz" abgeleitet. Die Theorie geht davon aus, dass es Informationen gibt, die man als dissonant, also als widersprüchlich und misstönend zu den eigenen Anschauungen empfindet und andere, die konsonant, also verträglich und harmonisch wirken.[3]

Friedrich Heer beschreibt das Phänomen der kognitiven Dissonanz anschaulich, wenn auch nicht wissenschaftlich so: „Die Publikümer unserer großen Zeitungen und Zeitschriften wünschen in ihrer Zeitung das zu erfahren, was sie bereits wissen. Der Konsument bezieht seine Zeitung, um immer neu, täglich versichert zu erhalten, dass sein politisches Weltbild stimmt. Er erwartet von seiner Zeitung die tägliche Versorgung mit Nachrichten, die ihm liegen und die Fernhaltung und Bekämpfung von Tatsachen, Nachrichten, Informationen, die ihm nicht liegen."[4]

Als Beispiel für die Wirkung von Medien wird gerne das Hörspiel: „War of the Worlds" von Orson Welles herangezogen, das das amerikanische Rundfunksystem CBS im Jahre 1938 ausstrahlte und das Mediengeschichte geschrieben hat. Das Hörspiel selbst, das fiktiv eine Invasion vom Mars darstellte, enthielt zahlreiche Hinweise darauf, dass das geschilderte Geschehen gar nicht Realität sein konnte. Aber die zwischendurch verbreitete „Nachricht" zum Ereignis bewirkte, dass tausende Menschen an die Echtheit glaubten und in Panik die Stadt New York verließen. Es war also die Nachrichtenform, die diese Wirkung auslöste. Die Meldung lautete: „Meine Damen und Herren, ich habe eine ernste Durchsage zu machen. So unglaublich es klingen mag, die Beobachtungen der Wissenschaft führen zu der unausweichlichen Annahme, dass jene seltsamen Wesen, die heute Abend in New Jersey, USA, landeten, die Vorhut einer Invasionsarmee sind… Zur Stunde herrscht Kriegsrecht in ganz New Jersey und im östlichen Pennsylvania."[5] Es ist also offenbar die klassische Nachricht, die besondere Glaubwürdigkeit genießt und deshalb entsprechende Wirkung hat.

Die Wirkung der Medienberichterstattung, insbesondere der Nachrichten auf Wahlentscheidungen wurde bereits angesprochen. Winfried Schulz hat in einer aktuellen Veröffentlichung dieses Thema ausführlich behandelt. „Medien und Wahlen" stellt die provozierende Frage: „Werden Wahlen noch im Fernsehen gewonnen?". Skizziert wird ältere und neue Forschung zum Thema. Schulz warnt vor einer Überschätzung der Medienwirkung auf das Wählerverhalten. Er erinnert in diesem Zusammenhang vor allem an die geringe Behaltensquote bei Nachrichtensendungen in den elektronischen Medien. So können die Zuschauer einer typischen Nachrichtensendung im Fernsehen von den Meldungen nur zwei oder drei erinnern. Wenn sie im Experiment mehrere politische Fernseh-, Radio- oder Presseberichte präsentiert bekommen, können sie einen Tag später im Durchschnitt noch 15 % der inhaltlichen Elemente (Sachverhalte, Handlungen, Personen) wiedergeben.[6] Schulz stellt einige weitere kritische Fragen zur Medienwirkung im Zusammenhang mit Wahlen. Er beschreibt auch die Nutzung der neuen Medien und ihren Einfluss in Wahlkämpfen.

Dabei stellt er zutreffend fest, dass hier ein aktives Tätigwerden erforderlich ist, um Informationen zu erhalten und fragt: „Führen diese Entwicklungen in eine neue Ära minimaler Medieneffekte?" Ungeklärt sind auch noch die Folgen der Medienentwicklung für die an Politik wenig oder gar nicht interessierten Wähler. Sie finden ein immer größeres Angebot an „unpolitischen" Alternativen in der neuen Medienwelt, können mühelos die ihren persönlichen Vorlieben, Interessen und Bedürfnissen entsprechenden Medien und Inhalte auswählen. Das riesige und oft attraktive Unterhaltungsangebot macht ihnen die Politikvermeidung leicht. Es ist möglich, dass dies politische Apathie und Abstinenz befördert.[7]

Wenn von Medienwirkung die Rede ist, führt die Diskussion fast zwangsläufig zum Thema Manipulation. Von Manipulation der oder durch Nachrichten war in früheren Kapiteln bereits mehrfach die Rede. Dass die Manipulation am häufigsten durch die Selektion erfolgt, wurde dargelegt. Man muss sich aber auch darüber klar sein, dass nicht nur der Nachrichtenredakteur Informationen selektiert. Dies geschieht auch durch den Adressaten. Die Selektion durch den Mediennutzer beginnt mit der „präkommunikativen Phase" (d.h. die Auswahl der zu nutzenden Medien). Es folgt die „kommunikative Phase" (d.h. die Auswahl der Beiträge innerhalb des Mediums, für das man sich entschieden hat). Der nächste Schritt ist die „postkommunikative Phase" (d.h. die selektive Erinnerung an die rezipierten Angebote).[8] „Die Rezipienten verhalten sich im Grunde nicht anders als die Informatoren. Angesichts der Fülle des Informationsmaterials bevorzugen sie jene Informationen, die ihre eigenen Meinungen stärken. Wirft man den Schleusenwärtern an den Schaltstellen der Information vor, sie träfen ihre Auswahl nach subjektiven, von ihnen als richtig erkannten Wertvorstellungen, so fungieren die Rezipienten als Schleusenwärter ihrer selbst, indem sie jene Informationen annehmen, die ihnen liegen, während sie die anderen, die ihnen nicht gemäß sind, abstoßen... Wer also von Manipulation spricht, der müsste eingestehen, dass beide Teile, die Informatoren und die Rezipienten, ob bewusst oder unbewusst, manipulieren."[9]

Es bleibt festzuhalten, dass auf beiden Seiten, d.h. beim Nachrichtenjournalisten und beim Rezipienten jede eintreffende Information auf die jeweils gemachten individuellen Erfahrungen mit dem Thema trifft. Sie trifft auf vorhandene Informationen zum Thema. Danach und nach den vorhandenen eigenen Wertmaßstäben wird die neue Information beurteilt – von beiden, vom Journalisten und vom Rezipienten. Auch hier greift dann wieder das Phänomen der kognitiven Dissonanz. Die neue Information passt in die vorhandenen eigenen Vorstellungen oder sie wird „passend gemacht" bzw. abgelehnt.

Im Zusammenhang mit dem Thema Medienwirkung soll nun eines der wichtigsten Phänomene – zumindest kurz – behandelt werden, das Phänomen „öffentliche Meinung". Der amerikanische Journalist und Medienwissenschaftler Walter Lippmann hat in seinem Buch „Public Opinion" diesen Begriff erstmals in die medienwissenschaftliche Diskussion gebracht. Der Begriff „News Value" („Nachrichtenwert") taucht hier ebenfalls erstmals auf. Lippmann entwickelt Nachrichtenwert-Faktoren. Einige wenige Sätze mögen aufzeigen, warum Lippmann mit seinen Aussagen die Medienwissenschaften in den folgenden Jahren so stark beeinflusst hat: „Without standardization, without stereotypes, without routine judgements, without a fairly ruthless disregard of subtlety, the editor would soon die of excitement." Oder: „There are no objective standards here. There are conventions."[10]

Im Zusammenhang mit dem Thema Medienwirkung muss auch das Phänomen des Meinungsklimas betrachtet werden. Thomas Roessing hat eine knappe Definition des Begriffs formuliert. Sie möge hier als Einstieg in dieses Thema genügen und zu vertiefender Lektüre anregen. „Meinungsklima ist die wahrgenommene Verteilung unterschiedlicher Meinungen in der Öffentlichkeit. Was Menschen als Meinungsklima wahrnehmen, hängt zunächst von zwei Faktoren ab: Erstens von der tatsächlichen Verteilung, z. B. 40 % dafür, 25 % dagegen, 35 % unentschieden, und zweitens von der Aktivität der Bekenntnisbereitschaft, der Lautstärke der Lager. Wenn die 25 %, die dagegen sind, sich in Öffentlichkeit und Medien engagieren und lautstark äußern, können sie das Meinungsklima beherrschen, ohne tatsächlich in der Mehrheit zu sein."[11]

„Fast alle Menschen bilden sich bei kontroversen Diskussionen über moralisch aufgeladene Themen eine Vorstellung von gegenwärtigen oder zukünftigen Mehrheiten (Meinungsklima). Diese Vorstellungen wirken sich in solchen Situation auch auf die eigenen Meinungen und die Bereitschaft aus, diese Ansichten in der Öffentlichkeit zu vertreten. Eine Quelle dieser Vorstellungen sind die aktuellen Berichte der Massenmedien. Sie können auf zwei Arten Vorstellungen von Mehrheits- und Minderheitsmeinungen vermitteln. Die erste Möglichkeit bieten quantitative Informationen („Die Mehrheit glaubt", „55 % meinen" usw.), die unter anderem auf demoskopischen Umfragen beruhen können. Die zweite Möglichkeit bieten Interviews mit einzelnen Personen, die verschiedene Sichtweisen vertreten… Die Darstellung von einzelnen Personen oder Gruppen, die bestimmte Ansichten vertreten, besitzt generell einen größeren Einfluss auf die Vorstellungen von der Mehrheits- und Minderheitsmeinung als quantitative Angaben. Dies gilt unabhängig von den Medien und den behandelten Themen."[12]

„Sein Urteil über öffentliche Meinung, was moralisch gebilligt und nicht gebilligt wird, bildet sich der Einzelne aus zwei Quellen, der unmittelbaren Umweltbeobachtung und ihren Signalen von Billigung und Missbilligung, das ist die eine; aus den Massenmedien, indem Signale, die sich gegenseitig bestätigen, in den Medien beobachtet werden."[13]

Die Massenmedien beeinflussen also den Zeitgeist und der Zeitgeist beeinflusst die Einstellung und das Verhalten des Einzelnen.

Erich Lamp spricht vom „doppelten Meinungsklima". „Wie sehr die Massenmedien als mittelbare Quelle der Umweltbeobachtung unsere statistischen Ordnungsvorstellungen über die Meinungsverteilung der Bevölkerung in einer Frage prägen und damit den Prozess der öffentlichen Meinung beeinflussen können, lässt sich gut an der Erscheinung des sogenannten doppelten Meinungsklimas zeigen. Doppeltes Meinungsklima heißt, dass die aus den Medien entnommenen Signale der Bevölkerung eine andere Vorstellung von der Stärke oder Schwäche eines Lagers vermitteln als die direkt aus der sozialen Umwelt gewonnenen Eindrücke."[14]

Wie gesagt: Die Massenmedien wirken auf den Zeitgeist und der Zeitgeist wiederum beeinflusst die Einstellung und das Verhalten des Einzelnen. Wie man sich diese Interaktion vorstellen kann, durch die öffentliche Meinung verändert wird, lässt sich mit dem Bild der „Schweigespirale" beschreiben.[15] Elisabeth Noelle-Neumann selbst hat die Theorie der Schweigespirale in einer Kurzfassung beschrieben. Diese wird hier zitiert – als Empfehlung, sich mit dem Phänomen intensiver zu befassen.

„Schweigespirale heißt: Menschen wollen sich nicht isolieren, beobachten pausenlos ihre Umwelt, können aufs Feinste registrieren, was zu- was abnimmt. Wer sieht, dass seine Meinung zunimmt, ist gestärkt, redet öffentlich, lässt die Vorsicht fallen. Wer sieht, dass seine Meinung an Boden verliert, verfällt in Schweigen."[16]

Die Massenmedien können einen maßgeblichen Einfluss auf Prozesse der öffentlichen Meinung ausüben. Wenn die Medien übereinstimmend ein Meinungslager unterstützen, hat es deutlich erhöhte Chancen, aus der Schweigespirale als Sieger hervorzugehen."[17]

Im Rahmen der Wirkungsforschung soll ein wichtiges Phänomen auch hier angesprochen werden, das eine herausragende Rolle spielt, das auch im Zusammenhang mit der Nachrichtenselektion diskutiert wird: „Agenda

Setting". Die Medien bestimmen durch ihre Informationsauswahl was die Öffentlichkeit erfährt. Salopp gesagt: Wären sich alle Journalisten einig, über ein Ereignis nicht zu berichten, würde es quasi nicht stattfinden – zumindest im Bewusstsein der Öffentlichkeit.

Der Agenda-Setting-Ansatz unterstellt in seiner einfachsten Variante einen Einfluss der Medien auf die Publikumsagenda. „Wenn die Massenmedien vor allem über Arbeitslosigkeit berichten, halten die Rezipienten Arbeitslosigkeit für das größte Problem. Wenn sich die Medien verstärkt der Außenpolitik zuwenden, wird dies auch für die Bevölkerung relevanter usw."[18]

Beim Agenda-Setting handelt es sich sicherlich um die wichtigste – zumindest aber um die weitestgehende Wirkung von Massenmedien. Insbesondere die Nachrichten sind es, die die Agenda bestimmen. Die Nachrichten bestimmen die Agenda des jeweiligen Mediums. Sie sind „Schlüssel zu aller Information". Erst wenn die Nachrichten in Zeitung, Radio und Fernsehen ein Thema auf die Agenda gesetzt haben, ergeben weitergehende Darstellungsformen einen Sinn. Ohne vorangegangene Nachrichtenmeldung sind Kommentare, Hintergrundberichte und Interviews nicht sinnvoll. Erst wenn ein Thema durch die Nachrichten gesetzt ist, spielen komplementäre Informationsangebote eine Rolle.

Zum Abschluss dieses Komplexes ein kurzes Zitat des amerikanischen Medienwissenschaftlers Maxwell McCombs, der sich intensiv mit dem „Agenda-Setting" beschäftigt hat: „The agenda of the mass media becomes, to a considerable degree, the agenda of the public. In other words, the news-media set the public agenda... While many issues compete for public attention, only a few are successful in doing so, and the news-media exert significant influence on our perceptions of what are the most important issues of the day."[19]

Von der niedrigen Behaltensquote bei Fernsehnachrichten war bereits die Rede, nämlich, dass sich Zuschauer direkt nach einer Sendung an zwei bis drei von 15 Meldungen erinnern und dass sie von allen eingehenden Informationen einer Sendung durchschnittlich knapp ein Drittel erinnern. Zwar wird nur ein Teil der durch Medien vermittelten Informationen wahrgenommen und verstanden. Dennoch stammt der überwiegende Teil der Vorstellungen vom aktuellen Geschehen aus den Medien. Hans Mathias Kepplinger begründet diesen scheinbaren Widerspruch damit, dass die Medien über alle wichtigen Geschehnisse mehrfach berichten und genau diese Geschehnisse die Vorstellungen der Bevölkerung beherrschen.[20]

Wiederholte Berichterstattung verstärkt also die Wirkung von Nachrichten. Hinzu kommen die bereits erwähnten komplementären Informationsangebote wie Kommentare, Hintergrundberichte und Interviews, die jeweils auf einer aktuellen Nachrichtenmeldung basieren.

Die Intensität, die Vielfalt und die Erfolge der Medienwirkungsforschung lohnen eine intensive Beschäftigung mit ihr. Neben den untersuchten und gemessenen konkreten Medienwirkungen ist außerdem festzuhalten, dass die Nachrichtenmedien seit ihrer Existenz grundsätzliche Wirkungen gehabt haben und weiterhin haben werden. Sie haben die Gesellschaft insgesamt verändert. Zunächst ist das Freizeitverhalten ein anderes geworden. Die Zahl der Primärerlebnisse sinkt, man lebt stärker „indirekt", d.h. vermittelt durch die Medien. Das Internet wird diese Entwicklung noch fördern. Die Informationsmedien haben über die Jahrzehnte die Gesellschaft auch segmentiert, und zwar nach Alter, Bildung und Status. Immer mehr Medien liefern zielgruppenorientierte Angebote. Klassische Integrationsmedien gibt es kaum noch. Und schließlich – eine nicht zu unterschätzende Wirkung der Nachrichtenmedien – : Konflikte werden durch permanente, zum Teil zeitgleiche Berichterstattung verschärft.

Anmerkungen:

1   Kepplinger, Hans Mathias (2009): Wirkung der Massenmedien. In: Noelle-Neumann, Elisabeth; Schulz, Winfried; Wilke, Jürgen (Hrsg.): Fischer Lexikon Publizistik Kommunikationswissenschaft. Frankfurt, S. Fischer Verlag, S 651 ff.

2   Klapper, Joseph Th. (1973): Massenkommunikation – Einstellungskonstanz und Einstellungsänderung. In: Aufermann, Jörg; Bohrmann, Hans; Sülzer, Rolf: Gesellschaftliche Kommunikation und Information. Frankfurt, Fischer-Athenäum Verlag, S. 49 ff.

3   Festinger, Leon (1957): A Theory of Cognitive Dissonance. Stanford, zitiert nach: Breisach, Emil (1978): Die Angst vor den Medien. Graz, Leykam Verlag, S. 60.

4   Heer, Friedrich (1964): Angst vor Information. In: Hübner, Paul (1964): Information oder herrschen die Souffleure. Reinbek, Rowohlt Verlag, S. 50.

5   Transkript der Aufzeichnung des CBS-Hörspiels „War of the worlds" vom 30.10.1938 (Übersetzung durch den Verfasser).

6   Schulz, Winfried (2015): Medien und Wahlen. Wiesbaden, Springer Fachmedien, S. 96.

7   Schulz, Winfried a.a.O., S. 124.

8   Kepplinger, Hans Mathias (2009): Wirkung der Massenmedien. In: Noelle-Neumann, Elisabeth; Schulz, Winfried; Wilke, Jürgen (Hrsg.): Fischer Lexikon Publizistik Kommunikationswissenschaft. Frankfurt, S. Fischer Verlag, S. 659.

9   Breisach, Emil (1978): Die Angst vor den Medien. Graz, Leykam Verlag, S. 59.

10 Lippmann, Walter (1922): Public Opinion. New York (1997) (Simon and Schuster), S. 222.

11 Roessing, Thomas (2011): Schweigespirale. Baden-Baden, Nomos Verlag, S. 33.

12 Kepplinger, Hans Mathias (2009): Wirkung der Massenmedien. In: Noelle-Neumann, Elisabeth; Schulz, Winfried; Wilke, Jürgen (Hrsg.): Fischer Lexikon Publizistik Kommunikationswissenschaft. Frankfurt, S. Fischer Verlag, S. 674.

13 Noelle-Neumann, Elisabeth (2009): Öffentliche Meinung. In: Noelle-Neumann, Elisabeth; Schulz, Winfried; Wilke, Jürgen (Hrsg.): Fischer Lexikon Publizistik Kommunikationswissenschaft. Frankfurt, S. Fischer Verlag, S. 439.

14 Lamp, Erich (2009): Die Macht der öffentlichen Meinung – und warum wir uns ihr beugen. München, Olzog Verlag, S. 117.

15 Noelle-Neumann, Elisabeth (2001): Die Schweigespirale. Öffentliche Meinung – unsere soziale Haut. München, Langen – Müller Verlag.

16 Noelle-Neumann, Elisabeth (2009): Öffentliche Meinung. In: Noelle-Neumann, Elisabeth; Schulz, Winfried; Wilke, Jürgen (Hrsg.): Fischer Lexikon Publizistik Kommunikationswissenschaft. Frankfurt, S. Fischer Verlag, S. 439.

17 Roessing, Thomas a.a.O.

18 Maurer, Marcus (2010): Agenda Setting. Baden-Baden, Nomos Verlag, S. 11.

19 McCombs, Maxwell (2005): Setting the Agenda – The Mass Media and Public Opinion. Cambridge UK, Polity Press, S. 2.

20 Kepplinger, Hans Mathias (2009): Wirkung der Massenmedien. In: Noelle-Neumann, Elisabeth; Schulz, Winfried; Wilke, Jürgen (Hrsg.): Fischer Lexikon Publizistik Kommunikationswissenschaft. Frankfurt, S. Fischer Verlag, S. 663.

Kapitel 14 Meinungsfreiheit deckt nicht Normenbruch – Die Grenzen der Nachrichtengebung

In etablierten Demokratien ist man mit Recht stolz auf die in der Regel in der jeweiligen Verfassung niedergelegte Pressefreiheit. Artikel 5 des Grundgesetzes für die Bundesrepublik Deutschland enthält in seinem Absatz 1 sehr Wesentliches: Jeder hat das Recht, seine Meinung in Wort, Schrift und Bild frei zu äußern und zu verbreiten und sich aus allgemein zugänglichen Quellen ungehindert zu unterrichten. Die Pressefreiheit und die Freiheit der Berichterstattung durch Rundfunk und Film werden gewährleistet. Eine Zensur findet nicht statt." Viele – auch Journalisten – publizieren, diskutieren und produzieren auf der Basis dieses ersten Absatzes von Artikel 5 Grundgesetz. Manche unterlassen es jedoch, auch den Absatz 2 des Artikels 5 zur Kenntnis zu nehmen: „Diese Rechte finden ihre Schranken in den Vorschriften der allgemeinen Gesetze, den gesetzlichen Bestimmungen zum Schutze der Jugend und in dem Recht der persönlichen Ehre." Man könnte sagen: Meinungs- und Pressefreiheit decken nicht Normenbruch. Man denke nur an den Fall, dass journalistische Kritik den Straftatbestand der Beleidigung erfüllt oder dass Informationen durch rechtswidrige Handlungen beschafft werden. Dass derartige Normen auch für Journalisten gelten, ist ebenso Teil des freiheitlich-demokratischen Rechtsstaates wie der Artikel 5 Grundgesetz selbst. Es gibt jedoch Journalisten, denen dies schwer zu vermitteln ist. Die professionelle Entscheidung eines dafür Zuständigen über Bringen oder Nicht-Bringen einer Nachricht ist nun wirklich kein Angriff auf die Pressefreiheit.

Auch mit dem Begriff „Zensur" tun sich manche schwer. Es gab und gibt redaktionsinterne Diskussionen, in denen Entscheidungen von Verantwortlichen über Inhalt und Form von Veröffentlichungen von unzufriedenen Mitarbeitern als „Zensur" diskriminiert werden. Zensur bedeutet – das muss auch Journalisten klar sein – ein Eingreifen in journalistische Arbeit durch den Staat oder durch dem Staat zuzurechnende Stellen. So, und nur so, ist das Zensurverbot des Grundgesetzes zu verstehen. Ein Chefredakteur, der einen Beitrag nicht publizieren lässt, ein Redakteur, der den Bericht eines Mitarbeiters ablehnt, übt nicht Zensur aus, sondern die ihm zugewiesene Funktion. Dies klingt und ist selbstverständlich, aber Diskussionen darüber in Medienhäusern sind keine Seltenheit.

Grenzen der Nachrichtengebung gibt es natürlich – ungeachtet der Freiheiten, die das Grundgesetz den Medien zugesteht. Vieles ist geregelt, vieles beruht auch auf jahrzehntelanger Übung und praktischer Erfahrung. In Deutschland enthalten die Landespressegesetze, die Landesrundfunkgesetze und die Rundfunkstaatsverträge zur praktischen journalistischen Arbeit nur sehr allgemeine Grundsätze. Als Beispiel sei hier der entsprechende Passus aus dem Gesetz über den Hessischen Rundfunk vom 2. Oktober 1948 in der Fassung vom 24. Juni 2010 genannt: § 3, Abs. 3 und 4: "Die Darbietungen dürfen nicht gegen die Verfassung und die Gesetze verstoßen oder das sittliche und religiöse Gefühl verletzen. Sendungen, die Vorurteile oder Herabsetzungen wegen der Nationalität, Rasse, Farbe, Religion oder Weltanschauung eines Einzelnen oder einer Gruppe enthalten, sind nicht gestattet. Die Berichterstattung muss wahrheitsgetreu und sachlich sein. Nachrichten und Stellungnahmen dazu sind deutlich voneinander zu trennen. Zweifel an der Richtigkeit sind auszudrücken."

Die Arbeitsgemeinschaft der öffentlich-rechtlichen Rundfunkanstalten in Deutschland (ARD) hat sich im Jahr 2004 Programmrichtlinien für das Fernsehgemeinschaftsprogramm (Das Erste) gegeben. Das ZDF hat seine Richtlinien ebenfalls im Jahr 2004 aktualisiert. Alle Regelwerke enthalten letztlich Generalklauseln, die von Fall zu Fall der oft schwierigen Interpretation bedürfen. Konkreter sind die allerdings nur für die Printmedien geltenden „Publizistischen Grundsätze" des Deutschen Presserats (Pressekodex). In den Richtlinien für die publizistische Arbeit vom 12. Dezember 1973 in der Fassung vom 13. März 2013 werden wichtige Grundsätze formuliert. Nur einige Beispiele:

„Die Presse veröffentlicht Namen, Fotos und andere Angaben, durch die Verdächtige oder Täter identifizierbar werden könnten, nur dann, wenn das berechtigte Interesse der Öffentlichkeit im Einzelfall die schutzwürdigen Interessen von Betroffenen überwiegt." (Richtlinie 8/1). Was „öffentliches Interesse" in diesem Zusammenhang bedeutet, wird nicht genau definiert. Die Richtlinien enthalten auch Verhaltensregeln für Journalisten, in denen es um Opferschutz, Gewaltdarstellungen und dergleichen geht. Richtlinie 11/3 sagt zum Thema „Unglücksfälle und Katastrophen": „Von einem Unglück betroffene dürfen nicht ein zweites Mal zu Opfern werden." Auch das Thema „Vorverurteilung" wird angesprochen. Der Passus „Der Grundsatz der Unschuldsvermutung gilt auch für die Presse." Er ist sicherlich ebenso wichtig wie im Zusammenhang mit dem Komplex „Vorverurteilung" die Regel: „Keine Zusatzbestrafungen durch einen Medienpranger".

Diesen und den übrigen Grundsätzen im Pressekodex des Deutschen Presserates ist zuzustimmen. Bedauerlicher Weise haben sie nur empfehlenden Charakter. Im Konfliktfall stehen Richter stets vor der schwierigen Abwägung zwischen Pressefreiheit und Normenverstoß. Viele Medienhäuser in England, in den USA und in Kanada haben sich eigene Regelwerke für den journalistischen Alltag gegeben. Die British Broadcasting Corporation (BBC) legt in ihren „Guidelines for factual Programmes" im Detail fest, wie sich ihre Journalisten in konfliktträchtigen Situationen zu verhalten haben. Gleiches gilt für die „Producers' Guidelines" der BBC. Auch die „Canadian Broadcasting Corporation" (CBC) besitzt mit den „Journalistic Standards and Practices" ein ähnliches Regelwerk. Beide Organisationen sind öffentlich-rechtliche Rundfunksysteme. Doch Regelwerke dieser Art gibt es auch im Bereich der privatwirtschaftlich organisierten Medien. Die amerikanische Radio- und Fernsehgesellschaft „Columbia Broadcasting System" (CBS) geht mit ihren „News Standards" ähnlich in die Details der täglichen journalistischen Arbeit.[1] (Siehe auch Kapitel 4 und Kapitel 6).

Auch die großen internationalen Nachrichtenagenturen verfügen über Regelwerke für die Arbeit ihrer Journalisten. Die englische Agentur Reuters arbeitet mit ihrem „Handbook of Journalism"[2] als Beispiel für die Grundsätze einer bedeutenden Nachrichtenagentur, hier die „10 Absolutes of Reuters Journalism":

The 10 Absolutes of Reuters Journalism
- Always hold accuracy sacrosanct
- Always correct an error openly
- Always strive for balance and freedom from bias
- Always reveal a conflict of interest to a manager
- Always respect privileged information
- Always protect their sources from the authorities
- Always guard against putting their opinion in a news story
- Never fabricate or plagiarise
- Never alter a still or moving image beyond the requirements of normal image enhancement
- Never pay for a story and never accept a bribe

Ebenfalls sehr konkrete Standards formuliert die amerikanische Nachrichtenagentur Associated Press (AP). Die „AP-News Values and Principles" formulieren neben Handwerksregeln für AP-Journalisten auch Grundsätze für deren Verhalten. So werden weder Geld oder andere Vorteile für die Berichterstattung angenommen noch wird für Informationen bezahlt. Auch das seit Jahrzehnten unter Journalisten sehr angesehene „The Associated Press Stylebook" wird weitergeführt.[3] Es ist weit mehr als ein „Stylebook". Es enthält zahlreiche wichtige Grundsätze für die nachrichtenjournalistische Arbeit. Auch die Deutsche Presse-Agentur (DPA) hat verbindliche Grundsätze für ihre Journalisten formuliert.

Alle genannten Regelwerke dienen dem Erhalt und der Verbesserung der Qualität der jeweiligen journalistischen Produkte. Sie zeigen aber auch Grenzen auf, die seriöse Journalisten nicht überschreiten dürfen. Diese Grenzen sind – dies fällt beim Studium der einzelnen Texte auf – in den angelsächsischen Ländern konkreter und enger als z.B. in Deutschland. Dennoch werden sie dort nicht etwa als Einschränkungen der journalistischen Freiheit verstanden. Ein verantwortlicher Nachrichtenredakteur, der oft allein (man denke an Radio- und Online-Redaktionen) und immer unter Zeitdruck arbeiten und entscheiden muss, ist eher dankbar für Regeln, die Unsicherheiten vermeiden und zur Qualitätsverbesserung von Nachrichten beitragen. Fragen beispielsweise, wie man mit den Fällen von Lösegeldforderungen oder Erpressungen umgeht, sollten aufgrund klarer Vorgaben entschieden werden. Detaillierte Informationen über gezahltes Lösegeld bergen die Gefahr, dass Nachfolgetaten provoziert werden. Auch Detailinformationen über Fahndungsaktionen und dergleichen bedürfen sorgfältiger Abwägung. Regeln, an die sich alle zu halten haben, sind sinnvoll und nützlich. Mit einer Einschränkung der journalistischen Freiheit hat dies gar nichts zu tun.

Auch die Recherche unter falscher Identität oder die Bezahlung von Informationen bzw. das Sich-bezahlen-lassen für Veröffentlichung oder Nicht-Veröffentlichung sollte, ähnlich wie in angelsächsischen Ländern, auch in Deutschland geregelt werden.

Ein weites Feld der Verunsicherung und nicht selten auch der Manipulation bieten Nachrichten, die auf Medieninterviews beruhen. Seit Zeitungen ebenso wie Rundfunkanstalten Politikerinterviews gleichermaßen für PR im Sinne des Interviewpartners als auch als Eigen-PR nutzen, werden Nachrichtenseiten und Sendeminuten mit Interviewzitaten gefüllt – nach der Devise, so scheint es, „es ist zwar bereits alles gesagt, nur noch nicht von allen". Der Nachrichtenwert ist in vielen Fällen gering. Die Gefahr ist jedoch groß, dass die Nachrichtenfassungen von Interviews ungenau sind, falsche Akzente setzen und oft zu erstaunlichen Reaktionen führen. Werden die Inhalte solcher Interviews über Nachrichtenagenturen verbreitet, ist die Gefahr der Verfälschung gering. Die Agenturredaktionen verfahren nämlich nach der sinnvollen Regel, auf der Übermittlung des gesamten Wortlauts von Aussagen zu bestehen. Viele Nachrichtenfassungen von Interviews durchlaufen jedoch diese Kontrolle nicht. Dementis sind die Folge.

Diskussionen um die Grenzen der Nachrichtengebung werden auch in Zukunft immer wieder geführt werden, und zwar dann, wenn spektakuläre Ereignisse die Antworten auf Fragen im Zusammenhang mit früheren spektakulären Ereignissen obsolet machen. Neue Fälle werfen neue Fragen auf und verlangen neue Antworten. Stets werden aber einige Ereignisse immer wieder als Beispiele herangezogen: Das Geiseldrama von Gladbeck, der Anschlag auf das World-Trade-Center in New York, die Entführung und Ermordung des Arbeitgeberpräsidenten Hans-Martin Schleyer durch die RAF und die Befreiung der RAF-Geiseln aus dem Lufthansa-Flugzeug „Landshut" in Mogadischu. Ein Fall wird sicherlich künftig auch in Publikationen, Diskussionen und Seminaren über die Grenzen der Nachrichtengebung eine Rolle spielen: Der Absturz des Flugzeugs der Lufthansa-Tochter „Germanwings" am 24. März 2015 in Südfrankreich. Die Medienszene war zunächst verunsichert und gespalten. Wie viele Details werden veröffentlicht? Wird der Name des Täters, der die Maschine zum Absturz gebracht hat, genannt? Werden Angehörige der Absturzopfer interviewt oder im Bild gezeigt? Bemerkenswert ist, dass scharfe Kritik an der Berichterstattung von den professionellen Medienkritikern der Medien selbst kam. Manches wirkte dabei recht heuchlerisch. Ungeachtet zahlreicher journalistischer Entgleisungen gab es in diesem Falle auch viele Beispiele für exzellente Recherche. Die Frankfurter Allgemeine Zeitung kommentierte dies so: „Es sind quälende Fragen, die sich stellen und die man garantiert nicht beantwortet bekommt, wenn man sich nur auf die Behörden und in diesem Fall auf das betroffene Unternehmen verlässt und immer schön auf eine amtliche Auskunft wartet. Eine berechtigte Was-wäre-wenn-Frage ist, wie sich die Geschichte entwickelt hätte, wäre die New York Times nicht mit der Information herausgekommen, dass der Co-Pilot den Flug 4U9525 gezielt zum Absturz brachte, noch bevor der Staatsanwalt sich dazu äußerte. Ob wir dann über Andreas Lubitz und seine Tat wüssten, was wir heute wissen? Wären die vermeintlichen Medienkritiker, die in Wahrheit Verdrängungskünstler sind, zufriedener?"[4]

Im Zusammenhang mit dem Absturz des Germanwings-Flugzeugs hat der Deutsche Presserat in Anlehnung an die oben skizzierten Regeln zeitnah zwei bemerkenswerte Entscheidungen getroffen:

1. Die Bild-Zeitung wurde wegen der Veröffentlichung von Bildern und persönlichen Informationen von Absturzopfern am 3. Juni 2015 gerügt.

2. Gleichzeitig hielt der Presserat die Nennung des Namens des Co-Piloten und die Veröffentlichung von Fotos seiner Person für gerechtfertigt. Zur Begründung hieß es, es habe sich „um eine außergewöhnlich schwere Tat" gehandelt, „die in ihrer Art und Dimension einzigartig ist."[5]

Professionell und seriös arbeitende Journalisten werden sich im Zweifel an geltende Regeln halten – seien sie kodifiziert als Gesetze, Richtlinien oder interne Vereinbarungen, oder beruhen sie auf Tradition und langjährige Übung. Die viel zitierten „schwarzen Schafe" gibt es hier ebenso wie vermutlich in jedem anderen Berufsstand. Doch ein Problem nimmt an Bedeutung zu, und es gibt bisher nur Fragen, aber keine Antworten. Professionelle Journalisten mögen sich an die geltenden Regeln halten, aber die vielen „Pseudo-Journalisten", die die sogenannten „Neuen Medien" bedienen, werden ohne Rücksicht auf Regeln alles veröffentlichen, was sie für wichtig und interessant halten – ohne Rücksicht auf Korrektheit, auf Opfer und auf etwaige Folgen.

Anmerkungen:

1	Diese Handbücher sind interne Dokumente des jeweiligen Medienhauses. Sie sind nicht veröffentlicht.
2	Thomson-Reuters (2015): Handbook of Journalism. London.
3	The Associated Press Stylebook. New York 2015, AP.
4	Frankfurter Allgemeine Zeitung vom 09.04.2015 (Medienseite).
5	Deutscher Presserat Pressemitteilung vom 04.06.2015.

Literaturverzeichnis

ALLENSBACHER BERICHTE (April 2011): Archiv-Nr. 10067

AMERICAN SOCIETY OF NEWSPAPER EDITORS: Ethic Code.

ASSOCIATED PRESS STYLE BOOK: New York 2015. AP

ARNOLD, BERND-PETER (1999): ABC des Hörfunks. 2. überarbeitete Auflage. Konstanz: UVK-Medien.

ARNOLD, BERND-PETER (2011): Definition und Funktion des Journalismus. In: SCHMIDT, CHRISTOPH / ARNOLD, BERND-PETER (Hrsg.): Handbuch international Media Studies. 1. Aufl. Berlin. Vistas.

BAERNS, BARBARA (1987): Macht der Öffentlichkeitsarbeit und Macht der Medien. In: SACRINELLI, ULRICH (Hrsg): Politikvermittlung. Stuttgart. Bonn Aktuell.

BIRD, ROGER (1997): The End of News. Toronto. Irwin Publishing.

BLYSKAL, JEFF / BLYSKAL MARIE (1985): How the PR-Industry writes the News. New York. William Morrow Books.

BOLZ, NORBERT (1994): Das kontrollierte Chaos – Vom Humanismus zur Medienwirklichkeit. Düsseldorf. Econ Verlag.

BOORSTIN, DANIEL (1961): The Image – A Guide to Pseudo-Events in America. New York. Harper Colophon.

BRECHT, BERTOLT (1968): Gesammelte Werke. Band 9. Frankfurt. Werkausgabe Edition Suhrkamp.

BREISACH, EMIL (1978): Die Angst vor den Medien. Graz. Leykam Verlag.

BURKHARDT, STEFFEN (2015): Medienskandale – Zur moralischen Sprengkraft öffentlicher Diskurse. Köln. Von Halem Verlag.

BUNDESVERFASSUNGSGERICHT: Urteil vom 28.02.1961, BVerfGE 31/340.

BUNDESVERFASSUNGSGERICHT: Urteil vom 25.03.2014, BvF 1/11, BvF 4/11.

MCCAIN, JOHN / SALTER, MARK (1999): Faith of my Fathers. New York. Random House.

MCCOMBS, MAXWELL (2006): Setting the Agenda. Malden MA. Blackwell Publishing.

DONSBACH, WOLFGANG (1982): Legitimationsprobleme des Journalismus. Freiburg. Alber Verlag.

DONSBACH, WOLFGANG (1991): Medienwirkung trotz Selektion. Köln. Böhlau Verlag.

DONSBACH, WOLFGANG / RENTSCH, MATHIAS / SCHIELICKE, ANNA-MARIA (2009): Entzauberung eines Berufs: was die Deutschen vom Journalismus erwarten und wie sie enttäuscht werden. 1. Auflage. Konstanz. Uvk Verlags GmbH.

DONSBACH, WOLFGANG (2009): Journalist. In: NOELLE-NEUMANN, ELISABETH / SCHULZ, WINFRIED / WILKE, JÜRGEN (Hrsg.): Fischer Lexikon Publizistik Kommunikationswissenschaft. Frankfurt. S. Fischer Verlag.

DER GROSSE DUDEN, 18. Neubearbeitung. Leipzig 1985. VEB Bibliographisches Institut.

EILDERS, CHRISTIANE (1996): Nachrichtenfaktoren und Rezeption: Eine empirische Analyse zur Auswahl und Verarbeitung politischer Informationen. Opladen. Westdeutscher Verlag.

ELITZ, ERNST (2009): Ich bleib dann mal hier. München. Verlag C.H. Beck.

FRIENDLY, FRED (1995): Due to Circumstances beyond our Control. New York. Random House.

FULLER, JACK (1997): News Values. Chicago. University of Chicago Press.

FULLER, JACK (2010): What is happening to News. Chicago. University of Chicago Press.

GALTUNG, JOHAN / RUGE, MARI HOLMBOE (1965): The Structure of foreign News: The presentation of the Congo, Cuba and Cyprus Crises in four Norwegian Newspapers. In: Journal of Peace Research 2.

GERHARDT, RUDOLF (2001): Lesebuch für Schreiber. Frankfurt. FAZ Institut.

GREENE, HUGH CARLETON (1970): Entscheidung und Verantwortung – Perspektiven des Rundfunks. Hamburg. Verlag Hans-Bredow-Institut.

HEER, FRIEDRICH (1964): Angst vor Information. In: HÜBNER, PAUL (Hrsg.): Information oder herrschen die Souffleure. Reinbek. Rowohlt Verlag.

JACKOB, NIKOLAUS (2012): Gesehen, gelesen – geglaubt? Warum die Medien nicht die Wirklichkeit abbilden und die Menschen ihnen dennoch vertrauen. München. Olzog Verlag.

KEPPLINGER, HANS MATHIAS (1992): Ereignismanagement. Zürich. Edition Interfrom.

KEPPLINGER, HANS MATHIAS (2009): Publizistische Konflikte und Skandale. Wiesbaden. VS Verlag.

KEPPLINGER, HANS MATHIAS (2009): Wirkung der Massenmedien. In: NOELLE-NEUMANN, ELISABETH / SCHULZ, WINFRIED / WILKE, JÜRGEN (Hrsg.): Fischer Lexikon Publizistik Kommunikationswissenschaft. Frankfurt. S. Fischer Verlag.

KEPPLINGER, HANS MATHIAS (2011): Journalismus als Beruf. Wiesbaden. VS Verlag.

KEPPLINGER, HANS MATHIAS (2011): Realitätskonstruktionen. Wiesbaden. VS Verlag.

KEPPLINGER, HANS MATHIAS (2012): Die Mechanismen der Skandalisierung. München. Olzog Verlag.

KLAPPER, JOSEPH T. (1973): Massenkommunikation – Einstellungskonstanz und Einstellungsänderung. In: AUFERMANN, JÖRG / BOHRMANN, HANS / SÜLZER, ROLF (Hrsg.): Gesellschaftliche Kommunikation und Information. Frankfurt. Fischer-Athenäum Verlag.

KOVACH, BILL / ROSENSTIEL, TOM (2007): The Elements of Journalism. New York. Three River Press.

KRETZSCHMAR, SONJA / MÖHRING, WIEBKE / TIMMERMANN, LUTZ (2009): Lokaljournalismus. Wiesbaden. VS Verlag.

LANG, KURT / LANG, GLADYS E. (1953): The unique perspective of Television and its effect. In: American Sociological Review 18.

LAMP, ERICH (2009): Die Macht der öffentlichen Meinung und warum wir uns ihr beugen. München. Olzog Verlag.

LAMP, ERICH (Nov. 2001): Der Einfluss numerischer Äquivalente auf die Wahrnehmung und Bewertung identischer Sachverhalte. In: ZA-Informationen 49.

LANDMEIER, CHRISTINE / DASCHMANN, GREGOR (2011): Im Seichten kann man nicht ertrinken? Boulevardisierung in der überregionalen Qualitätspresse. In: BLUM, R. et al. (Hrsg.): Krise der Leuchttürme öffentlicher Kommunikation. Wiesbaden. VS Verlag.

LEE, MARTIN E. / SOLOMON, NORMAN (1990): Unreliable Sources – A Guide to detecting Bias in News Media. New York. Carol Publishing Group.

LIPPMANN, WALTER (1922): Public Opinion. New York. Unveränderte Neuauflage 1997. Simon and Schuster.

MAURER, MARCUS (2010): Agenda Setting. Baden-Baden. Nomos Verlag.

MEYER, THOMAS (2015): Die Unbelangbaren – Wie politische Journalisten mitregieren. Berlin. Suhrkamp Verlag.

MOURIQUAND, JACQUES (2015): L´Ecriture Journalistique. Paris. Presses Universitaires de France.

NOELLE-NEUMANN, ELISABETH (2009): Öffentliche Meinung. In: NOELLE-NEUMANN, ELISABETH / SCHULZ, WINFRIED / WILKE, JÜRGEN (Hrsg.): Fischer Lexikon Publizistik Kommunikationswissenschaft. Frankfurt. S. Fischer Verlag.

NOELLE-NEUMANN, ELISABETH (2001): Die Schweigespirale. Öffentliche Meinung unsere soziale Haut. München Langen-Müller Verlag.

ÖSTGAARD, EINAR (1965): Factors influencing the Flow of News. In: Journal of Peace Research 2.

POSTMAN, NEIL (1985): Amusing ourselves to death. New York. Penguin Books. Wir amüsieren uns zu Tode. Frankfurt 1985. S. Fischer Verlag.

RIESMEYER, CLAUDIA (2014): Von Macht und Ohnmacht. Das Verhältnis zwischen Journalisten und Pressesprechern aus akteurstheoretischer Perspektive. In: STARK, BIRGIT / QUIRING, OLIVER / JACKOB, NIKOLAUS: Von der Gutenberg-Galaxis zur Google-Galaxis. Konstanz u. München. UVK 2014.

ROESSING, THOMAS (2011): Schweigespirale. Baden-Baden. Nomos Verlag.

ROSENSTIEL, THOMAS B. (1992): Talkshow-Journalism. In: COOK, PHILIP S. / GOMERY, DOUGLAS / LICHTY, LAWRENCE W. (Hrsg.): The Future of News. Washington 1992. The Woodrow Wilson Center Press.

SARCINELLI, ULRICH (2011): Politische Kommunikation in Deutschland. Wiesbaden. VS Verlag.

SCHIMMECK, TOM (2010): Am besten nichts Neues. Frankfurt. Westend Verlag.

SCHMID, ALEX P. / DEGRAAF, JANNY (1982): Violence as Communication. London u. Beverly Hills. Sage Publications.

SCHNEIDER, WOLF (1984): Unsere tägliche Desinformation. Hamburg. Stern Verlag.

SCHNEIDER, WOLF (1986): Wörter machen Leute. München. Piper Verlag.

SCHNEIDER, WOLF (2006): Deutsch für Kenner. München. Piper Verlag.

SCHNEIDER, WOLF (2010): Deutsch für Profis. München. Goldmann Verlag.

SCHNEIDER, WOLF / ESSLINGER, DETLEF (2007): Die Überschrift. Berlin. Ullstein Verlag.

SCHNEIDER, WOLF U. RAUE, PAUL-JOSEF (2012): Das neue Handbuch des Journalismus. Reinbek. Rowohlt Verlag.

SCHÖNBACH, KLAUS (1977): Trennung von Nachricht und Meinung. Freiburg. Alber Verlag.

SCHULZ, WINFRIED (1990): Die Konstruktion von Realität in den Nachrichtenmedien. Freiburg.

SCHULZ, WINFRIED (2015): Medien und Wahlen. Wiesbaden. Springer Fachmedien.

SCHULZ, WINFRIED (1987): Politikvermittlung durch Massenmedien. In: SARCINELLI, ULRICH (Hrsg.): Politikvermittlung. Stuttgart. Bonn Aktuell.

SONNEMANN, ULRICH (1964): Dialektik der Nachricht. In: HÜBNER, PAUL (Hrsg.): Information oder herrschen die Souffleure. Reinbek. Rowohlt Verlag.

STAAB, JOACHIM FRIEDRICH (1988): Nachrichtenwerttheorie. Freiburg. Alber Verlag.

STENGEL, KARIN / MARSCHALL, JOACHIM (2010): Verwandte und konkurrierende Ansätze. In: MAIER, MICHAELA et al.: Nachrichtenwerttheorie. Baden-Baden. Nomos Verlag.

STEINBUCH, KARL (1968): Die informierte Gesellschaft. Reinbek. Rowohlt Verlag.

STEINBUCH, KARL (1978): Maßlos informiert. München u. Berlin. Herbig Verlag.

STEPHENS, MITCHELL (1989): A History of News. New York u. London. Penguin Books.

US SUPREME COURT: Entscheidung 1971. 439 U.S 713.

TEICHERT, WILL (1982): Die Region als publizistische Aufgabe. Hamburg. Verlag Hans-Bredow-Institut.

TEICHERT, WILL (1998): Statt Informationen symbolische Gesten. In: BLAES, RUTH (Hrsg.): Handwerk Nachrichten. Wiesbaden. ZFP Zentrale Fortbildung Programm ARD/ZDF.

THOMSON-REUTERS (2015): Handbook of Journalism. London.

WEISCHENBERG, SIEGFRIED et al. (2006): Die Souffleure der Mediengesellschaft. Konstanz. UVK.

WHITE, DAVID MANNING (1950): The Gatekeeper – A Case Study in the Selection of News. In: Journalism Quarterly 27 (3).

WILKE, JÜRGEN: Das Nachrichtenangebot der Nachrichtenagenturen im Vergleich. In: Publizistik 3/2007. Springer Fachmedien.

WOLF, ARMIN (2013): Wozu brauchen wir noch Journalisten? Wien. Picus Verlag.

ZIEGELE, MARC / BREINER, TIMO / QUIRING, OLIVER (2015): Nutzerkommentare oder Nachrichteninhalte – Was stimuliert die Anschlusskommunikation auf Nachrichtenportalen? In: HAHN, OLIVER / HOHLFELD, RALF / KNIEPER, THOMAS (Hrsg.): Digitale Öffentlichkeit(en). Konstanz und München. UVK.

Über den Autor

Bernd-Peter Arnold war nach seinem Jurastudium und Arbeit als Reporter und Redakteur über viele Jahre in Führungspositionen beim Hessischen Rundfunk tätig, u.a. als Nachrichtenchef, als Wellenchef der Landeswelle hr 4 sowie des Nachrichtenkanals hr-skyline (Heute hr-info.) Seit sehr langer Zeit lehrt er an der Johannes-Gutenberg-Universität in Mainz Kommunikationswissenschaft und Journalismus. Im Jahre 2007 wurde er zum Honorarprofessor berufen.

Stichwortregister

Personenregister